A l'aube du septième sens

Jérôme Manierski

A l'aube du septième sens

roman

éditions
Les
Nouveaux
Auteurs

Éditions Les Nouveaux Auteurs

4, rue Daru. 75008 Paris
www.lesnouveauxauteurs.com

Prisma Éditions

6, rue Daru. 75008 Paris
www.prisma-presse.com

 ISBN : 978-2-917144-29-9

PRÉFACE

« ... *Légende*

On raconte, qu'à cette époque, l'homme est encore ignorant et barbare et que les dieux incrédules sont tourmentés par son évolution.

On conte aussi, qu'ils ont décidé de se réunir en Conseil Universel pour débattre des mesures à prendre.

Le dieu, celui-là qui est Maître de Cérémonie, prend la parole en premier :

« Cher tous ! qu'il tempête. Nous nous sommes réunis le premier jour et depuis chaque fois que cela fut nécessaire. Voilà quelque temps déjà que son comportement et son état nous affligent : aucun ne respecte quoi que ce soit, bon nombre agissent tels de vulgaires animaux. Désormais, en bas, la meilleure loi, c'est celle du plus fort, et la situation n'est plus supportable ! En conséquence, attendu que la décision prise dernièrement de le mettre au travail ne nous apporte pas les satisfactions espérées, il nous faut prendre maintenant une nouvelle sanction ! »

Dans un terrible grondement d'approbation, un des dieux parmi les plus sages demande la parole au Maître de

Cérémonie qui la lui donne. Alors il commence à tonner :

– Puisqu'il nous faut aujourd'hui lui enseigner le respect et l'humilité, je préconise que nous lui ôtions toutes ses richesses !

Au bout d'une prodigieuse éternité, le Maître de Cérémonie passa la parole à un autre qui l'avait demandée.

– Ses richesses, où les cacherons-nous ? qu'il prie comme ça.

– Je l'ignore encore, tonne à nouveau le sage.

– Au sommet de la plus haute des montagnes, souffle alors un dieu d'une voix pénétrante et glaciale.

– Hélas, l'homme est intelligent, tonne le sage, il trouvera, un siècle ou l'autre, le moyen d'atteindre n'importe quel sommet, d'une montagne si haute soit-elle.

– Au plus profond de la mer, murmure alors vaguement un dieu qui ne se laisse pas voir.

– Semblables aux montagnes, tout autant qu'aux fleuves et aux forêts, les abysses seront explorés, dévastés, tonna encore lentement le sage.

Il y eut un immense silence divin, puis soudain il foudroya :

« Dans l'homme ! Cachons ses richesses au plus profond de lui-même, c'est le seul endroit où il ne songera pas à les chercher ! »

C'est ainsi que, depuis toujours, l'homme ne cesse de parcourir l'espace et le temps en quête de ses richesses, dissimulées au plus profond de lui. »

Auteur anonyme

I
L’homme

1.

L'homme était assis là, sur le vieux rocher, torse nu face au soleil couchant, les bras entourant ses jambes à demi repliées. Son regard arpentait le relief des Cévennes qui s'étendaient devant lui, passant en un clin d'œil des fonds de vallée aux sommets les plus hauts. Sa respiration était calme et régulière. Il ferma les yeux et inspira profondément, comme s'il s'abreuvait à une source d'eau rafraîchissante.

Il aimait venir se recueillir ici, sur ce qu'il appelait « son » rocher. Curieusement, il avait toujours eu le sentiment que le rocher disait de même de lui : il était « son » homme. Loin de toute connotation d'appartenance, il s'agissait plutôt d'un lien affectif intime. D'où pouvait provenir ce sentiment ? L'homme ne le savait pas. Le rocher le savait-il, lui ? Sans doute. La raison de l'homme lui interdisait pourtant d'accepter qu'un simple caillou, si massif et majestueux soit-il, puisse être doué d'une personnalité et d'une conscience propre. Dans son ignorance, il s'était humblement contenté de laisser planer le mystère quant à l'origine de ce ressenti.

En fait, il aimait le mystère. Et plus particulièrement les mystères de la nature et ceux de la conscience humaine. Le mystère rendait sa vie pétillante car il lui donnait l'envie d'apprendre, de contempler, de découvrir. Apprécier le mystère était également une façon de manifester son profond respect envers... la Création. Ce terme, il l'utilisait comme tout le monde pour désigner tout ce qui existe dans l'Univers. Mais le sens religieux attaché à ce mot le dérangeait quelque peu car il ne souhaitait pas confondre la conception qu'il en avait avec une quelconque croyance doctrinale. Une conscience omnipotente et bienfaisante était-elle à l'origine de ces montagnes, de ces arbres, de ces oiseaux et de sa propre vie ? Il avait du mal à le concevoir, même si un souffle provenant du fond de sa conscience, aussi léger que la brise qui venait de se lever, semblait lui murmurer une forme de réponse.

Ce rocher avait la mystérieuse faculté de le détendre instantanément, de lui clarifier l'esprit et de l'ouvrir à des idées ou des réflexions auxquelles, d'ordinaire, il ne se livrait pas naturellement. Certains pouvaient appeler cela de la méditation, mais lui n'avait pas le sentiment de provoquer intentionnellement une quelconque connexion à des sphères invisibles supérieures. D'ailleurs, il n'avait jamais vraiment su quoi penser de tous ces dires ésotériques sur l'existence d'un monde invisible à l'œil humain, d'où notre esprit proviendrait et vers où il repartirait à la fin de sa vie corporelle. En revanche, il concevait qu'une sorte de force, encore non découverte par les scientifiques, pouvait être à l'œuvre dans l'Univers. Cette force universelle, de même que la conscience que l'on nomme Dieu, ainsi que le monde invisible fait d'esprits et d'immatérialité, ou encore les facultés insoupçonnées de l'être humain, étaient pour lui autant de mystères qui attisaient de plus en plus sa curiosité. Aurait-il un jour le privilège d'accéder ne serait-ce qu'à un fragment minime de cette connaissance ? Cela dépendait-il uniquement de lui et de sa propre volonté ? Était-il prêt à entreprendre une telle démarche ? Le regard fixé sur le ciel rouge incandescent, il se dit que oui : il était prêt, même s'il ne savait pas vraiment comment s'y prendre.

L'homme cligna alors des yeux, sortant de ses profondes réflexions. Il s'aperçut que le fond de l'air s'était rafraîchi ; cela lui était agréable car, aujourd'hui, il avait beaucoup transpiré.

Mécanicien dans une concession agricole, il avait travaillé toute la journée, sans signe de fatigue ni de lassitude, sur un moteur de moissonneuse-batteuse. Il était habitué à la chaleur. Hormis celle du soleil, la chaleur qu'il préférait était celle des moteurs chauds de voiture, de tracteur, de moto et de tout ce qui pouvait fonctionner à l'aide d'un moteur à explosion. C'était sa passion. La passion de réparer, de perfectionner, d'entretenir et de faire briller. À l'atelier, on le surnommait « l'artiste » car sa façon d'opérer n'avait rien en commun avec celle de ses collègues. Certes, pour une même tâche, il travaillait plus lentement que les autres, mais le temps qu'il perdait dans la phase de réparation, il le récupérait dans celle des réglages et des ajustements. Neuf fois sur dix, une fois le montage terminé, il n'avait plus besoin d'y revenir : dès le premier tour de clé, le moteur se mettait à ronronner de plaisir, comme pour exprimer sa reconnaissance envers le maître qui l'avait soigné.

Un jour, l'homme avait expliqué à ses collègues que les mains représentaient à ses yeux l'outil le plus précieux dont l'être humain disposait pour exprimer son art, quel qu'il soit. Pour certains c'était la peinture, la sculpture, l'écriture ou la musique, mais pour lui, son art, c'était la mécanique.

Comme chaque jour, il était sorti du travail vers 18 h, avec, cette fois-ci, un sourire de satisfaction en prime : ce soir débutait en effet son congé d'été. Il avait travaillé sans relâche depuis la fin du mois de juin, week-ends compris, pour assurer la maintenance des engins agricoles pendant la période des récoltes. La mi-août passée, l'essentiel était fait et il pouvait enfin souffler. Le plus difficile avait été de travailler pendant que des milliers de touristes en tenue décontractée défilaient autour de lui. La ville de Millau, où il travaillait, était en effet un carrefour de transit important entre le Tarn, l'Aveyron, le Massif central, les Cévennes et la côte méditerranéenne. Tous passaient par là pour aller déguster un morceau de fromage à Roquefort, rouler sur le plus haut pont du monde, démarrer une randonnée dans les gorges du Tarn ou pour se rendre sur le plateau du Larzac.

Maintenant que tout ce monde allait petit à petit rentrer chez lui et reprendre le travail, c'était à son tour de se reposer. Rien qu'à l'idée du bon temps qui l'attendait, il leva les yeux au ciel pour remercier le dieu des vacances. Certains croyaient aux dieux de la pluie, du vent, de la guerre ou de l'amour. Pourquoi, dans ce cas, ne pas croire au dieu des congés et du temps libre ?

Il sourit. Son imagination fertile lui faisait souvent considérer le monde sous un angle humoristique. C'était en quelque sorte une façon de se libérer de l'oppressante vie urbaine et de la folie des temps modernes. Pour lui, rien ne valait la vie à la campagne, aux côtés de la nature, dans un petit village sympathique et convivial. Même s'il y vivait seul, sans compagne, il trouvait auprès de ses voisins et de ses amis la chaleur humaine dont il avait besoin, et cela lui suffisait pour être heureux. Une ou deux fois dans l'année, il voyait ses parents et se rendait parfois à des réunions de famille, mais cela restait malgré tout très occasionnel. Certes, il reconnaissait ne pas être très « famille », mais son frère était encore pire que lui à ce niveau, d'ailleurs personne n'avait eu de nouvelles de lui depuis un bon moment. Qu'à cela ne tienne, il ne se souciait plus des affaires de son frère depuis bien longtemps et il ne s'en tracassait pas pour autant. Mais, au moins par respect envers leurs parents, la moindre des choses était d'entretenir un minimum de contact avec eux.

L'homme soupira et se leva pour se dresser du haut de

son mètre quatre-vingt cinq. De la main, il balaya vers l'arrière ses cheveux châtains souples, coupés courts sur la nuque et sur les côtés. Ses yeux verts dégageaient un bien-être et un respect sincère envers la nature qu'il contemplait. La lumière plongeante du crépuscule soulignait les traits fins de son visage à l'allure sympathique et plaisante. Quelques taches récalcitrantes de cambouis, au milieu de sa barbe poussée de la journée, lui donnaient un air d'ouvrier viril. Sa peau luisante de sueur et de graisse moteur faisait ressortir les formes fuselées des muscles de ses bras. La rondeur de ses pectoraux et le découpage saillant de ses abdominaux étaient le fruit d'un entraînement régulier aux sports de combat, qu'il pratiquait depuis son adolescence. Au-delà de la forme physique, la voie des arts martiaux lui avait permis d'acquérir une certaine maîtrise de soi, de la maturité et un minimum de respect d'autrui, ce dont il avait bien eu besoin pour sortir de son adolescence rebelle. Même la trentaine à présent bien passée, cette activité était toujours pour lui une soupape de décompression qui apportait l'équilibre nécessaire à son corps et à son esprit.

Après une dernière révérence intérieure à son rocher et au soleil couchant, il se retourna et rebroussa chemin pour rejoindre ses pâtures. Là, ses moutons paissaient l'herbe rase et desséchée qu'ils parvenaient encore à trouver. Il aimait regarder ces herbivores attendrissants déambuler sur les hauteurs, écouter leurs bêlements, caresser leur laine, chouchouter leurs agneaux. Cet élevage, d'une cinquantaine de têtes, était pour lui un passe-temps plutôt qu'une réelle activité professionnelle, ainsi qu'un prétexte pour sortir ses tracteurs, afin de cultiver un peu de céréales et de prairies. À part les quelques ventes de moutons au boucher du village ou aux particuliers, il n'en tirait aucune autre ressource financière. Il était simplement heureux d'entretenir la présence d'animaux dans les murs de cette ancienne ferme qu'il avait rachetée et retapée lui-même.

Une fois les abreuvoirs remplis d'eau et la mangeoire rechargée en foin, il rejoignit ses appartements. Éreinté par cette dernière journée de travail, il n'avait qu'une seule envie : se coucher tôt.

Avant de fermer les volets de sa chambre et de tirer la moustiquaire, il leva les yeux vers le ciel. Le soleil, à présent couché, avait poliment laissé sa place à la lune. Les premières étoiles pointaient sur la voûte céleste encore éclairée, offrant un somptueux dégradé coloré qui allait du rouge illuminé à l'ouest au bleu sombre à l'est. Esquissant un sourire contemplatif, son expression était celle d'un enfant émerveillé devant un tour de magie. Cet enfant était pourtant un homme. Un homme simple et authentique dont les yeux et le cœur reflétaient l'infini de l'espace. Un homme qui, à un moment de sa vie, comme bien d'autres avant lui, se sentait attiré par l'irrésistible envie de comprendre et de chercher des réponses aux questions qu'il n'avait jamais posées à quiconque.

Cet homme se dénommait Philippe Berger.

II
La Lettre

2.
1er jour.

Je m'étire sur le pas de la porte en poussant un mugissement étouffé. Les rayons du soleil réchauffent la bête qui bâille tel un lion après sa sieste dans la savane. Quel bonheur de respirer cet air encore frais de début de matinée ! À peine sortis de leur nuit, mes yeux se plissent pour retenir l'éclat de la pierre blanche du mur de la maison. Je contemple quelques instants les arbres du jardin en les saluant intérieurement. En guise de réponse, j'entends leur feuillage frétiller au passage d'une brise qui vient aussi balayer mes cheveux. Ce contact affectueux me fait sourire de satisfaction et d'amusement. Je me masse à présent le ventre car l'odeur de la terre rafraîchie par la rosée m'a ouvert l'appétit.

Ce début de journée est décidément très stimulant : je me sens inspiré presque au point d'en écrire un poème ! Après tout, l'inspiration de nombreux poètes vient sans doute de la contemplation de notre apaisante nature. Je ris tout seul, m'imaginant au XVIIIe siècle penché sur un chevet avec ma plume, en train de tracer des lettres au style calligraphique voluptueux. La sensation étrange du réalisme de cette image me surprend tout à coup. Cela doit sans doute provenir du rêve de cette nuit dont je n'ai d'ailleurs plus le souvenir.

Comme c'est agréable de prendre le temps de se réveiller tranquillement ! Cette première journée de congé est une véritable bénédiction. Et je crois que les trois semaines de vacances qui suivront le seront aussi ! Pas de grande escapade de prévue cette fois-ci. Juste chez moi à profiter du bon temps, bricoler un peu, me reposer, faire quelques randonnées dans les Cévennes, me baigner dans le Tarn… Pour rien au monde je ne quitterais mon petit village aveyronnais de Peyreleau, au nord-est de Millau.

Laissant traîner mes chaussons par terre, je me dirige mollement vers mon portail d'entrée. Mes doigts grattent mon cuir chevelu dans l'espoir de réveiller mes neurones encore blottis bien au chaud sous leur couverture. Je tente de secouer ceux qui me permettraient de lever un peu plus les pieds… peine perdue.

J'ouvre ma boîte aux lettres en rêvant d'y trouver une baguette bien fraîche et un croissant au beurre juste sortis du four… Raté. Je n'y trouve qu'un indigeste tas de tracts publicitaires que je désincarcère péniblement de la boîte. Je trie directement le tout, les pubs à droite dans la poubelle, le courrier à gauche dans ma main. Puis je jette un rapide coup d'œil sur les enveloppes : relevé bancaire, remboursement de la Sécurité sociale, facture d'électricité et une enveloppe A4 marron avec apparemment quelque chose d'assez lourd à l'intérieur. Intrigué, j'en regarde la provenance : Genève. Quel Suisse pourrait bien m'envoyer une lettre ? Est-ce bien adressé à mon nom ? Oui, Philippe Berger, c'est bien moi, il ne s'agit pas d'une erreur de distribution. Elle a été postée le 17 août, on est le 18 : eh bien, c'est du rapide ! Je l'ouvre et découvre une lettre manuscrite de quatre pages, avec une clé scotchée sur une sorte de plan. Toujours campé devant ma boîte aux lettres, je la referme sans même regarder ce que je fais car je suis déjà parti dans la lecture :

« Cher frangin,

Il y a bien longtemps que l'on ne s'est pas donné de nouvelles et tu dois être surpris que je t'écrive une lettre pour le faire. Ce ne sont malheureusement pas de bonnes nouvelles.

Je sais que mon travail de physicien ne t'intéresse pas spécialement, mais ce que j'ai récemment découvert, après plusieurs années de travail, met aujourd'hui ma vie en danger. Quelqu'un cherche par tous les moyens à mettre un terme à mes travaux et à en saisir les résultats. Les méthodes utilisées par cet agresseur traduisent des intentions plus qu'hostiles à mon égard. J'ai déjà eu de la chance de lui échapper et je n'ai d'autre choix que de me mettre à l'abri, quelque part loin de tout, où il ne pourra pas, je l'espère, me trouver. J'y resterai le temps que les choses se décantent et se clarifient.

Les événements ne me permettent pas de prévenir ou d'impliquer des collègues de travail. En plus de mon activité normale au sein du Cern[1]*, j'ai eu la permission de développer un projet parallèle où je fonctionnais en totale autonomie. Le fait de m'être investi seul et trop longtemps sur ce projet a dû éveiller les soupçons. Malgré mes précautions, un membre de mon service a dû réussir à espionner mon laboratoire ; ayant probablement deviné le principe de mes expérimentations, cette personne aurait informé une instance gouvernementale qui est maintenant à ma recherche. Je ne vois pas d'autre explication à tous mes ennuis. Fort heureusement, je n'ai laissé aucune trace de données relatives à mes travaux dans mon bureau. De toute façon, je ne peux plus prendre le risque d'y remettre les pieds.*

M'en remettre à la police est exclu car j'ai constaté qu'elle est déjà sur le coup pour aider mon agresseur à m'intercepter.

Cette lettre est un appel à l'aide.

1 Désigne l'Organisation européenne pour la recherche nucléaire située à Genève en Suisse.

Je conçois que solliciter ton assistance et demander de t'impliquer dans cette affaire n'est pas te mettre en position confortable, au regard des dangers que cela représente. Mais je n'ai pas d'autre choix aujourd'hui. Toi, tu as le choix de me venir en aide ou de refuser de le faire, je ne peux bien sûr rien t'imposer.

Le fait que tu sois une personne sans lien avec tout cela, et que nous n'ayons plus eu de contact depuis plusieurs années, me permet d'espérer que, si tu acceptes de m'aider, les soupçons ne se porteront pas sur toi et que tu ne seras pas mis sous surveillance. En revanche, la police va logiquement chercher à rencontrer les personnes de ma famille pour tenter d'obtenir des informations sur les éventuels endroits où je pourrais me cacher. Tu vas certainement très vite recevoir la visite d'un inspecteur chargé d'enquêter sur ma disparition. Je te demande évidemment, quel que soit ton choix, de ne pas révéler l'existence de cette lettre et de ne pas dévoiler ton intention de m'aider, si tel en est le cas. Explique simplement que tu n'as plus eu de contact avec moi depuis des années sans en être affecté pour autant, au regard des vies très différentes que nous menons. Fais preuve d'une apparente (mais convaincante !) bonne « coopération » pour fournir toute information susceptible d'aider à me retrouver, ce qui détournera l'attention.

Au passage, je te serais reconnaissant de rassurer les parents lorsqu'ils t'appelleront car je pense qu'ils seront rapidement informés et interrogés eux aussi : passe-leur un message optimiste mais ne leur dévoile rien. Pour leur propre sécurité, je ne veux pas qu'ils soient impliqués, ni mis au courant de quoi que ce soit.

Je suis conscient qu'en t'envoyant ce courrier, je cours déjà le risque que cette lettre soit interceptée et tombe entre les mains de mes poursuivants. Par précaution, tu comprendras bien que je ne peux pas te révéler l'endroit où je me cache ni même te donner un rendez-vous quelque part. Pour la même raison, je ne peux pas t'expliquer l'objet de mes découvertes, même si ce n'est pas l'envie qui m'en manque !

Dans le cas où tu accepterais de me venir en aide, je vais t'indiquer la démarche à suivre dans ce courrier. Afin de brouiller au maximum les pistes, tu vas devoir entreprendre un parcours particulier que tu jugeras probablement frustrant, voire périlleux. Mais je n'ai pas d'autre choix.

En priorité, il va falloir te rendre à mon appartement de Genève. J'y ai caché une liste qui t'indiquera le nom de cinq personnes en mesure de t'aider. Il est évidemment trop risqué de les mentionner ici car je ne veux pas leur attirer d'ennuis au cas où les choses tourneraient mal. Simplement, je te demande de les rencontrer en respectant l'ordre indiqué : cela peut te paraître curieux, mais tu en mesureras l'importance plus tard.

Mais attention, tu ne pourras pas entrer chez moi par l'accès habituel. Après avoir réussi à m'enfuir de justesse du Cern, je me suis douté qu'une patrouille m'attendrait en face de chez moi pour me cueillir, ce que j'ai effectivement constaté : un agent en civil surveille l'entrée de l'immeuble. Ne sous-estime pas les moyens qui ont été mis en œuvre pour m'alpaguer, la police ne reculera apparemment devant rien.

J'ai donc dû utiliser un autre accès dont elle n'avait heureusement pas connaissance. Le croquis et la clé ci-joints te permettront d'accéder à mon appartement par le toit sur lequel donne la petite porte de mon grenier. J'y suis arrivé sans me faire repérer, tu dois pouvoir y parvenir aussi sans difficulté, moyennant évidemment de t'y prendre la nuit avec toute la discrétion que cela requiert. Ne sois pas surpris de l'état de l'appartement ! Ils ont eu le temps de le fouiller de fond en comble avant même que j'arrive ! Heureusement, je n'y conservais rien concernant mon travail.

Une fois à l'intérieur, tu dois trouver la liste des cinq personnes. Afin de la protéger d'un éventuel enquêteur qui pourrait tomber sur ce courrier, j'ai dissimulé dans les phrases de cette lettre l'indice qui te permettra de la trouver. Ne cherche pas quelque chose de compliqué, Phil, ne pense pas, mais fie-toi plutôt à ton instinct, en te souvenant de la seule idée que nous avons toujours partagée durant notre enfance, bien que tant de divergences nous aient ensuite séparés.

Au fond, je ne crois pas que notre manière de voir les choses soit si différente que nous le pensions. Nous avons simplement choisi deux chemins différents pour tenter de trouver ce que nous cherchons. Finalement, je pense que nous avons, sans le savoir, toujours cherché la même chose.

Depuis que je suis rentré au Cern, et surtout depuis ces deux dernières années, j'ai coupé les ponts avec mon entourage, mes amis, ma famille et ce n'est pas sans peine que je l'ai fait, surtout vis-à-vis de toi. Nos choix et nos projets respectifs nous ont séparés et j'ai pris conscience, il y a quelques jours, que c'était une erreur et que cela avait creusé un grand vide en moi. Peut-être ressens-tu ce vide aussi ? Je m'en remets à présent à toi et à ta sa seule volonté de me retrouver si le cœur t'en dit.

À bientôt.

(Je n'ai jamais mis autant d'intensité et d'espoir dans ce banal « À bientôt » que l'on inscrit habituellement à la fin des lettres en guise de formule de politesse)

Ton frère Max. »

Ça alors ! Je n'en reviens pas ! Max qui m'écrit une lettre pour me demander de lui venir en aide ! Dans quel guêpier s'est-il fourré ? Mon Dieu, si je m'attendais à cela !

Sans même regarder où je m'assois, je me retrouve sur le gros bloc de pierre situé à côté du portail d'entrée, comme si les processus géologiques l'avaient déposé là juste pour que je m'y asseye à cet instant.

Après avoir jeté un rapide coup d'œil au plan et à la clé, je relève la tête et laisse dériver mon regard sur le relief escarpé de la vallée du Tarn. Construit au bord de la rivière, sur le flanc abrupt de la montagne, le village de Peyreleau me paraît subitement minuscule au milieu de l'omniprésence minérale qui l'entoure. En écho du contenu de la lettre, j'ai l'impression d'entendre les falaises me souffler un appel à l'aide. Les quelques croix qui ornent les plus hauts pics calcaires semblent faire office d'antennes-relais qui me transmettent ce message subliminal, en provenance d'une contrée lointaine. Quelque part là-bas, mon frère se cache et a des ennuis.

Maxime.

Tel un enfant coupable d'une bêtise, je baisse alors la tête et ce sont, à présent, les gravillons que je fixe par terre entre mes pieds. À quand remonte notre dernière rencontre ? Mes neurones, à présents bien réveillés par l'événement, me répondent que cela doit dater de plus de deux ans, pour les soixante ans de notre père. Depuis, pas un seul coup de fil, pas un seul e-mail, rien. Et il n'y en a pas un pour rattraper l'autre ! Il faut en arriver au point où l'un des deux est en danger de mort pour que l'autre commence à s'inquiéter ! Ah bravo !

Je me relève et me dirige vers la maison. Je ne sais que penser de tout cela.

ϕ

En prenant ma douche, je ressasse dans ma tête le contenu de la lettre, en essayant de cerner tout ce qu'elle implique. Finalement, c'est en me rasant devant la glace que j'en viens à me poser intérieurement la seule question qui importe :

« Phil, peux-tu rester indifférent à cet appel à l'aide ? Peux-tu ignorer ton frère comme tu l'as ignoré toutes ces années ? »

Je fais descendre mon rasoir à trois lames le long de ma

joue recouverte de crème à raser, comme une grosse pelle dégagerait de la neige pour tracer un chemin. Je continue à m'entretenir avec moi-même :

« On n'a jamais été sur la même longueur d'onde, c'est un fait, mais est-ce une raison pour le laisser tomber ? Phil, tu t'en voudras toute ta vie de ne pas avoir agi s'il lui arrive quelque chose de grave. »

Je change de joue, retrace une nouvelle autoroute sur mon visage. Une voix intérieure me pousse à partir tout de suite au secours de Max, quitte à n'avoir que la moitié du visage rasé ! Je continue malgré tout le génocide de poils qui meurent à la fois par décapitation, par étouffement dans la mousse et par noyade dans le lavabo. Après cette révélation hautement existentielle, un nouveau flot d'idées me parvient, accompagné d'un sentiment de malaise :

« Attends, je ne veux pas d'embrouille avec la police ou le gouvernement, moi ! Je n'ai pas envie de jouer à Zorro au risque de m'attirer des ennuis ! Après tout, qu'il se débrouille ! Ce n'est pas de ma faute si ses découvertes de savant physicien délirant le mettent ensuite en danger ! Il fallait y penser avant ! »

C'est à ce moment que je me coupe avec mon rasoir au niveau de la pomme d'Adam : il y avait longtemps que cela ne m'était pas arrivé. En me rinçant, le picotement de l'eau sur la plaie fait soudainement surgir un souvenir du fond de ma mémoire. Je me revois adolescent avec Max dans la salle de bains, chez nos parents. N'ayant qu'un an et demi de plus que lui, et lui ayant eu une pilosité plus précoce que moi, nous avions à peu près la même quantité de poils sur le visage. Ce jour-là, nous avions alors décidé de nous raser pour la première fois ensemble et d'en faire la surprise à nos parents. Nous rigolions tellement que nous finîmes par nous couper plusieurs fois au niveau de la pomme d'Adam, du menton et même des narines ! Un vrai désastre ! Je revois encore la tête de nos parents au petit déjeuner, quand ils virent débarquer deux guerriers indiens sortant d'une cérémonie de marquage corporel pour prouver leur bravoure !

Ce souvenir chaleureux me fait sourire en me séchant le visage dans la serviette. Je reviens alors à mon reflet dans la glace. La sensation étrange de m'observer à travers les yeux de quelqu'un d'autre me vient soudainement. Mes yeux semblent être sortis de leurs orbites pour me regarder de plus haut. S'en suit un frisson furtif qui parcourt tout mon corps. Les poils de mes bras et mes cheveux se hérissent sur son passage. Est-ce pour me témoigner leur mécontentement de ce que je viens de faire à leurs amis qui poussent sur mon visage ? Décidément, c'est bien la première fois que je me préoccupe de telles histoires de poils !

La sonnerie du téléphone me sort de ma profonde réflexion pileuse. Je vais dans la chambre m'emparer du combiné sans fil qui affiche un désagréable « numéro masqué », puis je décroche :

– Oui allô ?

– Monsieur Berger ?

– Lui-même.

– Bonjour, Monsieur. Franck Dubon, inspecteur de police rattaché à la commission d'inspection suisse de Genève. Je vous appelle au sujet de votre frère, Maxime Berger. Je suis dans le regret de vous annoncer qu'il est porté disparu depuis quelques jours et qu'il n'a laissé aucune trace derrière lui. Il ne s'est pas présenté à son travail, ce qui, selon son employeur, ne lui ressemble pas.

Il fait une pause comme pour me laisser le temps de digérer la mauvaise nouvelle. Je déglutis bruyamment avant de sortir un banal et pas très convaincant…

– Ah bon !

– Je viens d'arriver à Millau. Je souhaiterais vous rencontrer pour discuter de ce que vous connaissez de lui et de ses habitudes, afin de nous donner un maximum de chance de le retrouver, en souhaitant qu'il ne lui soit rien arrivé.

Je lui réponds en balbutiant :

– Oui, bien sûr, sans problème.

– Quand puis-je me rendre chez vous au plus tôt ?

– Eh bien, quand vous voulez, je suis chez moi aujourd'hui, je suis en congé.

– Très bien, je serai là dans une heure. Je vous remercie, termine-t-il avant de raccrocher.

À peine le temps d'enfiler un pantalon que la police sera déjà là ! Je finis de m'habiller en vitesse avant de redescendre au salon. Je reprends la lettre de Max en m'asseyant dans mon canapé et la relis. Stupéfait de constater qu'il avait raison sur le fait que la police allait me contacter rapidement, je me laisse aller en arrière, commençant à céder à la panique.

Première chose, mettre cette lettre à l'abri. Max m'a demandé de ne pas en dévoiler l'existence. D'accord, j'obéis sans me poser de questions. Je la range dans le tiroir de mon buffet de salon. Ensuite, il me faut préparer ce que je vais dire à cet inspecteur. Pendant tout le petit déjeuner, je répète mes phrases et agence mes idées afin d'être au point. Une fois la table rangée, je m'affale de nouveau sur mon canapé en poussant un long soupir. Il ne reste plus qu'à paraître naturel, convaincant et coopérant, comme le suggère Max dans sa lettre. Facile à dire ! Je n'ai jamais subi d'interrogatoire de police avec, en plus, quelque chose à cacher !

Je tente de me relaxer en respirant profondément plusieurs fois. Me voilà en train de revivre la pression précédant mon premier entretien d'embauche !

ϕ

Un bruit de moteur se fait entendre. Je jette discrètement un coup d'œil à travers la vitre, m'assurant derrière les rideaux de ne pas être visible de l'extérieur. Une Golf TDI dernier modèle, au gris métallisé étincelant, vient juste de se garer devant chez moi. Sa plaque d'immatriculation suisse me confirme l'identité du visiteur. Celui-ci descend de voiture en balayant les environs d'un rapide coup d'œil.

C'est un homme trapu d'une quarantaine d'années dont les cheveux, quelque peu dégarnis sur le dessus, laissent à découvert un large front aux plis marqués. Sa bouche est empreinte d'une moue réprobatrice naturelle qui lui donne l'air d'un ours mal réveillé à la mine renfrognée. Malgré la température déjà bien réchauffée du milieu de matinée, il est couvert d'une veste en cuir marron vieillissante, usée aux épaules et aux coudes. Je devine qu'elle dissimule une arme de poing dans un étui fixé au flanc gauche du policier.

Arrivé à la hauteur de mon portail, avant de sonner, il regarde furtivement autour de lui et glisse rapidement les doigts dans l'ouverture horizontale de ma boîte aux lettres, pour regarder s'il y a du courrier à l'intérieur ! Qu'est-ce qui lui prend, à celui-là ? Où se croit-il ? À peine remis de ma stupeur, j'entends la sonnette et je le vois se diriger vers ma porte d'entrée. Je lui ouvre… voilà, nous y sommes :

– Monsieur Philippe Berger, je présume ?

– Tout à fait.

– Franck Dubon, inspecteur de police, continue-t-il en me montrant son badge.

– Bonjour, Monsieur. Entrez.

Nous nous serrons la main.

– Merci de m'accorder un peu de votre temps.

– C'est tout à fait normal. Asseyez-vous, je vous en prie.

Je l'invite de la main à prendre place dans le canapé. Je

m'assois en face de lui dans mon fauteuil Stressless dont la fonction est la bienvenue au regard de la situation. Ma table basse nous sépare. Il se penche en avant, pose les coudes sur ses genoux en entrecroisant les doigts de ses mains devant son menton, puis il ouvre le débat :

– Monsieur Berger, comme je vous l'ai expliqué au téléphone, je souhaiterais vous questionner à propos de votre frère, dont la disparition reste énigmatique aujourd'hui. J'attends que vous puissiez m'éclairer sur plusieurs points afin d'alimenter notre réflexion et mener à bien notre enquête pour le retrouver, je l'espère, sain et sauf.

Je me jette à l'eau en commençant par un beau mensonge :

– Comptez sur moi pour vous dire tout ce que je sais.

– Très bien. Tout d'abord, permettez-moi de vous lister quelques renseignements que je possède sur votre frère. Corrigez-moi s'ils sont inexacts.

Il fait une pause pour sortir un calepin orange, qu'il ouvre et commence à lire :

– Maxime Berger est physicien au Cern, à Genève, depuis neuf ans. Il a fait ses études à l'école normale supérieure de Lyon. Trente-quatre ans, célibataire, il vit seul dans un appartement à Genève et consacre tout son temps à son travail. Il est issu d'une famille résidant actuellement à Saint-Étienne, dans la Loire, d'un père ingénieur dans la métallurgie et d'une mère sans profession. Vous êtes son frère aîné.

Il s'arrête pour consulter mon regard afin de s'assurer que je n'ai rien à corriger de particulier. Puis il reprend en se tenant prêt à noter avec son stylo :

– Pour une simple question de formalité, j'aurais besoin de quelques informations vous concernant.

– Allez-y.

– Quel âge avez-vous ?

– Trente-six ans.

– Êtes-vous célibataire, marié, divorcé ?

– Célibataire.
– Vous vivez seul ?
– Oui.
– Pas d'enfant ?
– Non.
– Quelle est votre profession ?
– Mécanicien en machines agricoles à la Cadauma de Millau.
– Depuis combien de temps ?
– Quinze ans.
– Qu'avez vous fait auparavant ?
– C'est mon premier travail, je n'en ai jamais changé.
– De quelle formation êtes-vous ?
– J'ai fait un IUT de Génie Mécanique.
– D'autres activités particulières ?
– Je possède un petit élevage de moutons dont je m'occupe pendant mon temps libre.

Je le laisse noter, tout en me demandant si c'est moi qui suis porté disparu ou si c'est mon frère…

– Merci pour ces précisions. Revenons à votre frère, reprend-il comme s'il avait lu dans mes pensées. Quelles relations entreteniez-vous avec lui ?

– Je n'en avais pas vraiment. Cela fait plus de deux ans que je ne l'ai pas vu : la dernière fois, c'était aux soixante ans de notre père. Depuis, je n'ai plus eu de nouvelles de lui. Je n'ai d'ailleurs pas cherché à en avoir non plus, que ce soit directement ou par l'intermédiaire de mes parents. Pour tout vous dire, nous ne sommes pas en très bons termes. Après le lycée, nous sommes partis chacun de notre côté pour nos études. Nous avons toujours eu une conception très différente de la vie professionnelle, même de la vie en général. Au moment de quitter la maison de nos parents, chacun avait vidé son sac sur ce qu'il pensait des convictions de l'autre. Bref, depuis nous n'avons plus rien eu à nous dire. Aux réunions de famille, nous nous adressons la parole par simple politesse.

– À quel niveau sa disparition vous affecte-t-elle ?

Je lui réponds en laissant filtrer une émotion sincère dans mes propos :

– Ça me rend triste de savoir qu'il a certainement des ennuis. Par contre, comme je vous l'ai dit, je n'ai pas besoin de savoir ce qui se passe dans sa vie pour vivre la mienne tranquillement. S'il s'est attiré des ennuis, de quelle manière que ce soit, ce n'est pas mon problème, même si c'est toujours regrettable de voir quelqu'un dans la difficulté. Je l'avais pourtant averti qu'il regretterait un jour son choix de vivre enfermé dans un laboratoire, à jouer à l'apprenti sorcier avec les lois de la nature. Fort de sa confiance en lui, il m'avait ri au nez en se moquant de mon archaïque vision « naturelle » des choses. Il me fit la morale en me soutenant que c'était dommage que ma seule ambition soit de devenir un pauvre mécano dans un garage crasseux et d'élever des animaux stupides. Depuis ce jour, vous comprendrez que l'on ne s'est plus vraiment adressé la parole.

Je fais une pause pour digérer mes propos certes volontairement exagérés. Notre conversation n'avait pas été si directe ni si cassante, mais le fond y était quand même. Paradoxalement, c'est justement le souvenir de ce « fond » que j'ai du mal à faire ressurgir du passé, alors que j'ai vécu avec sans difficulté depuis plus de quinze ans. Mais aujourd'hui, la donne a changé : le fait que Max soit en danger vient de me faire prendre conscience que toutes ces années perdues sont un abominable gâchis. Aucun de nous deux n'a eu la présence d'esprit de tendre la main à l'autre pour effacer les mésententes passées et repartir sur des relations plus « adultes ». L'orgueil est décidément une maladie bien regrettable.

Cette réflexion intérieure jette un trouble dans mon esprit, que mon interlocuteur ne manque pas de relever :

– Vous semblez… troublé, me lance-t-il effectivement.

Sa faculté de lire trop facilement en moi commence à m'agacer. Cet inspecteur est décidément très bon dans ce qu'il fait ! Je me ressaisis et me force à adopter un ton cassant :

– Ces souvenirs font surgir en moi des sentiments de colère et de frustration que je n'ai jamais vraiment surmontés.

Je me félicite intérieurement de cette belle esquive. Il me regarde en se massant le menton et reprend :

– Mmh… je comprends. Connaissez-vous des endroits particuliers où votre frère se rendait pendant son temps libre ? Avez-vous en tête des noms de personnes qu'il fréquentait régulièrement ?

– Je ne peux malheureusement rien vous apporter à ce niveau. Comme je vous l'ai expliqué, je ne me préoccupe plus de lui depuis longtemps. Ses collègues de travail seront certainement plus à même de vous fournir des informations.

Je réfléchis un instant en mesurant l'intérêt de prononcer la suggestion suivante pour davantage crédibiliser ma « collaboration » :

– Demandez également à mes parents, ils pourront sûrement vous renseigner un peu plus.

– Je les ai effectivement contactés tout à l'heure, juste avant vous. Suite à notre entrevue, je me rends à Saint-Étienne pour les rencontrer en fin d'après-midi.

– Ah, très bien!

– Je m'attendais à ce que vos relations avec Maxime Berger soient plus « normales », excusez-moi du terme, et j'avoue que je suis un peu surpris et déçu que cela ne fasse pas plus avancer l'enquête. Enfin, c'est ainsi, soupire-t-il en écartant les mains.

– Désolé de ne pas pouvoir faire mieux.

– Écoutez, si vous n'avez rien d'autre à rajouter, je me permettrais simplement de vous demander de me tenir informé du moindre élément supplémentaire qui pourrait vous revenir ou de tout éventuel contact que vous pourriez avoir avec lui.

– Comptez sur moi, je ne manquerais pas de le faire si tel était le cas.

Il se lève et me donne sa carte de visite que je glisse dans la poche de ma chemise. Après l'avoir salué, je le suis en direction de la porte. En passant devant ma table de salle à manger, son regard se pose soudainement sur le tas d'enveloppes que j'avais posées là tout à l'heure. Même si celle de Max ne s'y trouve évidemment pas, je sens mon sang se glacer suite à la décharge incontrôlée d'adrénaline qui saisit tout mon corps. Il tourne la tête vers moi et me regarde. Je fais le maximum pour contenir mon malaise et parviens à garder une expression normale. Il continue alors vers l'entrée. Je referme enfin la porte derrière lui. Soulagé que cet entretien se soit terminé rapidement, je pousse un soupir de décompression, comme une cocotte-minute cracherait son jet de vapeur après une heure de cuisson !

De nouveau posté derrière les rideaux, je le regarde s'éloigner. En arrivant au niveau du portail, il s'arrête. Avec une attitude similaire à celle du lieutenant Columbo qui a une intuition, il tourne une nouvelle fois la tête vers la boîte aux lettres. Après une seconde d'hésitation, il finit enfin par continuer vers sa voiture et s'en aller pour de bon.

J'explose à voix haute en m'adressant à mes rideaux :

– Pffff ! C'est quoi ce type ?!

Mes rideaux ne me répondent évidemment pas. Je retourne m'asseoir dans mon Stressless qui, pour l'heure, est plutôt un « Stressfull ». Je respire profondément pour me détendre et faire retomber la pression. Mes vingt années de karaté, passées à discipliner mon mental, suffisent à peine à rattraper la déconfiture de mon esprit.

Après quelques minutes de relaxation, mes idées se remettent en place. En analysant le déroulement de cet entretien le plus objectivement possible, je finis par me féliciter de m'en être convenablement sorti. Je ne pense pas avoir éveillé de soupçon sur mon contact avec Max. De toute façon, je ne pouvais pas faire mieux, même si l'intuition de cet inspecteur est passée à deux doigts de me déstabiliser pour de bon. Son ressenti est tout à fait surprenant ! En espérant qu'il ne s'y fie pas et qu'il ne revienne pas à la charge…

ϕ

Pour la seconde fois de la journée, le téléphone m'extirpe de mes pensées. Ce sont mes parents. J'établis la communication :

– Bonjour !

– Bonjour, mon fils, me salue ma mère. Tu vas bien ?

En soupirant pour évacuer la pression, je réponds :

– Oui, oui, ça peut aller.

– J'ai mis le haut-parleur, ton père est aussi là, il écoute.

D'une intensité atténuée du fait qu'il soit en retrait à côté de ma mère, je l'entends effectivement me saluer :

– Bonjour, Phil.

– Bonjour, papa.

– Es-tu au courant pour Max ? reprend ma mère.

– Oui, je sors à l'instant d'un entretien avec un inspecteur de police venu m'interroger : une enquête est ouverte pour tenter de le retrouver.

– Phil, je suis morte d'inquiétude à l'idée que ton frère soit porté disparu.

Sa voix tremblante trahit une montée de larmes. Un reniflement vient confirmer mon impression.

– Qu'a-t-il bien pu lui arriver ? se demande-t-elle en

sanglotant. Qui peut lui vouloir du mal ? Mon petit Max n'est tout de même pas un gangster mêlé à un trafic mafieux ? Franchement, je ne comprends vraiment pas ce qui a pu se passer.

– Maman, calme-toi, on va le retrouver. Je suis sûr qu'il va bien et qu'il ne lui est rien arrivé de grave, ça va s'arranger.

– J'aimerais bien partager ton optimisme, Phil. Mais je ne supporte pas d'être dans l'incapacité d'agir.

– Je comprends, maman, je comprends.

Sa réflexion ne manque pas de provoquer le même sentiment en moi, à la différence que le tiroir de mon buffet de salon contient un élément capital permettant justement d'agir.

– As-tu la moindre idée de ce qui a pu se passer ? continue-t-elle dans la détresse.

Me forçant à ne pas trahir mes pensées, je lui réponds :

– Non, absolument pas.

Ce mensonge m'écœure, même si je le sais nécessaire et que je m'étais préparé à le dire. Laisser volontairement ma mère dans l'ignorance me fend le cœur. Mes yeux, qui fixent lâchement mon tapis de salon, commencent eux aussi à se remplir de larmes. En entendant à son tour mes reniflements, ma mère reprend après quelques secondes de silence :

– Phil, je suis quelque part réconfortée d'entendre que tu es sensible à ce qui arrive à ton frère. J'avais peur que ton cœur ne soit plus capable de l'être.

– Il l'est, maman, je t'assure qu'il l'est.

À cet instant, l'émotion arrive à son comble : du fond de mes tripes surgit un raz-de-marée qui engloutit toutes les cellules de mon corps sur son passage. La vague meurt dans mes yeux qui déversent à présent un flot continu de larmes. Après quelques secondes, je reprends péniblement la parole :

– Écoute, essayons de ne pas nous morfondre dans de sombres pensées tant que l'enquête n'a pas plus avancé. Cet inspecteur semble compétent, il fera tout son possible pour retrouver Max, j'en suis persuadé. Attendons qu'il fasse son travail avant de nous imaginer quoi que ce soit.

– Tu as raison, ça ne sert à rien d'être défaitiste.

– On se tient au courant, d'accord ?

– Oui, bien sûr.

– Je vous embrasse tous les deux.

– Nous aussi, proclament-ils à l'unisson. Nous t'embrassons très fort, Phil. À bientôt, conclut ma mère.

Puis nous raccrochons.

Je sèche mon visage et reste assis là, le regard suspendu dans le vide, le cerveau lessivé par ce raz-de-marée qui a finalement eu du bon pour m'apaiser.

Mon regard revient alors sur le tiroir du buffet où se trouve la lettre de Max. Je me lève pour la récupérer et la relire encore une fois, tout en pensant à ce que ma mère vient de me dire. Malgré les vingt-cinq années qu'elle a de plus que moi, je suis sûr que si elle avait cette lettre en main, elle partirait sur- le- champ à Genève pour se rendre dans l'appartement de Max ! Mon père n'hésiterait pas une seconde non plus. Il n'y a que moi qui me pose des questions existentielles !

D'un côté, je sens au fond de moi que je dois à l'évidence partir aider Max, mais d'un autre côté, quelque chose me bloque. S'agit-il de l'indifférence que j'ai eue envers lui depuis 15 ans qui me rend si hésitant ? Non, trop de sentiments ont surgi contre toute attente ce matin, me convainquant que cette indifférence n'était qu'une façade. Ce jeu d'apparences, auquel Max et moi nous sommes adonnés toutes ces années, n'était rien d'autre qu'un moyen de s'éviter et de ne pas affronter la difficulté de notre relation. Ni l'un ni l'autre n'a voulu ravaler son orgueil pour ne pas perdre la face, alors qu'au fil des années, comme le dit Max dans sa lettre, un vide s'est creusé en nous.

Non, cette indifférence n'est pas fondée et je crois d'ailleurs que je viens ce matin de la balayer définitivement. Cette révélation inattendue me soulage et me fait entrevoir que je serrerai mon frère dans mes bras lors de notre prochaine rencontre, comme si toutes ces années de bêtise n'avaient pas existé. Cette image m'émeut et me rend joyeux ; elle était enfermée pendant tout ce temps dans mon inconscient, attendant le jour propice pour ressurgir et se libérer des chaînes que je lui avais volontairement mises. J'ai soudainement la sensation, à la fois étrange et agréable, d'avoir grandi d'un seul coup et de me sentir plus léger.

Je secoue la tête pour reprendre le cours de ma réflexion : si ce n'est pas cette fausse indifférence, alors qu'est-ce qui peut me freiner à ce point ? Est-ce la peur du danger ? Je sens que je me rapproche du problème : la peur. La peur de quoi ? Là est la bonne question : de quoi ai-je finalement peur ?

C'est la question la plus difficile que je me suis posée depuis bien longtemps. J'ai la conviction que la réponse me permettra de lever tout le brouillard qui embrume mon esprit et inhibe ma propre volonté d'agir.

Je remue l'épaisse couche de vase engluée dans ma tête pour tenter de découvrir ce dont j'ai réellement peur. Est-ce la peur de l'inconnu vers lequel m'emmènerait cette aventure ? Non, c'est plus profond que cela. Je dirais plutôt qu'il s'agit de la peur de perdre quelque chose. Un premier frisson d'excitation semble me confirmer que je suis sur la bonne voie. Celui qui suit, plus lugubre et glacial, m'indique que je viens en même temps de fouler le sentier qui me mène du côté les plus sombres de ma conscience.

« Perdre ta propre sécurité, ton confort matériel, ta liberté… »

Ces mots résonnent soudainement en moi. Est-ce moi qui viens vraiment de formuler cette pensée ? Je regarde autour de moi pour trouver d'où cela pourrait bien venir. Mes yeux croisent alors ceux du chat noir du tableau qui trône au-dessus de ma cheminée. Son regard posé sur moi semble si réel que l'on pourrait croire que c'est lui qui vient de me souffler ces mots.

La solution est là : si je parviens à surmonter ma peur, je serai libéré de tous les doutes qui figent ma volonté. Comment y parvenir ? La réponse est toute simple : si je choisis de partir aider mon frère, j'affronterai du même coup cette peur et je me donnerai ainsi l'occasion de la surmonter. Si, à l'inverse, je décide de ne rien faire, je ne m'accorderai même pas la moindre chance d'y arriver. C'est comme au Loto : 100 % des gagnants ont joué et 100 % de ceux qui n'ont pas joué ont perdu. Alors, Phil, de quel côté es-tu ? Celui des joueurs ou des frileux ?

Mais vient alors la question fatidique : comment surmonter la peur initiale qui m'empêche de partir alors que ce n'est qu'en partant que je pourrai la surmonter ? Voilà un bel exemple de l'histoire du chien qui se mord la queue, ou en l'occurrence ici, « du chat », qui, du haut de sa cheminée, me fixe toujours impassiblement, le temps que je me décide.

Finalement, je me rends compte que le simple fait d'avoir identifié ma peur et de l'avoir mise au grand jour me donne une nouvelle force pour l'affronter. C'est l'impulsion de départ qui me manquait et qu'il fallait pour initier le mécanisme irréversible de la marche en avant. J'ai le sentiment que cette décision va changer le cours de ma vie. Le point de non-retour est franchi au moment même où j'effectue le pas nécessaire à quitter le plongeoir pour faire le grand saut :

« Max, c'est décidé, j'arrive ! »

III
L'appartement

3.

Animé d'un inébranlable sentiment conquérant, je me sens capable d'affronter toutes les armées du monde. C'est sans doute ce que doivent ressentir les superhéros tous les matins en se levant, à la différence qu'il me manque la cape, le masque et les super bottes. Peu importe. Ce qui compte, c'est la volonté : ce qui m'arrive me démontre que nous sommes finalement tous capables d'être des super héros. Encore faut-il que j'arrive à sauver la victime des griffes du méchant. La confiance absolue que j'ai à présent en moi a déjà fait la moitié du travail. La « Philmobile », qui attend ce jour depuis longtemps dans son antre, m'aidera à faire l'autre moitié. Je fais coulisser la porte du garage vers le haut : ma Lancia Delta HF Intégrale Evolution me fixe avec ses quatre phares ronds et me murmure :

« Ah, enfin une mission à ma hauteur. »

Je la contemple avec la satisfaction d'un enfant qui découvre le plus beau cadeau qu'il a commandé pour Noël. De toutes les voitures qui sont passées entre mes mains, c'est de loin celle qui m'a donné le plus de plaisir.

Quelques vieux magazines poussiéreux, entassés sur le haut d'une étagère, me rappellent subitement mon adolescence. Pendant que mon frère passait son temps à lire *Science & Vie* et à bricoler les entrailles de son ordinateur, j'épluchais les revues de sport automobile et démontais tous les moteurs qui me passaient sous la main. Nos activités étaient si différentes qu'il arrivait parfois que nous ne nous croisions pas de la journée, ne serait-ce qu'aux repas du midi et du soir. Lorsque nos parents parlaient de nous à leurs amis, je me souviens les entendre dire : « Chez nous, nous avons les extrêmes : d'un côté, un intellectuel premier de la classe qui a horreur du sport et qui peut passer toute une journée enfermé devant un écran d'ordinateur et, à l'opposé, un manuel dernier de la classe qui vit au grand air et qui s'excite devant tout ce qui roule avec un moteur ! »

Nous étions si différents. Les seuls moments que nous partagions, c'était devant la télévision ou au cinéma pour regarder des films de science-fiction et de fantastique. Le souvenir de tout ce que nous avons vu ensemble me réchauffe le cœur. Sachant Max maintenant en danger, je donnerais n'importe quoi pour revivre une de ces soirées avec lui.

Lorsque mon regard croise l'armoire en verre au fond du garage, ces souvenirs s'envolent et d'autres font surface : ce sont tous les trophées que j'ai remportés au cours de ma courte carrière de pilote amateur de rallye. Je frémis de plaisir rien qu'en repensant à cette période palpitante où je mettais ma vie en danger à chaque virage. Pendant trois saisons consécutives, alors que j'avais à peine vingt ans, j'ai couru dans de nombreuses courses de côtes. C'est d'ailleurs en participant au rallye des Cévennes et à celui des côtes du Tarn que j'ai découvert la région où je vis actuellement. J'avais trouvé l'endroit tellement plaisant que j'avais décidé de m'y installer définitivement.

Mais le sport automobile coûte très cher et j'ai finalement dû mettre un terme à cette chevauchée fantastique, faute de moyens. Il n'en reste pas moins que je m'autorise parfois une virée sur un circuit avec des amis pour revivre ces sensations fortes. Quand on a cela dans le sang, il est impossible de s'en défaire, c'est pour la vie.

Incapable de tenir en place, il m'avait fallu trouver autre chose : les courses de rallye furent alors supplantées par les compétitions de karaté. Bien moins coûteuses, elles n'étaient pas moins reposantes. Deux années avaient suffi à me calmer. Les quelques médailles et coupes exposées sur l'étagère du bas furent le résultat de mes performances plutôt moyennes en ce domaine, il faut bien le reconnaître. J'arrêtai là les hostilités, ne conservant qu'un ou deux entraînements par semaine pour garder la forme, rien de plus.

Il faut dire qu'en ce temps-là, le sport était mon unique raison de vivre ; pas de place pour le reste. Mes quelques tentatives d'aventure sentimentale se soldaient toujours très vite par un échec. Constamment en vadrouille à droite ou à gauche presque tous les week-ends, il faut avouer que je ne faisais rien pour faciliter l'installation d'un jeune couple. De ces expériences, j'en ai alors déduit qu'une femme ne supporte pas l'idée d'être reléguée au second rang des préoccupations de son partenaire. Comprenant que je n'avais pas le profil d'un homme à marier, je fis le choix de continuer à vivre seul. Ce choix reste encore valable aujourd'hui.

N'étant pas une brute insensible pour autant, j'avais malgré tout besoin d'une présence féminine avec qui partager de l'affection. Un jour, un ami plutôt blagueur m'offrit une brebis à mon anniversaire. Contre toute attente, ce fut le début d'une grande histoire d'amour. Au-delà du fait que l'appétit de cet herbivore s'avérait fort utile pour ne pas avoir à tondre la pelouse, je le trouvai plutôt sympathique et décidai de lui ramener quelques copains et copines. D'année en année, le petit groupe devint un troupeau. Je rachetai alors une petite ferme à un exploitant qui partait en retraite, encore aujourd'hui mon voisin. Récupérant ici et là du matériel agricole pour semer des prairies et cultiver quelques hectares de céréales, je me suis peu à peu transformé en éleveur amateur.

ɸ

Je cligne des yeux pour revenir au temps présent car je dois faire mes préparatifs pour partir dès aujourd'hui.

Afin de ne pas m'encombrer, je prévois le strict minimum en vêtements et en affaires de toilette. Par contre, ne pas oublier ma caisse à outils : j'ai pris cette habitude pour les longs trajets, surtout avec un vieux modèle de voiture comme le mien. Cela m'a dépanné plus d'une fois. Certains de mes amis trouvent que je délire en constatant que mon coffre ressemble plus à un atelier de bricolage qu'à autre chose. Moi, je me juge prévoyant. De toute manière, je crois que c'est une déformation professionnelle contre laquelle je ne peux lutter. Si j'ai la possibilité d'éviter un arrêt au stand chez un garagiste inconnu, je ne m'en prive pas : je ne supporte pas l'idée qu'un autre bricole les entrailles de ma voiture !

Je regroupe ensuite mon attirail de camping pour être en mesure de dormir où je veux : tente igloo, sac de couchage, Butagaz... En attrapant une paire de chaussures de randonnée, j'en profite pour embarquer mes bottes de pilote : si je dois passer par des petites routes, je serai plus à l'aise.

Je finis le chargement avec quelques vivres, de quoi tenir plusieurs jours car je ne sais pas à quoi m'attendre. Je n'oublie pas de passer un coup de fil à Michel, mon vieux voisin éleveur à la retraite, pour le prévenir de mon départ. Il s'occupera de mon troupeau en mon absence. Enfin, j'empoche les 500 euros de liquide que m'ont rapportés mes ventes de moutons pour les méchouis de cet été. Cette somme devrait largement suffire. Après m'être assuré que la maison était bien fermée, je monte en voiture.

Je m'assieds dans le siège- baquet Recaro en cuir blanc cassé que mon postérieur reconnaît instantanément aux frottements caractéristiques des vêtements à son contact. Je tourne la clé : les innombrables cadrans ronds du tableau de bord s'animent, chacun étant relié à un organe vital de ce véritable avion de chasse. Le doux ronronnement des quatre cylindres en ligne me procure une telle satisfaction que j'en tire un petit sourire digne d'un Indiana Jones fier de lui.

J'active mon poste MP3, sélectionne la bande originale du film *Kill Bill*, enfile mes lunettes noires à la *Matrix* et enclenche la première comme dans *Fast & Furious*. La scène semble effectivement sortir tout droit d'un studio hollywoodien et j'ai l'impression que tout cela est irréel : la lettre de Max, ma décision de partir l'aider en me lançant dans une aventure qui m'emmène je ne sais où… Après tout, la vie n'est qu'un film où nous sommes à la fois réalisateur, acteur et spectateur.

Sur cette dernière note philosophique, je pars pour de bon : j'actionne la télécommande pour refermer le portail électrique derrière moi. Vingt minutes après, je m'élance sur la piste de décollage que le commun des automobilistes appelle « autoroute » : cap sur Genève.

ϕ

22 h 20. Après six heures de route pause comprise, je passe enfin la frontière suisse. Je branche alors mon GPS pour y taper le nom de la rue indiquée sur le plan de Max.

Une demi-heure plus tard, j'arrive à destination. Je m'engage dans une petite cour intérieure d'immeuble où je me gare en marche arrière, prêt à repartir. D'après les indications de mon frère, je dois me situer juste derrière son immeuble. En passant par là, je pourrai ainsi éviter la patrouille de surveillance, selon lui postée de l'autre côté.

J'enfile les gants en cuir noir qui viennent compléter ma panoplie du parfait agent secret cherchant à s'infiltrer discrètement dans la base du méchant. Je me trouve un peu ridicule quant à l'idée d'enfiler ma cagoule de cambrioleur, qui n'est autre que mon passe-montagne que j'utilise en cas de tempête aux sports d'hiver. Je décide finalement de le laisser dans la voiture.

La lettre de Max et la clé sont bien à l'intérieur de ma poche. Je garde en main le petit plan qui m'indique tout d'abord de grimper par l'escalier de secours, que j'aperçois effectivement au fond de la cour. Avant de me lancer, j'inspire et expire un bon coup pour chasser mon anxiété croissante. Personne en vue, tout est calme, je sors de ma voiture et la verrouille ; c'est parti.

Cinq étages plus haut, je me retrouve sur le toit. Je domine la ville éclairée par ses agressives lumières artificielles en contraste avec l'apaisante lueur de la lune. Cet astre m'a toujours fasciné : impassible, elle est la veilleuse de l'humanité depuis ses débuts, toujours présente à ses côtés pour la rassurer, telle une mère bienveillante au chevet de son enfant endormi.

Le ciel est dégagé, pas un nuage. En y plongeant mon regard, j'ai soudain la sensation de me perdre dans un trou noir infini. Sentir l'immensité de l'univers, en contemplant un ciel de nuit étoilé, m'a toujours fait un petit quelque chose au plus profond de moi, que je n'ai jamais su expliquer. J'y trouve une douce caresse chaleureuse d'unicité et de fusion, là où d'autres n'y perçoivent qu'un sentiment de frustration de n'être qu'un insignifiant grain de poussière, dont la vie sur terre ne représente rien.

Je secoue la tête et cligne des yeux pour sortir de cette furtive rêverie qui m'a traversé l'esprit à un moment bien incongru. Elle a cependant eu le mérite de faire retomber ma tension intérieure. Je reprends ma progression à présent plus détendu et confiant.

Toujours en suivant les indications, j'avance prudemment et discrètement pendant une dizaine de minutes, jusqu'à ce que j'arrive sur le toit de l'immeuble de Max. Là, je surplombe une autre cour intérieure semblable à celle d'où je suis parti. Tout y semble calme.

J'arrive enfin à la petite porte du grenier de l'appartement de Max. Je l'ouvre avec cette clé voyageuse qui aura fait l'aller-retour Genève-Millau en deux jours. Avant de refermer derrière moi, j'allume ma lampe torche afin de voir où je mets les pieds. Quelques cartons éventrés et fouillés jonchent un vieux plancher déformé par le temps. Une vieille paire de ski est posée contre le mur juste à côté d'une trappe qui, pour le moment, est la seule chose qui m'intéresse dans ce grenier. Après l'avoir soulevée non sans peine, car assez lourde malgré les apparences, je me laisse descendre par la force de mes deux bras. Je me revois à cet instant faire cet exercice des centaines de fois au cours de mes séances de musculation, accroché à la barre de traction placée entre les deux montants de la porte de mon studio d'étudiant, il y a plus de quinze ans de cela. Je juge raisonnable la distance qui me sépare du sol pour me lâcher et finalement atterrir dans un couloir.

– Tu y es, Phil. Maintenant il ne reste plus qu'à trouver cette fameuse liste, me dis-je à voix basse, à la fois pour me féliciter et m'encourager.

Je fais le tour de l'appartement qui, comme me l'a écrit Max, est effectivement sens dessus dessous. Par où commencer ? Trouver un papier dans ce foutoir peut me prendre des journées entières de recherches ! Et qui me dit que la police, qui a déjà tout fouillé, n'est pas tombée dessus ? Ah si, j'oubliais : Max est revenu déposer cette liste après la fouille, ce qui laisse donc à penser qu'elle y est encore. Mais où ?

Pendant mon long trajet en voiture, j'ai relu maintes et maintes fois la lettre de mon frère, afin d'y déceler l'indice caché qui me permettrait de dénicher cette mystérieuse liste, sans finalement aboutir à un quelconque résultat. Je commence à désespérer en m'affalant dans le fauteuil du salon. Une fois de plus, je ressors la lettre de ma poche pour en relire, à la lumière de ma torche, une phrase que j'avais trouvée bizarrement construite :

« *Ne cherche pas quelque chose de compliqué, Phil, ne pense pas, mais fie-toi plutôt à ton instinct, en te souvenant de la seule idée que nous avons toujours partagée durant notre enfance, bien que tant de divergences nous aient ensuite séparés.* »

Je ne sais pas, il y a quelque chose qui cloche, comme s'il y avait deux phrases en une seule, l'une insérée dans l'autre. Et puis, que veut-il dire par « la seule idée que nous avons toujours partagée » ? Je ne vois vraiment pas à quoi il peut faire allusion. Nous n'avons jamais été d'accord sur quoi que ce soit, je me demande bien ce que nous pourrions partager.

Le doute et le désespoir arrivent au galop, tels deux prédateurs chassant en binôme, toujours à l'affût, attendant que leur victime soit affaiblie ou distraite pour lui bondir dessus. Je trouve soudainement l'obscurité de l'appartement encore plus sombre et oppressante. Repoussant cette sensation étouffante, je me penche de nouveau sur la lettre. À vouloir faire trop compliqué pour encoder un message, voilà ce que l'on risque : personne n'est finalement capable de le déchiffrer, même pas le destinataire !

Devant l'absurdité de la situation, je me moque de ma propre personne. Qu'est-ce que je fais ici ? Je me lève comme pour partir et me surprends moi-même en train d'enrager contre l'esprit trop tordu de Max. Stop ! Je suis en train de lui en vouloir alors que c'est moi qui n'arrive pas à déchiffrer cette phrase ; c'est le monde à l'envers ! C'est tout de même à moi de remuer mes méninges, bon sang ! Je me tape la tête avec la paume de la main pour remuer tout ce beau monde en exigeant à voix haute :

– Debout là-dedans, tas de fainéants ! J'ai besoin de vous !

Dire qu'en plus je ne dois pas « chercher quelque chose de compliqué » ! Il faut que je trouve, je n'ai pas d'autre choix. Afin de me concentrer davantage, j'inspire profondément, tel un chevalier Jedi se connectant à la F… Bon sang ! Mais c'est bien sûr ! C'est ça dont parle Max : la Force ! Celle que ressentent et maîtrisent les chevaliers Jedi dans *Star Wars* ! Effectivement, je me souviens maintenant d'une conversation que nous avions eue ensemble sur le sujet, après avoir vu et revu des dizaines de fois tous les épisodes. Nous étions d'accord sur le fait qu'une force existe vraiment au sein de l'univers, reliant tout, présente aussi bien dans le minéral, le vivant, que dans les étoiles et le vide spatial. Nous étions à la fois surpris et rassurés de constater que l'autre ressentait la même chose. Ce ressenti venait du plus profond de nos êtres, sans ambiguïté aucune. Nous constations qu'il ne s'agissait pas d'une simple croyance issue d'une banale influence cinématographique de super héros qui font rêver des enfants avec leurs super-pouvoirs. L'existence de cette force était quelque chose d'évident pour nous, de naturel et d'acquis depuis toujours dans notre façon de voir la vie. Il est vrai que c'était le seul point sur lequel notre opinion convergeait.

Je reviens au temps présent et reprends précipitamment la lettre pour relire le passage que j'avais tout à l'heure senti « bancal » :

« *…Phil, ne pense pas, mais fie-toi plutôt à ton instinct…* »

C'est effectivement une phrase qui sort tout droit de *Star Wars*, mais remaniée pour s'insérer dans le contexte. Je tente de me remémorer la réplique qui ne me revient pas facilement car nous avions l'habitude de regarder ces films en version originale.

« … Phil, don't think, but use your instinct… »

Oui, c'est cela, je me souviens à présent de toute la réplique :

« Feel. Don't think. Use your instinct. »

Excité comme un enfant venant de résoudre la dernière énigme d'une chasse au trésor, je savoure ma victoire sur le déchiffrage du message caché dans la phrase de Max. Je souris en prenant conscience du jeu de mots phonétique que s'est permis mon frère sur mon diminutif de prénom. Astucieux, ce Max !

Si cette réplique de Qui-Gon adressée à Anakin dans l'*Episode I* est l'indice, aussi puéril que cela puisse paraître, c'est que… Je me tourne subitement vers la télévision qui trône au milieu du salon sur un meuble où sont entassés ampli, lecteur DVD et platine CD. Tous les films sont par terre, certainement jetés là lors de la fouille pour inspecter le meuble. Je constate d'ailleurs que chacune des boîtes a été ouverte et qu'il n'y a plus aucun disque à l'intérieur. Ils ont certainement été tous saisis pour vérifier qu'ils ne contenaient pas de données relatives aux travaux de Max. Je farfouille dans le tas quelques instants pour enfin trouver ce que je cherche : le DVD du premier épisode de *Star Wars*, *La Menace fantôme.* J'en extirpe le livret de présentation des chapitres et des menus. Tout excité, je m'exclame à voix haute :

– Bingo ! Bien joué, frangin !

Sur l'imprimé intérieur je découvre en effet une liste de cinq noms accompagnés d'adresses ou de brèves indications pour les trouver. La première personne à voir est un certain Pascal Dracor, résidant à Cruseilles, au nord d'Annecy. Je me souviens avoir vu cette indication quelque part en arrivant sur Genève. Cet endroit ne doit pas être très loin d'ici.

Avant que je puisse continuer de lire les autres noms, j'entends soudainement des voix étouffées qui semblent provenir de la cage d'escalier. Ce sont sans doute des voisins d'un étage inférieur qui rentrent chez eux. Je colle l'oreille à la porte d'entrée afin de m'en assurer, attendant que le calme revienne. Mais l'intensité de la conversation ne fait que s'accroître au fur et à mesure que les personnes montent l'escalier, au point d'en discerner bientôt les propos. Un mauvais pressentiment me vient en constatant que l'une des deux voix ne m'est pas inconnue, sans pour autant y associer un visage immédiatement. C'est seulement au moment où je parviens à saisir distinctement le cours de la conversation, que je reconnais cette personne avec horreur :

– ... J'ai rendu visite aujourd'hui même à son frère et ses parents pour tenter d'en savoir plus sur lui, sans grand succès. Ses parents m'ont quand même appris qu'il avait acquis une vieille bâtisse, il y a deux ans, sans qu'il leur ait dit où ; c'est pour ça que je souhaiterais fouiller encore une fois son appartement pour tenter de trouver des éléments là-dessus.

L'inspecteur Dubon ! Nom d'un chien, il est ici !

– Alors allons-y, propose l'autre personne.

Les voix sont à présent très proches, ils doivent être sur le palier. Je glisse rapidement la lettre et la liste de noms dans ma poche, tout en rebroussant chemin le plus discrètement possible jusqu'à la trappe du grenier. En me hissant de nouveau du bout des bras, avec un effort considérable pour faire au plus vite, j'entends un cliquetis de clé dans la serrure suivi immédiatement du bruit d'ouverture de la porte. Ils entrent et allument la lumière au moment où je parviens à refermer la trappe en compensant au maximum son poids afin de ne pas faire de bruit. Il ne faut pas que je moisisse ici plus longtemps, sinon ils me trouveront puisqu'ils veulent de nouveau tout fouiller ! Sans perdre une seule seconde, je me redresse brutalement, mais dans ma hâte, je percute cette maudite paire de ski qui était posée là : malgré ma tentative de récupération, je ne parviens pas à l'empêcher de s'écraser sur le plancher dans un raffut effroyable ! Ah bravo ! Phil, champion de la discrétion !

Sachant éperdument qu'ils m'ont entendu, je sors en vitesse du grenier, referme la porte à clé et m'élance sur les toits à toutes jambes. Je saute d'un muret à l'autre, descends les échelles et enjambe le vide à la vitesse de Cat Woman ! C'est fou comme une bonne décharge d'adrénaline multiplie les capacités musculaires. Je ne me retourne même pas pour voir si je suis poursuivi, une seule chose compte : partir d'ici très vite !

J'entends soudainement une détonation de revolver avec un bruit métallique. Je jette un coup d'œil furtif pardessus mon épaule : sur l'autre toit, une silhouette vient de sortir du grenier de Max, une arme à la main. À la vue du pistolet, mon cœur bondit dans ma poitrine, ce qui a pour effet de redoubler mon effort de course. En m'apercevant, l'individu s'élance sans hésiter à ma poursuite.

À bout de souffle, j'arrive enfin en haut du dernier escalier d'où j'aperçois ma Lancia. J'aimerais bien siffler ma monture pour ouvrir la portière et la mettre en route, mais il n'y a que Lucky Luke et Zorro qui sachent réussir ce tour à tous les coups. Je descends à toute allure, en me disant que j'ai dû mettre trois ou quatre minutes pour revenir alors que j'en avais bien mis le triple à l'aller.

Je grimpe en voiture, démarre et sors de la cour sans me préoccuper de la progression de mon poursuivant. J'ose espérer qu'il soit encore trop loin pour relever ma plaque d'immatriculation. Tout en saisissant sur mon GPS le nom de ma future destination, Cruseilles, je tente de me calmer afin d'évaluer la situation. Mon avance sera-t-elle suffisante pour sortir de la ville sans tomber sur un barrage de police ? Le fait d'envisager cette issue fatale me pousse à proclamer bien haut dans ma voiture :

– Il n'y a plus qu'à prier, mon petit Phil. Il n'y a plus qu'à prier très fort.

Pour la énième fois de la journée, je respire profondément pour garder toute ma lucidité. J'essaye de ne pas succomber à la tentation de rouler pied au plancher, au risque d'attirer l'attention trop facilement. J'ai l'impression que cette journée a duré une semaine et qu'elle ne se terminera jamais.

4.

Genève - Appartement de Maxime Berger. Quelques minutes plus tôt.

Un bruit sourd retentit dans l'appartement cinq secondes après que l'inspecteur Dubon et le jeune sergent Ricaud étaient entrés.

– Qu'est-ce que c'est ? demanda Ricaud en dégainant précipitamment son arme.

– Ça vient du grenier, lui répondit Dubon en faisant de même.

Ils avancèrent juste au-dessous de la trappe : ils entendirent un bruit de porte se fermer et se verrouiller. Dubon rengaina son pistolet pour croiser ses mains et faire la courte échelle à son collègue :

– Je vais vous aider à monter.

Ricaud prit appui et se hissa jusqu'à la trappe. Dans son effort pour l'ouvrir non sans difficulté, il souffla :

– Ce truc pèse une tonne !

Également dans son effort pour porter son collègue, Dubon souffla entre ses dents serrées :

– Dépêchez-vous, ne le laissons pas prendre de l'avance.

Lorsque Ricaud se redressa enfin dans le grenier, l'inspecteur lui cria :

– Rattrapez-le, vous courrez plus vite que moi sur les

toits. Et pas de bêtise : même s'il y a de fortes chances que ce soit Maxime Berger, nous ne pouvons pas en être certains. Je préviens immédiatement le lieutenant Fritz de la situation.

À peine avait-il fini que Ricaud avait déjà tiré une balle sur la serrure de la porte. Un puissant coup de pied finit le travail pour l'ouvrir. Il s'élança dehors et repéra immédiatement le fugitif en train de courir sur le toit de l'immeuble voisin. Sans attendre, l'agent de police se lança à sa poursuite. Après quelques instants, il le vit disparaître par un escalier. Énervé de ne plus l'avoir en visuel, Ricaud fut en plus contraint de faire un détour pour éviter un décrochement trop important entre deux immeubles, ce qui lui fit perdre du temps.

« Comment ce type a pu passer de l'autre côté aussi vite ? » se demanda-t-il intérieurement. « J'ai dû rater un passage. »

Il parvint enfin à rejoindre l'immeuble d'en face, mais il était trop tard : une voiture noire démarra et sortit prestement de la cour intérieure. Impossible de déchiffrer la plaque, même si son fond noir pouvait laisser croire à une immatriculation française. Ravalant la colère de son échec, il reprit son souffle avant de contacter Dubon. Il glissa la main dans sa poche pour s'emparer de son talkie-walkie… qu'il ne trouva pas. Il vérifia les autres poches, sans plus de succès. Il soupira de désespoir quand il se souvint l'avoir laissé dans la voiture, en bas de l'immeuble. Sans plus attendre, il fit demi-tour pour revenir sur ses pas vers l'appartement de Berger, conscient que son erreur allait certainement leur faire perdre la piste de leur mystérieux visiteur.

ϕ

– Que fait-il, bon sang ?!

Dubon s'impatientait à l'intérieur de l'appartement, toujours dans l'attente de nouvelles de Ricaud.

Il rappela le lieutenant Fritz posté dans la rue. En attendant le rapport de Ricaud pour agir, celui-ci surveillait les toits de tout mouvement suspect.

– Lieutenant Fritz, vous m'entendez ? demanda Dubon dans son talkie-walkie.

– Affirmatif, capitaine, répondit-il immédiatement.

– Des nouvelles du sergent Ricaud ?

– Aucune.

– Il a bien emmené son talkie avec lui ? demanda Dubon pris d'un gros doute.

– Attendez, je reviens à la voiture.

Après un court instant, il reprit :

– Non, il l'a laissé sur le tableau de bord, il ne peut pas nous contacter.

– Quel idiot ! Ce jeune galope peut-être à toute vitesse sur les toits, mais il n'a même pas acquis les réflexes de base ! C'est toujours pareil à cet âge-là : tout dans les jambes et rien dans le crâne ! s'exclama-t-il, révolté par l'erreur de son acolyte.

À cet instant, Dubon entendit Ricaud revenir par le grenier et le vit descendre par la trappe. Il se redressa laborieusement et, penché en avant, les mains sur les genoux pour récupérer, il haleta en grimaçant de fatigue :

– Je n'ai pas pu l'intercepter ni même relever l'immatriculation du véhicule avec lequel il a pris la fuite : j'étais trop loin. Mais je crois que c'était une plaque française.

– Et le modèle ?

– Je n'ai aucune certitude non plus là-dessus, mais ça ressemblait à une Golf 2, de couleur noire. D'après la forme de la carrosserie et la largeur des pneus, c'est à coup sûr un modèle sport. En sortant du parking de l'immeuble, le type a pris la direction du centre-ville.

Dubon reprit son talkie-walkie sans attendre :

– Fritz ! Nous cherchons tout ce qui peut ressembler à une Golf 2 modèle sport de couleur noire. C'est probablement une immatriculation française et le fugitif est parti en direction du centre-ville. Allez-y et prévenez toutes les patrouilles du secteur !

– Compris, je pars immédiatement. Terminé. Puis il coupa la communication.

Sans attendre, Dubon incendia Ricaud qui baissait déjà la tête :

– Votre talkie-walkie, vous auriez dû avoir votre talkie-walkie !

– Je sais, je l'ai laissé dans la voiture, je suis désolé.

– Vous nous avez fait perdre un temps précieux pour mobiliser les patrouilles du secteur ! À l'heure qu'il est, cet intrus s'est certainement évanoui dans la nature, ce serait un miracle que nous puissions l'intercepter ! Voilà un exemple parfait de l'importance d'une bonne communication pour bien coordonner nos mouvements ! Vous n'êtes plus en cours de travaux pratiques, jeune homme. Bienvenue dans la réalité du terrain !

Il s'arrêta, conscient que cela ne servait à rien de continuer à passer un savon à son collègue. Son air dépité traduisait à l'évidence qu'il se rendait bien compte de son erreur. Dubon soupira avant de reprendre d'un ton calme et posé :

– Écoutez, j'ai débuté comme vous dans le métier et j'ai aussi fait des erreurs de jeunesse. Personnellement, je ne vous en veux pas et je ne vous jugerai pas incompétent pour autant. Mais sachez que, même si je le voulais, je ne pourrai pas camoufler cette négligence dans mon rapport aux instances gouvernementales qui nous ont sollicités pour retrouver Maxime Berger. Et vous devez vous douter que le mot « indulgence » ne fait pas partie de leur vocabulaire.

Ricaud montra d'un signe de tête que le message était bien passé.

– En attendant le rapport de Fritz, faisons ce que nous étions venus faire : trouver des éléments sur une éventuelle acquisition d'un bien immobilier par Maxime Berger. C'est peut-être la seule piste qu'il nous restera si nos collègues ne retrouvent pas le véhicule que vous avez aperçu. Au travail.

Le jeune sergent s'exécuta sans broncher, même si sa seule envie était de rentrer chez lui se coucher.

ϕ

Après une bonne heure de recherche, Dubon et Ricaud n'avaient rien découvert de particulier sur un quelconque acte d'achat immobilier, à part celui de cet appartement, six ans plus tôt. Éprouvé par cette longue journée de route et d'enquête, Dubon s'écroula sur le canapé, écrasant au passage la montagne de paperasse administrative qu'il avait épluchée de long en large, sans résultat. Il jeta un coup d'œil à Ricaud qui s'attelait toujours à la tâche mais qui bâillait de plus en plus souvent.

Les crachotements du talkie de Dubon et la voix de Fritz sortirent l'inspecteur de son état comateux.

– Capitaine ?

– Oui, lieutenant. Je vous écoute, répondit Dubon sans trop d'espoir.

– Nous rentrons bredouilles, annonça-t-il d'un ton déçu. Nous n'avons rien trouvé qui corresponde à votre description qui reste, il faut le reconnaître, très imprécise.

– Bien reçu. Je vous remercie. Nous avons au moins eu le mérite de le tenter. De notre côté, nous n'avons rien trouvé de plus ce soir. La seule piste qu'il nous reste, c'est cette voiture. Dès demain matin, au bureau, le sergent Ricaud nous en fera une description détaillée et nous entamerons les recherches à partir de là. En attendant, je vous suggère de monter la garde à l'intérieur même de l'appartement, au moins pour cette nuit, le temps que nous condamnions l'accès du grenier demain. Vous pouvez monter nous rejoindre.

– J'arrive. Terminé.

Dubon coupa la communication et se leva en s'adressant à Ricaud :

– Ce sera tout pour aujourd'hui, sergent Ricaud. Vous pouvez rentrer chez vous, nous rediscuterons de tout ça demain matin au bureau.
– Très bien, capitaine.

Ils croisèrent Fritz et le saluèrent avant qu'il referme la porte de l'appartement derrière lui. Dubon salua Ricaud sur le trottoir et chacun partit de son côté.

IV
Pascal Dracor

5.
2e jour.

La luminosité du début de matinée, qui filtre à travers la toile de ma tente, tire mes yeux de leur sommeil. Les oiseaux de la forêt, dans laquelle je me suis arrêté pour camper, chantent leur hymne au soleil qui vient de se lever. Comme radio-réveil naturel, c'est plutôt agréable.

Assis sur un vieux tronc d'arbre, je déjeune en profitant de la forêt, de ses odeurs, de ses bruits et de sa beauté. La puissance minérale de la montagne environnante amplifie ma perception : au-delà de ce que mon odorat, mon ouïe et ma vue perçoivent, je ressens autre chose qui me revigore, qui m'emplit à la fois de calme et de vitalité. Cette sensation s'apparente d'ailleurs à celle que je ressens lorsque je me recueille sur mon rocher. Étrange. Un jour, il faudra que je demande à un neurobiologiste qu'il m'explique d'où cela peut bien provenir. Il doit certainement y avoir une explication biochimique à ce ressenti. À moins que ce soit ce que l'on appelle le « sixième sens », auquel chacun y associe ce qu'il veut, une sorte de fourre-tout où l'on peut y mettre toutes les sensations, impressions, intuitions voire visions que l'on ne s'explique pas, ou, plus précisément, que la science n'explique pas.

Je repense alors aux cinq noms inscrits par Max dans le carnet du DVD de *Star Wars*. Aujourd'hui, je me rends chez le premier de la liste, Pascal Dracor, qui habite à Cruseilles, entre Genève et Annecy. Mon campement improvisé est planté dans la forêt des hauts de la commune, à quelques kilomètres en dessous du château des Avenières où je me rends.

Je me demande ce que cet homme va me raconter sur Max et s'il pourra m'aider à le retrouver. Étant donné que j'ai quatre autres personnes à rencontrer ensuite, peut-être que chacune d'elles me fournira une part de l'information nécessaire. Après mûre réflexion, cela me semble un peu gros ; ce jeu de piste est décidément perturbant et me laisse vraiment dubitatif.

En mâchouillant un abricot sec, mon regard, qui déambulait depuis dix minutes sur le paysage, se pose finalement sur ma voiture. Son vert foncé quasi noir la nuit, caractéristique des Lancia Delta Intégrale « Verde York », se fond impeccablement dans le feuillage de la forêt.

En revanche, la rareté de ce modèle existant encore sur les routes n'est pas en ma faveur. Si la personne qui m'a poursuivi sur les toits a réussi à l'identifier, même sans le numéro d'immatriculation, elle a dû lancer immédiatement un avis de recherche. Jusque-là, j'ai eu la chance de ne pas avoir croisé les forces de l'ordre. Espérons que cela dure.

Me voilà beau ! Je me retrouve avec le stress d'être contrôlé comme un adolescent qui roule sans permis pour aller en boîte avec la voiture empruntée à papa !

Après avoir plié mes affaires de camping, je reprends la route en me laissant guider par la douce voix de sirène de mon GPS jusque chez ce Monsieur Dracor.

ϕ

Un grand portail à barreaux métalliques noirs m'accueille froidement, encadré par ses deux hauts poteaux en guise de gardes du corps. J'actionne la sonnette du visiophone. Après quelques instants, une voix y crépite :

– Oui ?
– Monsieur Dracor ?
– Oui, qui est-ce ? demande-t-il sèchement.
– Philippe Berger, je suis le frère de Maxime Berger. Il m'a demandé de vous rencontrer.
– Il ne m'a pas prévenu. C'est à quel sujet ? demande-t-il de nouveau, l'air soupçonneux.
– Il a des ennuis avec la police qui le recherche. Personne ne semble savoir où il est. Il m'a adressé une lettre dans laquelle il me demande de l'aider.
Je suis mal à l'aise de devoir lui expliquer cela car je ne sais pas si je peux lui accorder ma confiance si vite. Après tout, c'est Max lui-même qui m'y envoie, je n'ai donc pas de raison de m'inquiéter.
– Je vous ouvre, reprend-il enfin.

Après un déclic mécanique de coffre-fort, les deux grilles du portail s'animent d'une lourdeur moyenâgeuse : il ne manque plus qu'un pont-levis et une herse pour parfaire le décor. Je m'engage dans une longue allée goudronnée qui serpente au milieu d'un parc méticuleusement entretenu. Après être passé sous de grands pins, j'arrive sur la cour arrière d'une splendide demeure datant a priori du début du xxe siècle.

Sa hauteur est impressionnante : au-dessus du rez-de-chaussée, je compte trois étages séparés par de petites corniches soigneusement sculptées. Je remarque que les combles sont également aménagés. Étant donné la taille de la plupart des fenêtres, qui font environ trois mètres de haut, la hauteur des plafonds dans les pièces doit être ahurissante. La façade du dernier étage, qui semble être le plus luxueux des trois, est composée de poutres apparentes donnant un caractère chaleureux à l'ensemble de la demeure.

Sous un énorme hêtre à la centaine d'années bien tassées, une belle Mercedes est garée à côté d'un bon vieux C15 sale et tout cabossé. Cet utilitaire Citroën me rappelle mes jobs d'été chez un voisin agriculteur, quand j'avais quinze ou seize ans : je conduisais avec comme un fou dans les chemins d'exploitation. Même dans les ornières, j'arrivais toujours à m'en tirer ! En apercevant au loin dans le jardin un petit bonhomme arroser les fleurs, j'en déduis que c'est le jardinier qui possède ce redoutable engin tout-terrain. Je me gare à côté de la Mercedes ; il ne rigole pas ce Dracor, coupé cabriolet…

En sortant de la voiture, je constate qu'un homme m'attend sur le pas de la porte, les bras croisés, une épaule appuyée contre le mur. D'après sa chevelure grisonnante, j'estime qu'il a passé la soixantaine. Sa chemisette démodée à gros carreaux met en valeur un ventre rondouillard bien nourri. Une large ceinture tient son pantalon marron en velours rétro au-dessus du nombril, si bien qu'à l'autre bout, on voit ses chaussettes sur cinq bons centimètres. C'est ce qui s'appelle « avoir de l'eau dans la cave ». Pendant que je m'approche de lui, ses yeux noirs perçants me reluquent à travers une paire de lunettes rectangulaires au style sévère. Son regard semble m'éplucher comme une banane pour tenter de percer ce que je pourrais éventuellement lui cacher : c'est ce que l'on appelle la méfiance.

Je lui tends la main qu'il me serre fermement et j'engage la conversation :

– Bonjour, Monsieur. Merci de me recevoir de si bon matin. J'espère que je ne vous dérange pas.

– Si c'était le cas, je vous l'aurais dit ou je ne vous aurais même pas répondu, grommelle-t-il cyniquement.

Je marmonne quelque peu surpris :

– Hum… oui, évidemment.

Il plante le décor d'entrée : vu la gaieté des présentations, cela risque de ne pas être une partie de plaisir. Mais, contre toute attente, il devient soudainement très aimable et me propose en souriant :

– Entrez, je vous en prie.

En le suivant dans son hall d'entrée qui a la taille de mon salon-séjour, je me demande ce que je fais chez cet inconnu à l'humeur instable qui doit d'ailleurs se demander autant que moi ce que je fais chez lui.

Nous prenons place dans une pièce annexe au salon principal. Le style intérieur est à ma surprise plutôt moderne. Je m'attendais à trouver des tapisseries moyenâgeuses représentant des chasses à courre, des dorures partout qui font mal aux yeux ou des armures menaçantes prêtes à vous mettre un coup de francisque. Mais non. J'y découvre ici une pièce aux murs blancs, ornés de quelques cadres de décoration classique, une bibliothèque de livres, de CD et de DVD, un petit bureau où trône un écran plat d'ordinateur, une table basse en marbre entourée par un grand canapé en cuir noir qui siège devant le mur du fond, où un écran de quatre mètres par trois attend sa séance de 20 heures. Eh oui, les tapisseries d'antan aux scènes figées ont été remplacées par des toiles blanches de même taille qui maintenant s'animent sous l'éclairage d'un vidéo-projecteur! Une armada d'enceintes Bose cerne la zone. Est-ce vraiment le salon ou une salle de cinéma ? En me voyant contempler l'installation, comme pour me répondre, Dracor s'explique :

– Ah, qu'est-ce que l'on ne ferait pas pour ses enfants ! Ils ont réussi à me convaincre de leur aménager cette salle pour se regarder des films quand ils viennent. Au début, je n'y voyais pas d'intérêt pour moi, mais finalement, je trouve cela très sympathique. Revenons-en à l'objet de votre visite, finit-il par dire. Alors, comme ça, Maxime a des ennuis ?

– Oui, il semblerait bien. Et c'est auprès de vous qu'il m'a demandé de me rendre en premier. Comment vous êtes-vous connus ?

– Nous nous sommes rencontrés au Cern, il y a neuf

ans, il venait à peine d'être diplômé. Il est entré en tant que chercheur en physique atomique. Pour ma part, je suis astrophysicien, à la retraite depuis trois ans ; nous avions quelques sujets de travail en commun. Malgré l'âge qui nous séparait et les fonctions différentes que nous occupions, nous avons tout de suite sympathisé pour finalement devenir amis. Mais depuis plus d'un an, à ma grande déception, je suis sans nouvelles de lui. Au-delà de mon inquiétude de le savoir aujourd'hui en difficulté, cela me fait quelque part plaisir qu'il ne m'ait pas oublié en vous demandant de venir me rencontrer. En revanche, je ne vois pas dans quelle mesure je pourrais vous aider, ou l'aider lui. Je n'ai malheureusement pas la moindre connaissance de ses problèmes, puisqu'il a coupé les ponts avec moi depuis un bon moment.

– Apparemment, vous n'êtes pas le seul : ces dernières années, il semble s'être isolé de son entourage aussi bien amical que familial pour ne se consacrer qu'à son travail. Je pensais pouvoir trouver un éclaircissement sur ce qui a pu engendrer ses soucis en vous rencontrant, vous, ainsi que quatre autres personnes.

– Quatre autres personnes, dites-vous ?

– Oui, bizarrement, il me demande de trouver, après vous, quatre autres personnes.

Je lui tends la liste qu'il parcourt rapidement à voix haute en se massant le menton :

« *Pascal Dracor, château des Avenières à Cruseilles (74)*
Anne-Lise Pinson, école de musique de Dinan (22)
Abbé Orion, abbaye de Saint-Michel de Cuxa, à Prades (66)
Gladys Gauss, centre hospitalier Lapeyronie de Montpellier (34)
Yann Cardin, à Bursinel entre Genève et Lausanne (Suisse) »

– Je ne connais aucun des quatre autres noms, précise-t-il autant déçu que moi. En plus, ce sont des personnes qui semblent vraiment très différentes : Anne-Lise Pinson doit être musicienne, nous avons aussi un homme d'Église, peut-être un médecin et je suis moi-même physicien. Allez trouver un fil logique là-dedans ! C'est effectivement surprenant et plutôt inattendu de sa part de vous demander d'agir ainsi. Le connaissant, cela doit pourtant avoir un sens.

Il me redonne la liste et, après un court instant de réflexion, il se lève et me demande :

– Avant de continuer, souhaitez-vous prendre un thé ou du café ?

– Un thé, ça ira très bien, je vous remercie.

Il s'absente quelques instants pendant lesquels je mets mes méninges à contribution pour tenter de comprendre. Apparemment, cet homme ne pourra pas m'être d'un grand recours pour retrouver Max. Mais alors, pourquoi mon frère a-t-il malgré tout souhaité notre rencontre, sachant lui-même que Dracor ne détenait pas la moindre information à ce niveau ? Aucune esquisse de réponse ne me vient, ce qui est tout à fait déconcertant et frustrant. À vouloir se la jouer trop finement avec moi, Max prend le risque que je n'y comprenne au final absolument rien ! Je n'ai pas son intelligence d'éminent scientifique, moi !

Ma colère intérieure ne suffit pas à neutraliser mon sentiment d'impuissance. Je me demande bien ce que la colère est d'ailleurs capable de neutraliser, à part un ennemi qui vous veut du mal, et encore, elle fait souvent perdre la lucidité nécessaire pour le faire intelligemment. La colère n'a donc pas sa place ici, d'autant plus que ce Dracor ne semble pas être un ennemi, mais plutôt une personne que je sens sincère et droite. Que faire alors de mon sentiment d'impuissance ?

Le retour de Dracor me tire de mon combat intérieur que je flanque au placard pour l'instant. Il nous sert du thé avant de reprendre la discussion :

– J'ai beau y réfléchir, je n'arrive pas à comprendre pourquoi il a souhaité que l'on se rencontre. Peut-être avez-vous d'autres éléments qui pourraient étayer ma réflexion ?

Rassuré de constater que ce physicien en est arrivé à se poser la même question que moi sans pouvoir y répondre, je me sens moins idiot. Je me décide à lui montrer la lettre et à lui raconter tout depuis le début. Après tout, je n'ai rien à perdre.

φ

– Eh bien ! Vos dernières vingt-quatre heures ont été riches en événements ! s'exclame Pascal Dracor à l'issue de mon histoire.

– Et j'ai la nette impression que ce n'est qu'un début. Avec en plus la police à mes trousses, je ne suis pas sorti de l'auberge. Je me demande vraiment si j'ai bien fait de me lancer dans cette aventure.

– Si je peux me permettre, je pense que vous avez fait le bon choix. Votre frère a des ennuis, c'est une noble cause de vouloir se battre pour l'aider. À votre place, je n'aurais pas hésité un seul instant.

– Pourquoi s'est-il adressé à moi alors que rien ne lui garantissait que j'allais répondre à l'appel ?

– Peut-être a-t-il simplement suivi son intuition, suppose le physicien. Si tel en est le cas, il semble avoir eu raison de s'y fier car vous êtes là aujourd'hui, non ?

J'acquiesce, quelque peu déconcerté par cette façon peu cartésienne de voir les choses.

– Oui c'est vrai. Mais il aurait pu vous envoyer la lettre directement. Vous n'êtes pas loin, vous connaissez le Cern, vous êtes certainement en meilleure posture que moi pour l'aider…

– Mais je n'ai pas votre âge ni votre forme physique pour le faire, me coupe-t-il. Par exemple, ce que vous avez fait hier soir sur les toits m'aurait été tout à fait impossible. Et puis, comme il l'écrit dans sa lettre, il ressent le besoin de vous retrouver après toutes ces années de séparation. Si vous avez répondu à l'appel, c'est que vous aussi, vous le ressentez. N'est-ce pas déjà suffisant pour s'adresser à vous ?

Après un silence de prise de conscience, je lui réponds en soupirant :

– Vous avez certainement raison.

– Le fait qu'il vous sollicite ne me surprend pas, au contraire. Par contre, ce qui m'intrigue, ce sont ces différentes personnes qu'il vous demande de rencontrer, s'interroge-t-il en désignant du regard la liste posée sur la table basse. Ce n'est visiblement pas pour y dénicher des indices nécessaires à le retrouver. C'est autre chose. Peut-être le découvrirez-vous justement au cours de vos prochaines rencontres.

– Il n'y a plus qu'à l'espérer.

Je soupire avant d'enchaîner :

– Monsieur Dracor…

– Appelez-moi Pascal, m'interrompt-il. Ce sera moins pompeux, je ne supporte pas ça. Ces jeux de façade ne sont pas pour moi. On peut se tutoyer, si vous n'y voyez pas d'inconvénient.

À la fois surpris et rassuré par cet élan soudain de sympathie, j'acquiesce sans objection :

– Non, au contraire, cela me va très bien aussi.

– Tant mieux. Excuse-moi de t'avoir coupé ; je t'en prie, continue.

Le nouveau ton qu'il adopte me fait penser à celui d'un père qui s'adresse à son fils. Il ne manquerait plus qu'un « fiston » au milieu de sa phrase pour compléter ses propos. Il prend une position plus confortable dans son canapé et je poursuis, également plus détendu :

– J'ai entendu dire qu'il aurait acheté un bien immobilier il y a un ou deux ans ; en aurais-tu entendu parler ?

– Non, absolument pas. Et je ne vois pas où il pourrait bien se cacher aujourd'hui.

Encore une piste en moins. À court d'idées, je finis par demander :

– Que pouvons-nous alors faire pour aider Max ?

– À part continuer ton périple, je ne vois pas ce que tu pourrais faire d'autre. J'userais bien de mes relations au Cern pour en savoir plus sur les événements et tenter de l'aider, mais vu ce qu'il explique dans sa lettre, ça ne nous apporterait pas grand-chose. Nous risquerions tout au plus de nous attirer des ennuis inutiles et de compromettre la démarche qu'il te demande d'entreprendre. J'ai bien l'impression que nous sommes dans une impasse.

Un silence de plomb tombe alors dans le salon qui se transforme, pour le coup, en une chambre insonorisée d'hôpital psychiatrique, où les malades en sortent encore plus fous qu'avant d'y entrer ! Je décide de ravaler cette sensation oppressante avec une gorgée de thé qui réussit à m'apaiser quelque peu.

ϕ

Cet entretien ne doit pas se terminer ainsi en queue de poisson. Je n'ai quand même pas fait tout ce chemin pour en rester là !

La seule idée qui me vient est de poser la question suivante :

– Sur quoi, au juste, travaillait Max ?

– Je sais qu'il était particulièrement passionné par son travail sur la nature vibratoire de l'Univers.

– La nature vibratoire ? Qu'entends-tu par là ?

– Le terme vibratoire se rapporte à la notion d'onde. Selon Einstein, la matière serait engendrée par une concentration d'ondes de forme qui, en quelque sorte, se cristallisent en particules[2] palpables et observables par nos moyens de perception naturels ou artificiels. Maxime émettait l'hypothèse que le jour où la science parviendrait à réaliser le processus inverse de cette concentration d'onde, elle aurait alors percé les secrets de la matière. En décompactant ces ondes et en les débobinant pour les étudier, il deviendrait possible de déterminer les lois qui les régissent et de les manipuler à souhait.

– Nous serions alors en mesure de créer de la matière et deviendrions du même coup aussi fort que Dieu ! ajoutai-je d'un ton impérial en extrapolant ses propos.

Certainement amusé par mon engouement et mon imagination, il me sourit et me confirme :

– Les possibilités qui en découleraient relèveraient en effet des plus puissants pouvoirs associés aux divinités depuis tout temps. Pour en revenir à Maxime, il se pourrait bien qu'il ait justement mis en évidence un phénomène crucial venant conforter sa propre théorie. Même si cette dernière peut paraître au premier abord farfelue et frivole, il faut bien reconnaître qu'elle est en ligne directe avec les autres théories qui existent sur le sujet.

– Et quelles sont ces autres théories ? fais-je intrigué.

– Tu as par exemple la théorie M, qui envisage l'existence de sept autres dimensions[3] pour expliquer les singularités qu'on a pu observer dans certaines expériences.

– Des scientifiques sérieux qui envisagent l'existence d'autres dimensions ! On se croirait en plein délire de science-fiction !

---

2 Le terme générique « particule » désigne tout ce qui constitue la matière que nous connaissons (atomes, protons, neutrons, électrons…) ainsi que les photons, qui sont véhiculés par la lumière.

3 La théorie M, qui a pour but d'unifier la théorie quantique et celle de la relativité générale, envisage en effet l'existence de 11 dimensions : 3 pour l'espace (longueur, largeur, profondeur), 1 pour le temps et 7 autres dimensions théoriques, non directement perceptibles ni observables par les moyens actuels. Cette « super-théorie », édifiée par Edward Witten en 1995, unifie les 5 théories des cordes.

– Tu sais, la science-fiction de qualité n'est jamais très éloignée de la science tout court ; parfois, seulement quelques décennies les séparent.

Je reviens sur un terme qu'il a évoqué et que je n'ai pas vraiment saisi :

– Quand tu parles de singularités, qu'entends-tu plus précisément par là ?

– Ce sont des phénomènes pour lesquels les lois de la physique classique ne s'appliquent plus et qui remettent en question notre perception de l'espace-temps. Le comportement des particules intriquées[4] en est un exemple, de même que les trous noirs ou l'origine et l'évolution de l'Univers. Plus nous avançons dans la connaissance de la matière, plus nous mettons en évidence des singularités surprenantes, comme le fait qu'une seule particule puisse suivre plusieurs chemins à la fois[5].

Pascal m'énonce cela avec une aisance déconcertante, comme s'il n'y avait rien de plus normal que quelque chose puisse être à plusieurs endroits différents au même moment ! Je me permets d'intervenir pour lui faire part de mon scepticisme quant à la vraisemblance de ses propos :

– Hum… j'aime bien la science-fiction, mais là, je trouve la pilule un peu grosse à avaler…

Comme s'il s'était attendu à cette réaction de ma part, il me sourit, saisit délicatement sa tasse et boit une gorgée de thé. Prenant tout son temps pour la reposer sur sa coupelle, il soupire en m'adressant un regard bienveillant. Avec le ton calme d'un sage qui parle à son disciple, il me dit :

– Je vais te raconter une anecdote : c'est l'histoire d'un homme qui va chez le médecin. Il porte un chapeau haut de forme. Il s'assied et ôte son chapeau. Le médecin aper-

4 Le terme « intriqué » désigne le fait que deux particules sont liées entre elles par les mêmes propriétés physiques. Même séparées l'une de l'autre, elles réagissent de manière identique, comme si elles ne formaient qu'une seule entité.

5 Expérience d'interférence rendant compte de la dualité onde-particule pour un seul photon (*Demain, La Physique*, Alain Aspect et al., Odile Jacob, 2004, p 132).

çoit alors une grenouille posée sur un crâne chauve. Il s'approche et constate que la grenouille est comme soudée à la peau. « Et vous avez ça depuis combien de temps ? » s'étonne le praticien. C'est alors la grenouille qui répond : « Oh vous savez, docteur, au début ce n'était qu'une petite verrue sous le pied ».

Pascal fait la traditionnelle pause après une histoire drôle pour laisser les personnes comprendre et rigoler. Je souris à cette blague bien mignonne, sans même savoir pourquoi il a subitement décidé de me la raconter.

Au moment où j'allais lui poser la question, il me devance et s'explique :

– Cette blague illustre un concept. Parfois, on se trompe dans l'analyse d'un événement parce que l'on est resté figé dans le seul point de vue qui nous semble évident. C'est une histoire que Maxime adorait raconter et faire vivre au Cern ; il avait bien compris l'intérêt d'avoir le point de vue le plus neutre possible pour faire de la recherche. En gros, si un chercheur admet à l'évidence que la Terre est plate, il aura beaucoup moins de chance de découvrir qu'elle est ronde, contrairement à celui qui ne part pas avec ce postulat dès le départ. Et dans la vie de tous les jours, c'est exactement la même chose. Je t'ai raconté cette anecdote afin que tu comprennes que ce qui peut te paraître impossible aujourd'hui sera, dans un futur plus ou moins proche, compris et admis comme une évidence.

Cette manière inhabituelle de réfléchir me perturbe. Je conçois bien que Pascal essaye de m'aider à adapter mon état d'esprit afin de mieux le comprendre, mais j'avoue que cet exercice m'est plutôt difficile. Mon air perplexe incite mon interlocuteur à aller plus loin dans l'illustration de ses propos :

– Le fait d'envisager qu'une particule de matière puisse superposer deux états différents a priori incompatibles, comme se trouver à deux endroits différents au même moment, est le propre d'une autre théorie importante en physique atomique : la théorie quantique, dite aussi théorie ondulatoire.

– Je t'avoue que je n'ai jamais su à quoi correspondait cette théorie quantique. D'ailleurs, je crois bien que c'est la première fois que je prononce ce terme ; ça fait très intellectuel !

– En dehors du milieu scientifique, il est vrai que peu de personnes sont au fait de cette théorie qui paraît très complexe, reconnaît Pascal. Dans l'optique de la rendre justement plus accessible, le physicien Schrödinger en avait donné une illustration amusante, avec son fameux chat qui pourrait à la fois être « mort » et « vivant », ces deux états représentant un exemple particulièrement frappant d'états incompatibles.

– Tu trouves ça amusant, toi ? Moi, je trouve ça plutôt lugubre. Je n'aimerais pas croiser un chat mort-vivant, ça m'étonnerait qu'il soit très câlin.

– Ce qu'a imaginé ce physicien est plutôt cruel que morbide, rectifie-t-il.

Pascal me raconte que Schrödinger a imaginé l'expérience suivante : il s'agit d'enfermer un matou dans une boîte opaque, dans laquelle est placé un dispositif diabolique qui peut libérer à tout moment un poison mortel. Ce déclenchement dépend du comportement quantique imprévisible d'un atome. L'injection mortelle peut donc aussi bien avoir lieu immédiatement après la fermeture de la boîte, que quelques minutes ou quelques heures plus tard, sans possibilité de le savoir.

À chaque instant, le système constitué par le chat peut donc être décrit par les deux états « chat vivant » ou « chat mort ». Tant que l'on n'ouvre pas la boîte, la mécanique quantique nous dit que, pour étudier le système « chat », il faut considérer l'animal comme étant à la fois mort et vivant. Bien sûr, si on ouvre la boîte, on trouvera le chat dans un seul état, vivant ou mort, mais certainement pas les deux à la fois.

– Pour prendre le temps d'imaginer des trucs pareils, lui fais-je remarquer, ce savant devait vraiment ne pas avoir d'autres chats à fouetter.

– Il n'en avait besoin que d'un seul, enchaîne Pascal sur le même ton de la plaisanterie, et même s'il mourrait au cours de l'expérience, il était réutilisable plusieurs fois car tout le monde sait qu'un chat a neuf vies.

– Attention tout de même car si le chat se met à ressusciter dans la boîte, ça fausse complètement l'expérience.

– Certes. Schrödinger aurait dû choisir une souris.

– Oui, mais à force de jouer au chat et à la souris, ça finit toujours par dégénérer.

Nous arrêtons là le délire qui pourrait continuer un moment. Un sourire en coin, nous buvons chacun une autre gorgée de thé. Après quelques instants, Pascal reprend la parole :

– Pour en revenir à la théorie de Maxime, je disais donc qu'elle est tout à fait en ligne avec les théories actuelles dont je viens de te parler. Les multiples dimensions qu'envisage la théorie M seraient, d'une certaine manière, les différents niveaux possibles de décompactage des ondes de forme dont Maxime suppose l'existence, niveaux au sein desquels le temps et l'espace auraient des propriétés totalement différentes de celles que nous connaissons en physique classique. Les superpositions d'états, décrites au travers de la théorie ondulatoire, seraient alors les conséquences de la superposition de ces différents niveaux vibratoires sur une même particule de matière.

Suite à l'effort intense que j'ai dû fournir pour rester concentré sur sa dernière tirade, je décompresse d'un seul coup en lui lançant :

– C'est carrément de l'art abstrait ! Bonjour l'ambiance dans vos soirées entre collègues car ce n'est pas le genre de sujet facile à caser dans toutes les conversations !

– Il est vrai qu'on aime bien se prendre la tête, reconnaît-il en souriant, c'est tout simplement notre métier !

Nous rions et poussons ensemble un long soupir. L'air nostalgique que prend Pascal m'indique qu'il repense au sort de Maxime :

– J'aimerais tant qu'il m'envoie ne serait-ce qu'un petit e-mail pour me donner au moins un signe de vie.

ϕ

Après quelques secondes de recueillement, je réengage la conversation :

– Dans sa lettre, Max explique, qu'en parallèle de son travail normal, il œuvrait en autonomie complète sur un projet personnel. Tes derniers contacts avec lui te permettent-ils d'avoir une idée de l'objet de ses travaux qu'il menait en solitaire ?

– Pas précisément. Aux dernières nouvelles, il m'avait simplement dit qu'il était en train de mener des expériences de superposition d'états avec des molécules d'eau. Le dernier e-mail que j'ai reçu de sa part remonte à plus d'un an : il m'écrivait pour m'informer qu'il allait se consacrer entièrement à son travail pendant l'année qui suivrait, s'isolant ainsi volontairement de son entourage et de ses amis. Je lui ai toujours fait confiance et, bien que je me sois opposé à son isolement, j'ai respecté sa décision. Aujourd'hui, je me demande si j'ai bien fait de ne pas insister pour rester en contact régulier avec lui. Peut-être aurais-je pu lui éviter de s'attirer de tels ennuis.

– Ce que je ne comprends pas, continuai-je, c'est pourquoi il a cherché à cacher ce projet et qu'il souhaite éviter à tout prix que le gouvernement mette la main sur les résultats de ses expériences. Et pour quelles raisons le gouvernement s'en prend-il si férocement à lui ?

– Je n'en ai pas la moindre idée, me répond-il en fronçant les sourcils et en détournant la tête.

Je le sens soudainement songeur et mal à l'aise, comme s'il se retenait d'exprimer des pensées pessimistes. Ne souhaitant pas remuer davantage le couteau dans la plaie, je m'abstiens de tout autre commentaire.

Pascal, toujours pensif, se caresse le menton, les yeux plissés d'un air énigmatique. Puis il reprend :

– Si ça se trouve, Maxime t'a fait venir ici uniquement afin que je te parle de son travail et de sa théorie, comme je viens de le faire.

– Tu crois ? Ça me paraît un peu trop simple !

– Je reconnais que c'est une hypothèse plutôt simpliste, mais peut-être ne faut-il pas chercher plus loin. Sa seule volonté serait, en quelque sorte, que tu puisses accéder à un minimum d'information scientifique afin d'être en mesure, le moment venu, de comprendre la nature de sa découverte.

– C'est possible, fais-je dubitatif. Mais même si j'en sais effectivement un peu plus sur le sujet, ce n'est pas ça qui va m'aider pour autant à le retrouver !

– J'avoue que c'est très frustrant, mais je ne vois pas d'autre motif. Désolé de ne peut pas pouvoir t'aider davantage.

Finalement, nous en restons là, tous les deux obligés de ravaler notre frustration, faute de pouvoir faire mieux.

φ

En silence, nous finissons notre thé et Pascal me demande :

– Vers où mets-tu à présent le cap pour rencontrer la personne suivante ?

Je reprends la liste afin de relire ma prochaine destination :

– Dinan, dans le 22.

– Le 22... c'est le département des Côtes- d'Armor ?

– Je crois, oui. Et je n'ai pas fini de galoper : je dois ensuite me rendre dans les Pyrénées-Orientales, passer par Montpellier pour enfin revenir en Suisse. Je trouve ça un peu exagéré ! J'espère que Max ne me fait pas faire toute cette route pour rien, sinon il va m'entendre !

– Je suis persuadé que tu ne perds pas ton temps qui est d'ailleurs précieux : à mon avis, plus vite tu rencontreras les personnes de cette liste, mieux ce sera.

– Tu as raison, je vais y aller. En tout cas, merci de m'avoir accordé un peu de ton temps.

– C'est moi qui te remercie d'avoir répondu à l'appel de Maxime, dit-il d'un ton sincère. Je ne peux que te souhaiter bonne chance pour la suite. Tiens-moi au courant dès que tu auras du nouveau.

– Je n'y manquerai pas.

Avant de rempocher la liste de Maxime, Pascal y inscrit son numéro de téléphone afin que je puisse le recontacter. Nous finissons ensuite d'un seul trait notre thé à présent froid. Il s'appuie sur ses genoux pour se lever et nous quittons le salon.

Une fois dehors, il me suit jusqu'aux voitures :

– Je repars avec toi, je vais dans le bourg faire quelques courses.

À ma grande surprise, il monte dans le C15 alors qu'au même moment, le jardinier, qui venait de finir son travail, monte dans la Mercedes ! En arrivant tout à l'heure, j'ai naïvement été berné par les apparences ! Sous forme de boutade, je fais part de ma surprise à Pascal :

– Eh bien ! Il fait bon d'être jardinier dans le coin !

Par sa fenêtre, le coude dehors, il me répond tout souriant, fier de cette belle démonstration d'humilité :

– Ah ! Je vois que tes préjugés t'ont trompé ! Il ne faut jamais se fier aux apparences. Tiens, tu feras attention, je crois que tu as une grenouille sur la tête !

Nous rions de bon cœur et, avant de démarrer, une fois le jardinier parti, il ajoute :

– Cela dit, ta remarque me fait prendre conscience que les honoraires de ce jardinier sont vraiment trop élevés ! Je crois que je vais définitivement en changer !

Il lève la main afin de me saluer, tout en manœuvrant pour partir. Un flash soudain me vient : c'est une image où je le salue de nouveau mais, cette fois, je suis accompagné de Max qui l'étreint chaleureusement ; ils sont tous les deux émus par leurs retrouvailles. Il est vrai que c'est la meilleure chose que je puisse souhaiter à ces deux amis et, quelque part, à moi aussi. Cela signifierait que j'ai retrouvé mon frère. Cette vision optimiste me redonne de la volonté pour de nouveau enclencher la première et repartir.

Je le suis jusque dans le bourg où nos chemins se séparent : en guise d'au revoir, il actionne ses warnings avant de tourner à gauche vers le parking d'une supérette. Je réponds par un petit coup de klaxon et continue tout droit vers Annecy afin de rattraper l'autoroute, direction la Bretagne.

En regardant une dernière fois dans mon rétroviseur pour le voir sortir de son C15 crasseux, je me dis que ce Pascal Dracor est vraiment quelqu'un d'épatant.

6.
Genève - Poste de police -
Bureau de l'inspecteur Dubon.
Début de matinée.

– Faites donc un effort, bon sang ! s'écria le capitaine Dubon à l'attention du sergent Ricaud.

– Désolé, mais je vous rappelle qu'il faisait nuit et que j'ai vu cette voiture de très loin. Je n'ai malheureusement pas les yeux bioniques de l'homme qui valait trois milliards !

– Si tu valais trois milliards, ça se saurait ! lui lança son collègue Fritz d'un sourire moqueur.

– Je vous en prie, lieutenant Fritz, un peu de sérieux s'il vous plaît, reprit Dubon. Je ne suis pas sans constater que vous n'êtes pas non plus d'une grande utilité pour éclairer notre lanterne sur le sujet.

– Avec tout le respect que je vous dois, ce n'est pas moi qui ai couru sur les toits sans mon talkie-walkie, répondit Fritz toujours avec le même sourire narquois.

Les trois policiers discutaient autour d'un café soi-disant en mesure de réveiller leur perspicacité en cette heure matinale. Dubon, agacé par ces enfantillages, regarda sa montre et suggéra :

– Il est 8 h 30 ; au plus tard dans une heure, je dois rappeler la personne qui nous a sollicités dans cette affaire. Ce que nous avons à lui dire concernant les événements d'hier soir n'est pour l'instant pas glorieux. Alors, dans votre intérêt, sergent Ricaud, je vous suggère d'être un peu plus vif d'esprit que cela.

– Écoutez, je fais de mon mieux, mais je ne suis pas un spécialiste des anciens modèles de voiture.

– D'accord. Y aurait-il, dans ce commissariat, quelqu'un susceptible de bien connaître les anciens modèles de voiture de sport pour nous aider à identifier le véhicule aperçu hier soir ? demanda Dubon à l'attention de Fritz, le plus ancien des trois.

– On peut toujours demander au lieutenant Deycidar, un collègue de la brigade des stups qui est passionné de voitures.

– Ah oui, je vois qui c'est. Je vous remercie, lieutenant, c'est votre première réflexion utile depuis un quart d'heure.

Dubon actionna le téléphone pour se mettre en relation avec le standard :

– Bonjour, ici le capitaine Dubon. Est-ce que le lieutenant Deycidar est à son bureau ?

– Oui, il vient d'arriver, répondit la standardiste. Je vous mets en relation ?

– S'il vous plaît.

Après quelques secondes d'attente sur la musique du Boléro de Ravel qui ne manqua pas d'agacer Dubon, la communication reprit :

– Deycidar, j'écoute !

– Bonjour, capitaine Franck Dubon, de la brigade criminelle. On m'a conseillé de vous consulter car on a un descriptif visuel imprécis d'un véhicule ancien modèle de classe sportive. Il paraît que vous vous y connaissez en la matière. Pourriez-vous monter un quart d'heures, afin qu'on en discute, s'il vous plaît ?

– Oui, sans problème, j'attrape quelques classeurs de photos et j'arrive.

– Je vous remercie, à tout de suite.

ϕ

Cinq minutes plus tard, la porte du bureau s'ouvrit. Un homme assez grand, blond dégarni et au regard bleu de rapace, posa trois énormes classeurs sur le bureau de Dubon :

– Bonjour, messieurs. Alors comme ça, vous cherchez des infos sur une sportive ancien modèle ? demanda Deycidar en serrant la main de Dubon, puis celle de Ricaud.

– Oui, acquiesça Dubon. Je vous remercie d'avoir fait si vite.

– Salut Fritz, reprit Deycidar en lui serrant la main tout souriant. Comment vas-tu depuis la dernière soirée au Macumba ? Tu t'en es bien remis ?

– Ça va, ça va, répondit Fritz gêné devant ses deux autres collègues.

Ricaud ne manqua pas cette occasion pour lui renvoyer l'ascenseur en lui faisant un clin d'œil :

– Et dire que c'est un père de famille de trois enfants !

Fritz esquiva la remarque en changeant aussitôt de sujet :

– C'est quoi, ces trois classeurs ? s'adressa-t-il à Deycidar. Tu nous as ramené tes photos de vacances ? J'espère que les filles du camping sont aussi belles que celles que tu nous avais présentées au Macumba, alors que ta femme était en déplacement !

Lassé par ces remarques gratuites lancées entre collègues, Dubon coupa court à la chamaillerie :

– Messieurs, vous réglerez vos comptes plus tard, je n'ai pas toute la journée devant moi. Lieutenant Deycidar, veuillez, s'il vous plaît, écouter la description du sergent Ricaud et voyez ce que vous pouvez en faire.

Ricaud lui décrivit ce qu'il avait vu et lui tendit un dessin qu'il avait grossièrement crayonné à ses deux collègues, un quart d'heure plus tôt. Deycidar travaillait d'ordinaire à partir de portraits- robots de suspects ; le fait de plancher sur le profil- robot d'une voiture était plus rare mais bien plus passionnant pour lui. Il l'étudia attentivement et reprit :

– Effectivement, les formes du coffre et des phares arrière peuvent faire penser à la Golf 2.

Deycidar ouvrit l'un des classeurs de photos qu'il tourna pour le présenter aux trois autres :

– Commençons par là : est-ce que ça ressemblerait à cette voiture ? demanda-t-il en pointant du doigt quelques photos de Golf 2 version sport.

– Pas vraiment, répondit Ricaud.

– Bon…

Il tourna quelques pages et reposa la même question en lui montrant des photos de Golf 1 prises sous tous les angles en plein virage :

– Et celle-là ?

– Le profil en est proche, mais l'arrière, ce n'est pas ça. Désolé, je crains que ce soit autre chose. En tout cas, il semblerait que ce ne soit finalement pas une Golf.

– Nous voilà bien embarqués, soupira Fritz en se tenant la tête des deux mains. J'ai l'air de quoi, moi, avec ma course-poursuite bidon d'hier soir…

Deycidar feuilleta pendant une dizaine de minutes ses classeurs sous le regard de Ricaud qui ne découvrit pas son bonheur pour autant. Ne s'avouant pas vaincu, Deycidar lui demanda :

– Auriez-vous des précisions sur le capot avant ?

– Pas que je me souvienne.

– Je vous demande ça car les entrées d'air sur le capot

sont assez spécifiques d'un modèle ou d'une marque.

Il emprunta le crayon de Ricaud et commença à dessiner quelques capots avec des entrées d'air différentes. La troisième retint l'attention de Ricaud :

– Maintenant que je vois ce que vous faites, ça ressemblerait effectivement à ces rainures parallèles placées au milieu du capot.

Le regard de Deycidar s'éclaira soudainement et il saisit immédiatement un autre classeur :

– Comment n'y ai-je pas pensé plus tôt ! Sacrilège ! Messieurs, je crois que j'ai trouvé votre carrosse !

Il tourna de nouveau le catalogue pour que tout le monde puisse voir :

– Oui ! s'exclama Ricaud. C'est bien ça !

– Votre type est un grand connaisseur au goût classe : une voiture de légende ! Six fois championne du monde des rallyes dont les derniers modèles ont successivement remporté les championnats de 1991 et 1992 : la Lancia Delta HF Intégrale !

Dubon nota à la volée la désignation du modèle. Ricaud reprit :

– Existe-t-il plusieurs modèles ? Car celui de ces photos est un modèle spécial rallye.

– Celui-ci est effectivement le modèle « Martini ». Mais des modèles « Evolution » sont sortis par la suite.

Deycidar tourna quelques pages sous les yeux de Ricaud qui remarqua au passage :

– On ne peut pas se fier à la couleur car elle peut avoir été repeinte par son propriétaire…

– Repeinte ?! coupa Deycidar. Blasphème ! Le propriétaire d'une si belle pièce de collection ne repeindrait jamais sa voiture d'une autre couleur et s'il doit le faire, il conservera toujours celle d'origine, malheureux !

– Je disais juste ça comme ça, je ne savais pas.

– Bon, passons pour cette fois. Vous disiez que celle que

vous aviez vue était noire. Voyons voir : ah, il ne semble pas exister de modèle en noir. S'il faisait nuit, vous n'avez peut-être pas pu faire la différence avec des couleurs foncées.

– C'est possible.

– En foncé, on a du bleu royal sur le modèle « Club Italia ». Bon sang qu'elle est belle ! Mais elle est très rare, à peine quinze exemplaires fabriqués. Sinon, elle existe aussi en vert foncé sur le modèle « Verde York », fabriqué en deux cents exemplaires. Pour orienter vos recherches, sachez donc qu'il y a de fortes chances que ce soit ce modèle que vous avez vu.

– Verde York, répéta Dubon en notant. Vous avez l'année de fabrication ?

– Oui : 1992 et 1993.

– Très bien. Beau travail, lieutenant. Je ne manquerai pas de vous renvoyer la pareille. La manière dont vous transformez votre passion en compétence utile est tout à fait exceptionnelle. Nous commencerons nos recherches à partir de vos informations. Cela risque de nous prendre du temps, mais nous devrons absolument interroger tous les propriétaires français, voire des pays voisins, de ce modèle. Lieutenant Fritz, contactez immédiatement le central qui gère le fichier des cartes grises et demandez-leur de lancer une recherche par modèle sur la Lancia Delta HF Intégrale Verde York. Dites-leur que c'est urgent et confirmez-moi le délai de réponse qu'ils vous donneront. J'appellerai ensuite notre cher employeur pour lui faire part de l'avancée de l'enquête. Messieurs, vous pouvez disposer.

ϕ

Après quelques instants, Fritz revint dans le bureau et s'adressa à Dubon dans l'entrebâillement de la porte, sans prendre le soin d'entrer :

– Capitaine, je vous informe simplement que le centre

des cartes grises ne pourra pas nous fournir de listing avant vingt-quatre heures. Pas moyen de faire mieux, même en insistant.

– Ah. C'est plutôt long comme délai. Merci quand même, lieutenant.

Ce dernier repartit aussi vite qu'il était venu.

Reprenant toute sa concentration avant de décrocher le téléphone, Dubon rassembla ses idées et prépara ses mots : la partie n'allait sûrement pas être si facile avec cet agent spécial de la DST[6] . Si encore il avait eu affaire au service des renseignements de son pays, la communication aurait été plus aisée. Mais il fallait avouer que les performances des services suisses étaient malheureusement reconnues comme médiocres, Dubon le savait. Ce n'était pas la première fois que des services de renseignements étrangers sollicitaient la police suisse en direct pour les assister dans leurs enquêtes. Mais ce fonctionnement était difficile et l'entente souvent désagréable : rien que la mauvaise habitude des agents étrangers à vouloir dissimuler leur identité agaçait l'inspecteur au plus haut point. Selon lui, ce n'était qu'un moyen de se montrer supérieurs aux membres de la police nationale. Ces jeux de bas étage n'avaient aucun sens car, après tout, l'idée était de collaborer intelligemment pour s'entraider.

Dubon inspira profondément pendant la première tonalité. La seconde n'eut même pas le temps de retentir que son interlocuteur avait déjà décroché :

– Capitaine Dubon, les nouvelles sont bonnes, j'espère !

Avant de répondre, Dubon se dit intérieurement :

« Ça commence bien : pas même un bonjour et il met la pression d'entrée. »

Ignorant le manque d'éducation de son interlocuteur, il lui raconta tous les détails des événements de la veille. À la

---

6 Direction de la surveillance du territoire ; service des renseignements français chargé d'intervenir à l'extérieur du territoire.

fin de son rapport, l'autre lui cracha :

– L'incompétence de votre partenaire Ricaud est méprisable. J'espère que la suite relèvera le niveau. Avez-vous identifié le véhicule et son propriétaire ?

– Nous venons justement d'identifier le modèle de la voiture à l'instant. C'est une Lancia Delta HF Intégrale version « Verde York » ou « Club Italia », à confirmer.

– Et le propriétaire ?

– Comme le lieutenant Ricaud était trop loin, il n'a pas pu relever la plaque d'immatriculation, mais il pense que c'était une française. Nous venons de faire une demande au central des cartes grises pour qu'il nous sorte tous les propriétaires du modèle en question. Mais Fritz vient de me rapporter qu'on ne pourra pas avoir la liste avant demain matin.

– Pas étonnant qu'un simple policier n'ait pu obtenir un meilleur délai. Si sa demande traîne en queue de peloton, à ce rythme, elle ne sera pas traitée avant demain soir, voire pas avant deux jours.

– Si vous avez une autre idée, je suis preneur.

– Bien sûr que j'en ai une autre : je vais tout simplement faire le nécessaire pour que vous obteniez cette liste au plus tard à 14 heures. Ensuite, vous pourrez continuer vos recherches.

– En fonction du nombre de noms, le ciblage d'une liste restreinte de suspects potentiels risque déjà de nous prendre du temps, sans parler des démarches qu'il faudra entreprendre pour aller jusqu'à l'identification réelle du propriétaire. J'aurai besoin d'au moins 48 heures.

– Vous aurez la liste dans maximum cinq heures. Je vous en donne six de plus pour trouver le propriétaire. Rappelez-moi ce soir à 20 heures.

Puis il raccrocha sans même laisser le temps à Dubon d'émettre un quelconque commentaire. Frustré par son attitude méprisante et par le délai ridicule qu'il lui accordait,

Dubon gronda à haute voix :

– Les rapports avec cet agent sont de plus en plus insupportables.

Sans perdre une seconde, il partit prévenir Fritz et Ricaud de la suite des événements. Il n'y avait rien d'autre à faire que d'attendre de recevoir le listing, après quoi le délai nécessaire pour identifier le propriétaire de la Lancia serait très court.

7.

Annecy - la Bretagne, une bagatelle ! D'après ma carte routière, Dinan est situé à une soixantaine de kilomètres au nord de Rennes. En consultant mon GPS, je constate avec grand bonheur, que c'est à 8 h 17 min d'Annecy, soit 900 bornes. Rien que ça !

Très bien, j'y serai dans 4 h 30 min. Ah, je fais le malin, mais dans le temps, c'était possible, avec un bon 200 km/h de moyenne... Maintenant, sur un long trajet, on est contrôlé en moyenne une fois par heure par toute une panoplie de matériel possible : radars mobiles embarqués, jumelles, radars automatiques, radars posés au sol ou sur une lunette arrière de voiture banalisée stationnée sur le bas-côté. Si on va trop vite, avec tous ces flashes, on peut vite se prendre pour une star de cinéma sur les marches du Festival de Cannes ! C'est la roulette russe à chaque seconde pour celui qui veut mettre les gaz avec son avion de chasse.

Les choses ont bien changé, j'ai l'impression d'être un papy sur la route, à présent. De toute façon, mieux vaut ne pas se faire alpaguer, car avec mes performances d'hier soir, mon nom doit déjà figurer sur la liste nationale des individus recherchés. En espérant que je ne me fasse pas contrôler à un barrage de police…

ϕ

Pendant ce long trajet, j'ai le temps de repenser à tout ce que m'a dit Pascal. Ce qu'il m'a appris sur la science et sur le travail de Max me permet aujourd'hui de concevoir les motivations de mon frère sous un autre angle. Lui et ses collègues physiciens sont en fait des explorateurs d'un continent finalement encore peu connu qu'est celui de la matière, de l'espace et de l'univers. J'ai l'impression de nager en pleine fiction : des physiciens rationnels qui se mettent à supposer très sérieusement l'existence de sept autres dimensions jusque-là invisibles à nos moyens de détection ; des superpositions d'états de particules qui peuvent se trouver à deux endroits différents de l'espace au même moment ; la nature vibratoire de la matière et de l'Univers. C'est extraordinaire ! Cela confirme ce que je ressens depuis longtemps : Dame Nature nous a révélé encore bien peu de ses secrets. Et c'est simplement merveilleux. Je commence à comprendre ce que voulait dire Max dans sa lettre. Je la reprends et relis le passage concerné :

« Nous avons simplement choisi deux chemins différents pour tenter de trouver ce que nous cherchons. Finalement, je pense que nous avons, sans le savoir, toujours cherché la même chose. »

Serait-ce ce qui se cache derrière la vie et l'Univers que nous avons finalement tous deux cherché, lui par la science et moi par mon contact avec la nature ? Sans doute. Je ne me suis jamais senti si proche de Max depuis des années et cela me réjouit.

Mon attention est à cet instant attirée par la radio, réglée sur Nostalgie. La vieille mélodie des années 70 que j'entends me fait l'effet d'une grosse madeleine de Proust :

« *Qu'il est long, qu'il est loin ton chemin, papa*
C'est vraiment fatigant d'aller où tu vas
Qu'il est long, qu'il est loin ton chemin papa
Tu devrais t'arrêter dans ce coin »

Cette chanson de Joe Dassin me transporte dans le temps, plus de vingt-cinq ans en arrière. En regardant dans mon rétroviseur central, je me revois enfant sur la banquette arrière de la bonne vieille Golf GTD de mes parents, assis à côté de Maxime, lui à droite et moi à gauche, séparés par un monticule de bagages. Notre père écoutait souvent Joe Dassin pendant les interminables trajets qui nous emmenaient en vacances à l'autre bout de la France.

Lorsque nous commencions à nous lasser de la route, c'est-à-dire à peine 50 kilomètres après être partis, mon frère et moi nous mettions à chanter en chœur cette chanson. Nos parents, attendris par leurs petits chanteurs à la croix de bois, se mettaient alors à fredonner avec nous. Le souvenir chaleureux de cette chorale familiale me réchauffe le cœur. Je revois le visage innocent de Maxime déborder de joie et de gaieté. Sous l'effet de la pureté de ces images qui surgissent de ma plus tendre enfance, mes yeux s'humidifient derrière mes lunettes de soleil.

Ces résurgences du passé m'hypnotisent encore durant de longues minutes après la fin de la chanson. Pendant ce temps, ma voiture, telle une bête affamée, continue de dévorer inlassablement les kilomètres d'asphalte cuit à point sous un soleil d'août brûlant.

8.
Genève - Poste de police - Bureau de l'inspecteur Dubon. Début d'après-midi.

Dans l'attente de recevoir le résultat du tri par modèle sur le fichier des cartes grises, Dubon, Fritz et Ricaud n'étaient pas restés sans rien faire au cours de la matinée. Ils avaient épluché toute une ribambelle de sites Internet d'associations de voitures. Même si les chances étaient maigres, ils espéraient trouver des adresses de propriétaires du modèle qu'ils cherchaient. Le but était de gagner un maximum de temps sur la phase d'interrogatoire qui suivrait la réception du listing.

Malgré leurs bonnes intentions, ils ne décrochèrent aucune piste valable à travers cette démarche. Ils étaient bien parvenus à contacter quelques-unes de ces associations, mais aucune n'avait comme membre un propriétaire de Lancia Delta HF Intégrale Verde York encore sur les routes. Le terme « encore sur les routes » avait son importance car l'histoire d'amour entre les conducteurs et ces voitures semblait souvent se terminer en fusion passionnelle sur un platane. Auprès d'une des associations, Ricaud avait en effet réussi à identifier le propriétaire d'une Verde York, mais ce dernier venait dix jours plus tôt de s'exploser, lui et son engin, dans un champ de maïs suite à une malheureuse sortie de route.

Fritz, quant à lui, avait également trouvé des Lancia Delta HF Intégrale, mais d'autres versions que la Verde York qui les intéressait ; il avait déniché des photos d'un modèle rouge avec une femme assise sur le capot montrant ses seins. Dubon n'avait cependant pas bien accueilli la plaisanterie quand Fritz était entré dans son bureau tout excité, en lui faisant croire qu'il tenait une piste sérieuse avec un suspect féminin à interroger à tout prix.

Malgré cette tentative de dédramatisation, le moral était au plus bas car ils n'avaient rien trouvé. Il ne leur restait plus qu'à attendre le listing.

ϕ

13 h 45. Les trois policiers étaient en train d'avaler sauvagement un pauvre sandwich sans défense. C'était fête, aujourd'hui : Dubon leur avait payé le chiche-kebab avec une bonne bière en guise de lot de consolation, suite à cette piètre matinée. Pour qu'il en arrive à ce geste généreux, c'était vraiment qu'il devait être désespéré, s'étaient dit Fritz et Ricaud.

Les trois mâchoires arrêtèrent net leur mastication néandertalienne de viande au moment où l'imprimante végétarienne de Dubon avala une feuille pour imprimer le fax en cours de réception. Ils se penchèrent tous les trois au-dessus de la machine qui, si elle avait pu le faire, aurait rougi sous le regard déshabilleur de ces énergumènes. En découvrant l'en tête correspondant au service des cartes grises, Fritz baragouina la bouche encore pleine :

– Il ne s'est pas fichu de nous, votre copain : il est à l'heure.

– Il est peut-être désagréable, renchérit Ricaud, mais en tout cas, il est efficace : obtenir en même pas cinq heures ce qu'on aurait mis au moins un jour à recevoir relève du miracle.

– Vous parlez d'un miracle ! réagit Dubon. Cet agent a certainement une fois de plus usé de son ton menaçant pour parvenir à ses fins.

Les deux autres ne relevèrent pas sa remarque, ils avaient bien compris que ce n'était pas le moment de le chatouiller sur ce sujet.

Le document comportait l'ensemble des Lancia Delta HF Intégrale répertoriées sur le territoire français, toutes catégories confondues. Tout en finissant son kebab, Dubon parcourut sans plus attendre la liste des noms de propriétaires du modèle Verde York. En découvrant avec surprise le nom d'une personne qu'il connaissait bien pour l'avoir rencontrée la veille, il toussa en projetant un nuage baveux de morceaux de salade et de pain qui finirent englués sur la cravate de Fritz. Ignorant sa réaction offusquée, Dubon se redressa brutalement pour taper du poing sur son bureau et cria :

– Philippe Berger ! Nom de Zeus ! Ce fumier m'a bien roulé ! Je suis sûr que c'est lui ! Il me semblait bien qu'il me cachait quelque chose, celui-là ! J'appelle chez lui tout de suite ; qu'il soit là ou pas, j'y envoie une patrouille locale dans la foulée !

Furieux de s'être fait roulé dans la farine par le frère de Maxime Berger, il était malgré tout rassuré d'avoir identifié, pratiquement à coup sûr, leur mystérieux visiteur de la veille. Après avoir longtemps laissé sonner sans que personne n'ait répondu au domicile de Philippe Berger, il appela directement le poste de police de Millau pour les y envoyer. Dans la foulée, il inscrivit immédiatement l'immatriculation de la Lancia du fugitif sur la liste des véhicules recherchés en France, Suisse, Allemagne, Italie et Autriche ; n'importe quel contrôle de papiers inopiné pourrait ainsi débusquer Philippe Berger. Après cela, l'inspecteur donna rapidement des ordres à ses deux collègues :

– Lieutenant Fritz, faites immédiatement le nécessaire pour trouver les coordonnées bancaires de Philippe Berger : je veux le relevé d'opérations de son compte sur les dernières quarante-huit heures. Sergent Ricaud, dressez-moi la liste des dernières communications de sa ligne de téléphone fixe et de son mobile. L'utilisation de sa carte de crédit ou de son portable sera sa dernière erreur.

ϕ

Une fois Fritz et Ricaud partis, Dubon appela sans attendre son « ami » l'agent secret qui l'accueillit toujours avec la même froideur mais, cette fois, avec un ton ironique en plus :

– Ah ! Capitaine ! Alors, il semblerait que vous ayez réussi à identifier notre oiseau ?

Ne s'attendant pas à cette anticipation de sa part, Dubon reprit hésitant :

– Euh… oui, en effet.

– J'ai reçu un double du listing en même temps que vous. Dites-moi, vous m'aviez bien précisé que vous aviez interrogé Philippe Berger hier matin, n'est-ce pas ?

– Oui, mais il a bien caché son jeu. Il n'a rien laissé transparaître de louche. Je…

– Rassurez-moi, le coupa-t-il sèchement : savoir interroger correctement les gens fait toujours partie du métier d'inspecteur, non ?

– Bien sûr, mais…

– Je ne veux pas d'excuse, mais du résultat, capitaine. Vous n'avez pas bien fait votre boulot, un point c'est tout. À cause de vous, on est obligé de courir après ce Philippe Berger qui aurait pu nous mener facilement à son frère. Au lieu de cela, vous et votre équipe de caracoleurs incompétents l'avez négligemment laissé filer.

Avant même que Dubon puisse rajouter que Fritz et

Ricaud étaient déjà sur le coup pour pister ses retraits bancaires et ses communications téléphoniques, l'autre reprit son sermon :

– Capitaine Dubon, je vais être clair : bien que je m'y opposais, mon supérieur m'a obligé à rentrer en contact avec vous, afin d'avoir un relais directement sur place. Il avait apparemment eu un bon écho de vos soi-disant compétences en matière d'investigation. Constatant qu'elles sont finalement aussi pitoyables que celles de votre piètre service de renseignements, je n'aurai pas de mal à faire comprendre à mon responsable que notre tentative de collaboration était une erreur. Je me vois dans l'obligation de vous écarter de cette enquête ; à partir de cet instant, l'affaire vous est définitivement retirée.

Dubon en resta bouche bée. Pour qui cet agent se prenait-il pour juger ainsi son travail et celui de son équipe ? Ils avaient fait le plus dur en parvenant à identifier Philippe Berger. Le retrouver n'était plus qu'une question de temps et de procédure habituelle. Lui retirer le dossier en plein milieu des investigations était exclu. Dubon contesta immédiatement :

– Écoutez. Je ne sais pas qui vous êtes, ni d'où vous venez, ni ce que ce Maxime Berger vous a fait. Si mon équipe et moi avions davantage d'éléments, notre travail serait certainement de meilleure qualité et à la hauteur de ce que vous attendez.

– Je vous ai déjà expliqué que cette affaire est classée secrète et que vous n'avez rien besoin de savoir de plus. Alors arrêtez de jouer au vieux coq rebelle et obéissez aux ordres. Fin de la discussion.

Il raccrocha. Dubon se leva promptement de son fauteuil ; la frustration mêlée à son sentiment d'injustice le fit gronder de colère. Personne ne méritait un tel mépris. Un agent, aussi secret qu'il puisse être, n'avait pas à traiter les autres de cette manière. Un tel comportement le dégoûtait et le mettait hors de lui. Il serra les deux poings en chiffonnant au passage les feuilles de papier qui se trouvaient sous ses mains. Sa mâchoire crispée comprimait ses dents avec la force d'un pitbull qui refusait de lâcher prise. Il grogna :

– Si tu crois que je vais laisser tomber si facilement, tu te mets le doigt dans l'œil, mon gars. Le vieux coq se met très rarement en colère, mais quand ça lui prend, il peut devenir encore plus bâté que l'âne.

Au fond de lui, quelque chose le poussait à ne pas accepter la défaite et à poursuivre les recherches en sous-marin. Il avait le fort pressentiment que les motivations de cet agent méprisant étaient très douteuses et bien loin des vertus de la justice qu'il s'efforçait de défendre depuis des années.

Les frères Berger étaient tout sauf des criminels, des terroristes ou des gangsters, il en était persuadé. Et son instinct ne l'avait jusque-là jamais trompé. Il ne savait pas ce que Maxime Berger avait pu faire pour s'attirer la foudre du gouvernement français, mais il le découvrirait bientôt. Il décida pour l'instant de ne rien dévoiler à Fritz et Ricaud : il leur demanderait de continuer leur travail comme si de rien n'était.

Ferme et déterminé à poursuivre l'enquête même sans autorisation, il murmura :

– C'est l'heure de mettre le sous-marin à l'eau.

ϕ

Les mains croisées derrière la tête, le regard perdu par-delà la fenêtre sale de son bureau, Dubon demeura pensif un long moment. La sonnerie de son téléphone le tira de sa profonde réflexion : c'était le commissariat de Millau qui rappelait :

– Capitaine Dubon ?

– Lui-même.

– Police de Millau. Nous venons de passer au domicile de Philippe Berger : il n'y a personne. Nous avons interrogé un voisin qui nous a appris qu'il était parti hier en début d'après-midi. Il nous a confirmé qu'il est bien propriétaire d'une Lancia Delta HF intégrale vert foncé. Monsieur Berger semble être parti pour plusieurs jours car il a confié le soin de ses bêtes à ce voisin.

– Beau travail. Avez-vous réussi à pénétrer chez lui pour trouver d'autres indices ?

– Oui, et la seule chose intéressante que nous ayons découverte est une grande enveloppe vide dans une poubelle, en provenance de la Suisse. Aucun nom d'expéditeur n'y est spécifié.

Face à l'évidence des faits, Dubon se jeta en arrière sur son siège en se claquant la main sur le front, avant de s'exclamer :

– Le courrier ! Je m'en doutais, son frère lui a envoyé un courrier ! Décidément, ces types sont malins et ils ne vont pas se laisser attraper si facilement. Quand cette lettre a-t-elle été postée ?

– Attendez, je regarde sur l'enveloppe… Le cachet indique la date du 17 août, c'était avant-hier.

– Philippe Berger a donc dû la recevoir hier matin. Il n'a pas perdu de temps ! Dire qu'il m'avait soutenu qu'il se moquait des problèmes de son frère… Enfin bon ; en tout cas, merci de votre réactivité.

– À votre service. N'hésitez pas à nous solliciter de nouveau si vous en avez besoin.

– Je n'y manquerai pas. Au revoir.

– Au revoir.

Les choses se précisaient dans la tête de Dubon. Il cogita quelques scénarios pour tenter de deviner ce que Maxime Berger avait bien pu demander à son frère dans sa lettre, mis à part de passer dans son appartement à Genève. Mais aucune hypothèse vraisemblable ne lui parvint pour l'instant. Trop d'éléments lui manquaient encore. Mais il en saurait bientôt davantage.

ф

Une heure plus tard, Fritz et Ricaud revinrent quasi en même temps pour faire leur rapport sur les requêtes de Dubon. Ricaud commença le premier :

– Concernant la ligne de téléphone fixe, j'ai vérifié les numéros émis sur les deux derniers mois et je n'ai rien trouvé de particulier. Ce type semble utiliser très peu le téléphone et il n'a pas d'abonnement de mobile attribué.

– Pas de portable ? C'est surprenant : qui de nos jours n'a pas de portable ?

– Eh bien, Philippe Berger semble-t-il.

– Oui merci, j'avais compris. Soit. Donc rien de plus avec le téléphone.

Il se tourna vers Fritz :

– Lieutenant ? Vous avez trouvé quelque chose de mieux avec sa carte de crédit ? Ne me dites pas qu'il n'en a pas, je crois que ça me mettrait en rogne.

– Il en a bien une.

– Ah, enfin un signe que la technologie de la puce informatique est bien parvenue à son village paumé. Je vous écoute.

– Pas de retrait depuis quinze jours et ceux qui précèdent ont tous été effectués auprès de distributeurs de billets de son village ou de Millau. Son dernier paiement remonte à six jours : des courses dans un supermarché local, semble-t-il. Ce n'est pas un fou de la carte à puce non plus.

– Mmh… Ça ne nous donne rien de plus, tout ça.

– Tout nouveau retrait ou paiement nous sera immédiatement signalé, précisa Fritz.

– Très bien, on a plus qu'à attendre que le poisson morde à l'hameçon. Il aura bien besoin d'argent à un moment ou à un autre et on le cueillera comme une fleur de pissenlit. Au fait, rien de nouveau concernant le téléphone portable et le compte bancaire de Maxime Berger ?

– Non, toujours rien.

– Avec tout ce que ce type a retiré en liquide chaque mois depuis deux ans, il a dû se constituer un pactole de réserve monstrueux pour parer à l'éventualité d'une longue période de quarantaine. Et je ne pense pas qu'il soit du genre à dépenser son argent à tout va dans les soirées VIP. Il paraît peu probable que ses opérations bancaires nous révèlent quoi que ce soit d'intéressant. Mais bon, on peut toujours espérer. Merci pour votre travail, messieurs. Vous pouvez disposer.

– Au fait, reprit Fritz avant de repartir, ça s'est bien passé avec l'agent de la DST ? Il devait être content que nous ayons réussi à identifier Philippe Berger, non ?

– Oui, oui, feignit Dubon l'air évasif. Et il nous a demandé de continuer l'enquête.

Il n'aimait pas mentir, surtout à ses collègues, mais il leur dirait la vérité plus tard. Ils comprendraient certainement sans difficulté.

En attendant, il avait une enquête à poursuivre et il savait très précisément où aller fureter pour obtenir les informations qui lui manquaient. Très bientôt, il aurait le fin mot de cette histoire.

V
Anne-Lise Pinson

9.

Sous le feu d'un soleil couchant qui a guidé ma chevauchée vers l'ouest toute la journée, j'arrive aux abords de Dinan, il est 19 h 45 et il fait encore chaud.

Au carrefour d'une petite commune située sur la route, mon sang se glace lorsque j'aperçois un barrage de gendarmes. Il est trop tard pour faire demi-tour car un agent en tenue de motard me fait signe, ainsi qu'à la voiture qui me précède, de me ranger sur le côté.

Diantre ! Je suis fait ! C'est tout ce que je craignais depuis hier soir ! Mon cœur se met à battre à deux cents à l'heure. Il me reste tout de même une petite chance : si c'est un simple contrôle d'alcoolémie, sans vérification des papiers, je peux encore m'en tirer. Par contre, s'ils contrôlent ma carte grise et que mon immatriculation est fichée sur leur ordinateur de bord, c'en est fini pour moi !

L'agent arrive à hauteur de ma portière. Je baisse ma vitre et m'oblige à garder une attitude décontractée :

– Bonjour, Gendarmerie nationale, me fait-il d'un ton monocorde.

– Bonjour.

– Contrôle des papiers du véhicule et du permis de conduire, s'il vous plaît.

La messe est dite. Je suis fichu. La main tremblante, j'ouvre ma boîte à gants pour saisir ma carte grise et le justificatif de l'assurance. En sortant ensuite mon permis de mon portefeuille, une idée audacieuse me traverse l'esprit : et si je démarrais en trombe pour prendre la fuite ?

Je dois me rendre à l'évidence : connaissant l'expérience de conduite de ces brigades spécialisées, je serais très vite rattrapé. À moins que mon immatriculation ne soit pas fichée, je crains cette fois qu'il n'y ait plus d'échappatoire.

En tendant mes papiers à l'agent, je sais que ce geste va provoquer ma propre perte et précipiter la fin de ce périple à peine commencé. Le gendarme les saisit. Les dés sont jetés.

Je repense furtivement à Maxime que j'aurais, au final, été incapable de retrouver, ni de sauver.

« Désolé petit frère, j'ai échoué », me dis-je intérieurement dépité, le moral ruiné.

Le gendarme se retourne pour se diriger vers la camionnette où un collègue l'attend avec le terminal informatique. Juste à ce moment-là, j'entends le second motard lui crier :

– Gérard ! Regarde là-bas ! Il y en a un qui fait demi-tour pour éviter le barrage ! Je suis prêt à te parier que c'est celui que nous cherchons ! On y va !

Le motard se retourne brusquement et s'empresse de revenir vers moi, puis il me rend mes papiers en me disant rapidement :

– C'est bon, vous pouvez circuler.

Il court vers sa moto, saute dessus et démarre comme l'éclair pour rattraper son coéquipier qui s'est déjà élancé sur la route.

Durant ces quelques secondes, ma main, qui tient toujours mes papiers, est restée figée au niveau de l'ouverture de la fenêtre sous l'effet de la surprise. Je finis par les déposer sur le siège du copilote, tout en jetant un œil sur les gendarmes de la camionnette. Ceux-ci semblent avoir abandonné les vérifications informatiques de routine pour contacter leur central et faire leur rapport. Ils ne se préoccupent plus du tout des automobilistes encore garés sur le côté qui, d'après l'expression de leur visage, semblent aussi stupéfaits que moi.

Ma tension intérieure n'est pas retombée pour autant, mon cœur bat encore à plein régime ; tant que je ne serai pas loin d'ici, je ne serai pas tranquille. Tout en refermant ma vitre, mon regard pointe au loin sur la route qui s'avère représenter mon chemin vers la liberté. Je démarre et repars tranquillement.

Je regarde une dernière fois dans mon rétroviseur central jusqu'à voir disparaître la camionnette des gendarmes.

Brutalement, c'est la décompression : mes poumons expirent un long soupir qui gonfle mes joues sur son passage. Je m'exclame :

– Pouououou ! C'était moins une ! Ce malfrat ne pouvait pas mieux tomber ! Je me voyais déjà derrière les barreaux !

Ma joie est à son comble. Il y avait longtemps que je n'avais pas éprouvé une telle frayeur suivie d'un tel soulagement ! Enfin… quand je dis « longtemps », cela ne remonte finalement qu'à hier soir. Mes jambes en sont encore tremblantes et je ne sens plus mes pieds.

Une fois l'émotion passée, je fais un point sur ma situation. Où que j'aille, je sais que je cours le risque de me faire épingler à tout moment par la police et que ma liberté ne tient qu'à un fil. J'en arrive à me demander si je ne dois pas changer de moyen de locomotion. Quelles sont les autres possibilités qui me permettraient de voyager plus discrètement ? Le taxi ? Avec toute la route que j'ai à faire, le tarif deviendrait vite exorbitant. Le train ? Ce serait une bonne solution, mais si j'ajoute ensuite les frais de taxi pour aller de la gare à l'endroit où je dois me rendre, ça va rapidement devenir cher et je n'ai pas les moyens de m'offrir ce luxe.

Quant à louer une voiture ou prendre l'avion, au-delà du coût que je ne suis pas sûr non plus de pouvoir assumer, le fait de devoir présenter ma carte d'identité ou mon permis de conduire ne m'enchante guère. Une dernière solution me vient à l'esprit : faire du stop. Ma propre expérience de jeunesse sur le sujet me rappelle cependant que les étapes peuvent souvent être nombreuses et interminables. Je ne peux pas me permettre une telle incertitude sur le temps de trajet car je dois retrouver Max le plus rapidement possible.

Sans oublier que je n'ai absolument pas envie de laisser ma Lancia Delta seule en terre étrangère, à huit cents kilomètres de chez elle ! Je suis donc condamné à continuer la peur au ventre avec ma voiture. Super, beau programme...

Je soupire, abattu par l'issue de ma réflexion. Je m'efforce de chasser les craintes qui hantent mon esprit afin de me reconcentrer sur l'objet de ma venue ici.

ϕ

Je franchis un haut viaduc et arrive aux portes de Dinan. En passant à proximité d'épais remparts de granit, j'ai l'impression d'être un chevalier qui revient au pays après une longue croisade lointaine. Cette ville médiévale bretonne est au premier abord très sympathique. Les ruelles du cœur historique sont dignes d'un décor d'Astérix et Obélix en balade à Alésia, à la différence que les auberges ont été remplacées par des boutiques souvenirs. Les maisons les plus anciennes, aux poutres de soutènement apparentes, font penser à celles des villages alsaciens. Déformées par le poids des siècles, on se demande d'ailleurs comment certaines tiennent encore debout.

Une fois arrivé à la mairie, je demande mon chemin à un passant qui m'indique la route à suivre pour rejoindre l'école de musique.

Après plusieurs virages serrés dans le labyrinthe du centre-ville et un slalom autour des innombrables touristes qui profitent de cette belle fin de journée, j'arrive enfin à bon port. Je sors de ma voiture et m'étire sur le trottoir. Mes muscles me soufflent qu'ils attendaient ce moment depuis plusieurs heures. Ce sont surtout mes épaules qui grognent le plus sous les courbatures qui les font souffrir.

Je m'avance vers l'école de musique ; je vois en sortir trois enfants chargés de leur instrument et accompagnés d'une dame qui pourrait être leur grand-mère. Il est amusant de constater que chacun de ces Dalton porte un instrument dont l'encombrement est inversement proportionnel à sa taille : le plus grand garçon porte un violon, le moyen, un violoncelle et la petite troisième, une contrebasse qu'elle manie tant bien que mal. Ah, au temps pour moi ! Le quatrième Dalton était caché derrière la contrebasse. Mais cette petite fille, d'environ deux ans, n'a que son doudou comme seul instrument à câlins. Attendri par la scène, j'aborde la dame pour lui demander :

– Bonsoir, Madame. Excusez-moi de vous déranger, je cherche Anne-Lise Pinson. On m'a dit que je pouvais la trouver à l'école de musique. Est-ce bien ici ?

– Oui, c'est bien ici. Et c'est justement ma fille ! Elle est d'ailleurs la mère de ces quatre enfants, me sourit-elle en les désignant du regard.

Cette coïncidence ne manque pas de me faire également sourire.

– Elle n'est pas disponible ce soir, reprend-elle. Elle donne un concert à la cathédrale de Saint-Malo, en compagnie de ses deux sœurs. Vous êtes un ami ?

– Pas vraiment : c'est mon frère qui la connaît et qui m'a conseillé de la rencontrer pour lui parler.

– Si ça vous intéresse, je peux vous donner son numéro de téléphone. Vous pourrez l'appeler pour prendre rendez-vous avec elle.

– En fait, c'est assez urgent. Vous pensez que je pourrai

lui parler quelques instants, juste après le concert, sans la déranger ?

– Peut-être, oui. Vous pouvez toujours essayer.

– En attendant, ça me dirait bien de l'entendre chanter. Vous dites que c'est à la cathédrale de Saint-Malo, c'est ça ?

– Oui et ça commence à 20 h 30. Si vous vous dépêchez, vous pourrez y être à temps.

– Très bien, je vous remercie. Bonne soirée.

– Au revoir ! Allez, en route la troupe ! dit-elle à l'attention de ses quatre ménestrels qui attendaient sagement.

Je remonte rapidement en voiture et repars.

Anne-Lise Pinson, une chanteuse ? J'espère que je ne me trompe pas de personne. Pourquoi Max me ferait-il rencontrer une chanteuse ? Ne trouvant pas l'ombre d'une réponse, je mets cette question de côté pour l'instant. Je verrai bien sur place.

ϕ

J'arrive à Saint-Malo intra-muros vingt-cinq minutes plus tard. Le clocher élancé de la cathédrale me sert de guide dans les rues pavées de la cité corsaire. Je me gare en vrac à côté de l'église : pas le temps de chercher une autre place car le concert va commencer d'une minute à l'autre. J'achète mon billet à l'entrée et pénètre dans l'édifice sacré à l'architecture austère, entièrement de granit.

La grande rosace du fond me charme instantanément avec son subtil mélange de vitraux colorés. En levant la tête, j'aperçois au-dessus de moi l'orgue impérieux qui domine la nef principale : ses innombrables tubes métalliques, dressés dans leur sarcophage de bois impeccablement vernis, donnent à cette mécanique l'allure d'un moteur de vaisseau De Vincien. Même si je sais que cette cathédrale a été en partie détruite à la fin de la Seconde Guerre mondiale, puis ensuite entièrement restaurée, je ne manque pas de tirer mon chapeau à ses bâtisseurs d'autrefois : construire un tel ouvrage avec les moyens de l'époque ne devait pas être une simple paire de manches.

Au moment où je m'engage dans l'allée centrale, je ressens comme un souffle qui me fige sur place quelques secondes. Il n'y a pourtant aucun courant d'air. Curieuse sensation.

Les pupitres des musiciens sont installés au centre de l'église, à la croisée du transept. Après avoir trouvé une place dans la masse, je prends le temps de consulter le programme en attendant que le concert commence :

Solistes :

Anne-Lise Pinson (soprano) ; Igor Popovitch (ténor) ; Sophie Collier (flûte) ; Charlotte Manowski (clarinette) ; Emmanuel Lieuron (violon).

Dirigé par Jean Douche.

Chœur et Orchestre du conservatoire de Saint-Malo.

En première partie, seront joués plusieurs thèmes musicaux du *Seigneur des Anneaux*, composés par Howard Shore. Extra ! Je m'en réjouis car la musique de ces films me plaît vraiment.

1. Thème d'introduction : Concerning Hobbits
2. Many Meetings
3. The Council of Elrond
4. May It Be
5. Evenstar
6. Twilight And Shadow
7. The Return Of The King
8. Thème de clôture : The Grey Havens

En seconde partie, seront interprétés des extraits de *La Passion selon* saint *Jean*, de J.S. Bach :

1. *Herr, unser Herrscher*
2. *Ich folge dir gleichfalls*
3. *Erwäge, wie sein blutgefärbter Rücken*
4. *In meines Herzens Grunde*
5. *Lasset uns den nicht zerteilen*
6. *Er nahm alles wohl in acht*
7. *Zerfließe, mein Herze*
8. *Ruth wohl, ihr heiligen Gebeine*
9. *Ach, Herr, laß dein lieb Engelein*

Une bonne dose de classique me fera le plus grand bien. Les portes sont à présent fermées et les spectateurs, environ au nombre de trois cents, acclament l'arrivée des musiciens qui prennent place au centre de la cathédrale.

J'aperçois trois belles femmes s'asseoir l'une à côté de l'autre. La première s'installe devant son pupitre avec sa flûte, la seconde avec sa clarinette et j'en déduis que la troisième, qui ne porte pas d'instrument, est Anne-Lise Pinson. Leur ressemblance frappante me confirme que ce sont bien les trois filles de la dame que j'ai rencontrée à Dinan.

La chanteuse, apparemment âgée d'une quarantaine d'années, est vêtue d'une longue robe noire très chic : fendue sur le côté jusqu'à mi-cuisse, cintrée au niveau de la taille et laissant le dos découvert aux trois quarts, elle met parfaitement en valeur l'agréable silhouette d'Anne-Lise Pinson. Un chouchou noir et doré arrange ses cheveux foncés en une queue-de-cheval qui ondule jusque dans le bas de sa nuque. Un étincelant collier d'hématite tombant sur sa poitrine souligne les traits féminins de son cou. Je suis ravi d'avoir affaire à une jolie chanteuse plutôt qu'à une Castafiore gonflée à l'hélium.

Également heureux d'avoir réussi à trouver la seconde personne de la liste, je suis déjà impatient de savoir ce qu'elle va pouvoir m'apprendre sur Max après le concert. En attendant, je vais profiter d'un bon spectacle dans un cadre splendide. Après toutes mes émotions de ces dernières vingt-quatre heures, cela me fera le plus grand bien.

Le chef d'orchestre arrive le dernier, acclamé de plus belle par les spectateurs. Il nous salue en retour de ce chaleureux accueil. Après quelques minutes, le silence tombe et le concert commence.

ϕ

La sœur à la flûte entame le thème d'introduction des Hobbits. Cette mélodie légère et joyeuse reflète bien la bonne humeur et la simplicité de ces petits personnages. Le chef d'orchestre fait ensuite signe à un grand jeune homme, aux cheveux longs impeccablement peignés, d'entrer en mesure : il s'agit certainement du premier violon. Je me laisse embarquer dans le flot de ses notes qui me bercent. Hier matin encore, jamais je n'aurais imaginé atterrir à l'autre bout de la France, dans une cathédrale, à écouter un concert de musique classique ! Comme quoi, la vie est toujours pleine de surprises.

Le second extrait commence avec les chœurs qui s'éveillent en douceur sur un chant sombre et mystérieux. Alors qu'au premier morceau c'était la sœur flûtiste qui avait ouvert le bal, c'est au tour de la clarinettiste de se retrouver au centre de l'attention. Le son plus rondouillard de la clarinette donne une autre couleur à la même mélodie de départ, comme pour montrer le caractère sensible de ces surprenants Hobbits.

C'est seulement au troisième thème qu'Anne-Lise Pinson se lève d'une grâce dont seule une chanteuse a le secret. Le relais est remarquablement bien passé entre les trois sœurs sur les trois premiers extraits du concert, chacune d'elles toujours bien coachée par le violon. C'est pratiquement de la mise en scène théâtrale.

Au moment où Anne-Lise Pinson expire sa première

note, je suis instantanément hypnotisé. La pureté et la douceur de sa voix s'accommodent parfaitement à cet extrait composé et interprété à l'origine par la chanteuse mondialement connue Enya. Cette performance était pourtant loin d'être gagnée. Après deux minutes, la flûte de sa sœur reprend et c'est tout l'orchestre qui l'a rejoint en faisant vrombir le thème principal du *Seigneur des Anneaux*. Sur le dernier coup de cymbales, j'ai l'impression d'être devenu un valeureux chevalier de Rohan prêt à écraser à lui tout seul les méchants orques des forces de l'ombre.

La voix de cette chanteuse continue de me transporter pendant les trois morceaux suivants. Arrivé au septième, le ténor parvient superbement à faire passer l'émotion du chant elfique que chante le Roi Aragorn, après son couronnement. Dans la foulée, Anne-Lise reprend seule, sans aucun soutien ni de l'orchestre ni des chœurs, pendant près de quinze secondes. L'orchestre lui-même semble comme moi suspendu à ses lèvres qui laissent sortir la magie invoquée par ses cordes vocales à cet instant.

Et là, quelque chose d'inattendu s'opère en moi. Un frisson d'une intensité nouvelle fait irruption au sommet de mon crâne et se met à descendre le long de ma colonne vertébrale pour se répartir dans chacun de mes membres. Je suis complètement électrisé, comme branché à je ne sais quelle prise céleste. Je ne respire plus. Une autre sensation m'empale soudainement au niveau de la pointe inférieure du sternum. Un concentré de bonheur s'y engouffre brutalement, comme si on venait de faire sauter un bouchon qui empêchait le contenu d'un entonnoir de se déverser dans une bouteille. Cet élixir de force à l'état pur se répand dans mes viscères jusqu'à l'entrejambe, remonte au niveau du cœur et de mes poumons, ce qui a pour effet de les remettre en fonction : mon cœur bondit comme s'il venait d'être réanimé par un électrochoc, mes poumons se dilatent d'un coup et j'ai l'impression d'être un nouveau-né qui inspire sa première bouffée d'air. Pendant cette inspiration, qui dure une agréable éternité, la vague continue sa progression plus haut, allant faire trembler successivement ma gorge, ma mâchoire inférieure et mes paupières qui se trouvent rapidement humidifiées par mes larmes. Jamais je n'avais éprouvé une sensation d'une telle puissance. Le temps et l'espace n'existent plus, mon corps est assis sur cette chaise en bois, mais je suis parti ailleurs. Pendant la fin de ce thème, j'exécute mes premiers mouvements de brasse dans une mer d'énergie d'une nature nouvelle pour moi. Le thème de clôture me fait progressivement revenir sur ma chaise au rythme de la musique dont l'intensité décroît. Pendant que les chœurs murmurent leur dernière incantation, le hautbois invite la flûte à siffler une dernière fois pour annoncer le coucher des violons. Les derniers échos demeurent dans l'air quelques instants et finissent par s'échapper pour de bon. Les trois secondes de silence sont respectées avant que les applaudissements montent et remplissent la cathédrale tout entière. Je me sens aussi léger qu'une plume. C'est tout simplement magique.

ϕ

Pendant toute la durée de l'entracte, mon regard reste perdu dans de lointaines contrées. Après un quart d'heure, les musiciens reviennent avec le même rituel. Le concert reprend. Les violons se réveillent et se remettent à vibrer. Cette fois, je ne connais pas l'œuvre qu'ils entament. Cela n'empêche pas pour autant qu'elle me saisisse les tripes à certains passages.

Durant cette partie, je focalise mon attention sur Anne-Lise Pinson. Son regard pointe vers l'avant, en direction des hauts toits de la cathédrale. Il ne semble fixer aucun point en particulier mais plutôt regarder au-delà, comme s'il se perdait dans un autre monde. Est-ce le même que celui dans lequel je me suis moi-même agréablement noyé tout à l'heure ? C'est bien possible. Ou peut-être regarde-t-elle tout simplement en elle, concentrée sur la maîtrise de ses cordes vocales et de son souffle. Il serait intéressant de savoir ce qu'elle peut ressentir en chantant, sous l'effet de la vibration de sa voix.

À un moment, elle ferme les yeux en apposant la main droite sur son cœur : son bras se développe lentement vers l'extérieur pendant qu'elle tient une note cristalline qui fusionne avec l'air. Ce geste, d'une douceur profonde, semble traduire un don d'amour et de compassion qu'une sainte octroierait à ses enfants. Je reçois ce don de plein fouet au même endroit d'où elle l'a fait partir de sa personne. La sensation est très proche de celle que j'ai eue en fin de première partie mais avec moins de brutalité et plus de chaleur humaine. En le vivant, je comprends à présent très distinctement ce qui peut faire vibrer tous les passionnés de musique classique. Jamais je n'aurais pu imaginer ce qui se cachait derrière une apparente affaire de goût musical. J'ai l'impression de faire mes premiers pas dans un nouvel univers, tel un explorateur débarquant pour la première fois sur un nouveau continent.

M'abandonnant à ce flot qu'elle déverse partout autour d'elle, je me sens libéré de tout. Mes préjugés, mes craintes, mes doutes et mes inquiétudes ont fui à des milliers de kilomètres de moi. C'est ce qui explique sans doute que je me sente si léger.

Le concert touche à sa fin. Après avoir laissé envoler la dernière note, le chef d'orchestre immobilise tous les musiciens, cristallisant cet instant de bonheur pour l'éternité dans les murs de la cathédrale et dans le cœur de chacun. Pendant les quelques secondes de silence qui suivent, la scène semble se figer sur une toile de peinture.

Les premiers applaudissements se font entendre, et c'est une véritable ovation que tout le public, à présent debout, accorde aux musiciens. Après avoir donné pendant presque deux heures, c'est à leur tour de recevoir toute la gratitude et la joie des spectateurs encore sous le charme de leur prestation.

Le chef d'orchestre fait passer successivement les solistes devant la scène afin que chacun reçoive les applaudissements qu'il mérite. Leur intensité s'accroît de manière sensible au moment où Anne-Lise Pinson s'incline pour saluer le public. J'appuie moi-même davantage mes claquements de mains pour acclamer cette chanteuse qui a su littéralement me transpercer avec sa voix. Elle laisse sa place aux membres de l'orchestre et des chœurs qui viennent tous se regrouper devant. Pendant qu'ils arrivent, les applaudissements diminuent d'intensité sans pour autant s'interrompre. Une fois qu'ils se tiennent chacun par la main, ils s'inclinent tous en même temps pour saluer le public qui reprend de plus belle ses applaudissements pendant une bonne minute.

Le premier violon se retire quelques secondes et revient avec le chef d'orchestre qu'il laisse passer avec une gracieuse révérence, invitant la foule à lui réserver sa plus belle ovation. C'est un véritable délire d'applaudissements à chaque fois qu'il s'incline vers le public. Ses yeux traduisent toute son émotion qu'il parvient, sans doute avec l'habitude, à contenir malgré tout. Il finit par se retourner et saluer à son tour tous les musiciens. Puis tout le monde se retire progressivement vers l'arrière de la cathédrale.

Mes mains sont en feu après pratiquement dix minutes d'applaudissements. Je sors des rangs pour me diriger vers l'endroit où j'ai vu se retirer Anne-Lise Pinson. Je l'aperçois au loin avec ses deux sœurs. Elles sont entourées d'autres musiciens et de personnes du public, certainement des amis ou de la famille qui viennent les féliciter. Je décide d'attendre en retrait pour respecter ces moments de joie et laisser passer le rush car on ne peut pas mettre un pied devant l'autre.

ф

Après un bon quart d'heure, la foule s'est éclaircie et Anne-Lise n'est plus qu'en compagnie de ses sœurs et de deux ou trois autres personnes. Je choisis ce moment pour aller me présenter :

– Bonjour, Madame. Excusez-moi de vous déranger, je tiens tout d'abord à vous féliciter pour votre brillante prestation.

– Merci, c'est très gentil à vous.

– Je m'appelle Philippe Berger. Mon frère, Maxime Berger, qui d'après ce qu'il m'a dit vous connaît, m'a conseillé de vous rencontrer. Si vous me le permettez, je souhaiterais vous parler quelques instants.

– Maxime Berger…, réfléchit-elle, je n'ai pas le souvenir de… ah si ! Ça me revient, vous avez un air de famille avec cette personne que j'avais effectivement rencontrée, il y a un ou deux ans. C'est votre frère ?

– Oui.

– Il était venu me voir également suite à un concert.

– Je suis content que cela vous revienne. Il y a deux jours, j'ai reçu de sa part une lettre, disons… un peu particulière.

Je lui en résume rapidement le contenu et lui expose les circonstances qui m'ont amené jusqu'à elle. Mes explications ne manquent pas de l'interpeller :

– Eh bien, je ne m'attendais pas à une telle histoire ! Et vous dites qu'il vous a demandé de rencontrer cinq personnes dont moi ?

– C'est cela même.

– C'est très surprenant. J'ai à peine discuté une heure avec lui. Je ne le connais pas plus que cela et nous n'avons jamais eu d'autre contact.

Une fois de plus, je vois mon espoir s'envoler : cette personne ne pourra pas non plus me dire comment et où le retrouver. Comme je m'y attendais malgré tout plus ou moins, je ne me décourage pas pour autant :

– Vous souvenez-vous de l'entretien que vous aviez eu avec lui ?

Je la vois replonger dans sa mémoire et elle me répond un peu décontenancée :

– Oui… oui, nous avions eu une conversation un peu hors du commun, qui ne m'avait pas laissée indifférente, bien au contraire. Je me souviens m'être posée pas mal de questions les jours qui ont suivi. Il m'avait interrogée sur mon travail et plus précisément sur ce que je ressens lorsque je chante.

Décidément, je ne suis pas au bout de mes surprises : quelle idée pouvait-il bien avoir en tête à ce moment ? Et pourquoi m'envoyer à mon tour auprès d'elle ? Sans vouloir lui cacher quoi que ce soit, je lui fais part de mon propre étonnement :

– C'est effectivement plutôt original. Pour tout vous dire, je ne sais pas pourquoi il me demande de vous rencontrer. Je pensais au départ que ces contacts, dont le vôtre, me permettraient de le retrouver pour l'aider. Mais il semble que son but soit tout autre.

– En tout cas, je peux vous assurer que je n'ai aucune information à vous apporter à ce niveau.

– Peut-être souhaite-t-il simplement que vous me racontiez la même chose que ce que vous lui avez dit à cette époque.

– Peut-être. De toute manière, je ne vois pas ce que je peux faire d'autre. Il avait assisté au concert et, comme vous, il était venu ensuite me demander de lui accorder un entretien. Je me souviens de ma surprise lorsqu'il s'était présenté comme physicien travaillant au Cern, à Genève. C'est bien ça ?

– Oui, tout à fait.

– Il m'expliquait qu'il s'intéressait à l'effet de la musique sur l'organisme. Il a choisi de m'interroger car l'instrument dont les chanteurs se servent présente la particularité d'être une partie intégrante de leur corps. Son point de vue consistait à dire que chaque être humain est extrêmement sensible à toutes sortes d'ondes qu'il reçoit, à commencer par les ondes sonores émises par la musique.

– Je ne m'attendais vraiment pas à ça…

– Veuillez m'excuser deux secondes, interrompt-elle, je vais simplement prévenir que je vais rester un peu, qu'on ne m'attende pas.

– Bien sûr, je vous en prie.

ϕ

Elle se dirige vers la sortie, échange deux ou trois mots avec ses sœurs et revient vers moi.

– Asseyons-nous, ce sera mieux, propose-t-elle en s'affalant sur un banc. Je suis épuisée, la journée a été longue.

– Si vous êtes fatiguée, je ne veux pas vous déranger davantage. On peut se revoir peut-être demain.

– Non, non, ça ira. C'est gentil.

– Comme vous voudrez. Vous disiez donc que mon frère vous avait questionnée sur ce que vous procure le chant intérieurement.

– Oui et également sur la manière dont celui qui écoute peut recevoir ce qu'envoie le chanteur ou, d'une manière plus générale, le musicien avec son instrument.

– Je ne pensais pas du tout vous parler de ce que j'ai ressenti pendant le concert, mais puisque c'est le sujet, je crois que c'est intéressant de vous en faire part.

– Oui absolument, au contraire, ça nous permettra d'échanger.

Les mots ne me viennent pas facilement : j'arrive à peu

près à lui expliquer ce que j'ai ressenti sur le *Seigneur des Anneaux* et sur *La Passion selon* saint *Jean*. Après m'avoir attentivement écouté, elle s'exclame :

– C'est formidable d'être réceptif à ce point ! Tout le monde ne l'est pas forcément, même ceux qui écoutent de la musique classique régulièrement.

– Je n'avais jamais éprouvé cela auparavant.

– C'est une expérience très intéressante que vous avez vécue là. Ce que vous décrivez ressemble effectivement de très près de ce que je peux ressentir quand j'écoute de la musique ou quand j'assiste moi-même à des concerts.

– Et lorsque vous chantez aussi ?

– C'est différent : pendant que je chante, je suis obligée de garder une concentration intérieure pour maîtriser la technique de mon souffle et de ma voix. La puissance de la musique et des mots est considérable : si le chanteur ou le musicien n'y prend pas garde, son corps peut rapidement se retrouver submergé d'un flot d'émotions très fortes. Mais sur des œuvres que je connais bien, il m'arrive quand même parfois de partir complètement. J'ai l'impression d'être transportée ailleurs, je n'ai plus aucune notion ni de distance ni de temps. J'ai souvent la sensation d'être en totale osmose avec un autre chanteur ou avec la musique, de manière plus générale.

Du fait de mon expérience de tout à l'heure, je me représente assez précisément son état de transe. Elle continue :

– C'est quelque chose qui vient des tripes, du plus profond de mon être et qui sort par la voix. Ça me donne souvent la chair de poule et des frissons, car ça vibre dans tout le corps. Et c'est souvent à ce moment que je sens une connexion très particulière s'établir avec le public. Au-delà du son, un fluide capable de faire surgir des émotions chez les autres semble en effet passer.

La convergence de nos ressentis est tout à fait étonnante. Je me demande combien de personnes ont pu en même temps que moi se connecter à ce qu'elle appelle ce « fluide ».

– J'ai effectivement ressenti cela tout à l'heure en vous écoutant. Et je suis certain que d'autres spectateurs aussi.

– Je pense, oui… en tout cas je l'espère ! En fait, j'ai pu remarquer que certaines voix sont en mesure de toucher une personne, d'autres pas. La différence de sensibilité s'explique souvent au travers de sa culture, de ses origines ou de ses coutumes religieuses.

– La religion semble souvent un thème de prédilection pour les œuvres classiques, lui fais-je remarquer.

– C'est exact : le lien est effectivement très fort, comme si l'un décuplait la puissance de l'autre.

Elle m'explique que le chant était autrefois considéré comme le langage de l'âme. On lui attribuait le pouvoir de purification et de sanctification. Lorsque les voix des frères, rassemblés pour l'office divin, s'élevaient à l'unisson sous les voûtes baignées de lumière et de vapeurs d'encens, elles alliaient les âmes de tous les orants à celles des saints, des défunts et des anges. Le chant abolissait les frontières entre le monde des vivants et celui des morts, entre la Terre et le Ciel, entre l'humanité pécheresse et les esprits évangéliques. Le chant avait cette formidable faculté de faire vibrer l'invisible et de le rendre quasiment tactile.

Hypnotisé par sa belle histoire, je m'imagine en moine au Moyen Âge en train de chanter dans une chorale, au cœur d'une immense abbaye. Je ressens même précisément la puissance du chant porté par une centaine de voix à l'unisson. J'en frissonne.

ϕ

Anne-Lise m'extirpe de ce furtif voyage dans le temps en reprenant la parole :

– J'ai moi-même vécu ce que cette savante alchimie entre la musique et la religion peut provoquer dans la vie de quelqu'un.

Elle hésita un instant, sans doute un peu gênée de confier des sentiments personnels à un inconnu.

Elle en vient finalement à m'expliquer qu'au cours de sa première grossesse, elle avait justement été amenée à chanter *La Passion selon saint Jean*. Ce fut très émotionnel et pour la première fois au cours d'un concert, elle fut totalement transportée. C'est l'amour nouveau qu'elle éprouvait pour son enfant qui lui fit prendre conscience du lien puissant entre la musique et la religion.

Les œuvres classiques sont en fait souvent un moyen d'exprimer l'amour spirituel que toutes les religions du monde évoquent. Bien qu'Anne-Lise reconnaisse n'avoir reçu aucune éducation religieuse particulière, elle a malgré tout l'impression d'avoir toujours été sensible à la religion, sans pour autant l'exprimer ouvertement. Ce sont le chant et la musique qui ont finalement révélé sa sensibilité à cette spiritualité. Dès lors, elle a eu la volonté de se faire baptiser pour ensuite se marier à l'église, alors qu'elle l'avait fait civilement une dizaine d'années plus tôt. Elle avait besoin de donner une dimension sacrée à l'union et à l'amour de son mariage.

Son parcours peu commun ne manque pas de m'interpeller :

– C'est tout à fait surprenant ! Il est rare de nos jours qu'une personne choisisse d'elle-même de s'ouvrir à la religion ; celle-ci est généralement pratiquée par mimétisme social ou imposée dans l'éducation.

– C'est malheureusement vrai : la religion est de moins en moins considérée comme une voie de recueillement spirituel. Elle est davantage devenue un moyen de s'octroyer la reconnaissance d'autrui ou d'éviter d'être jugé.

– On peut vraiment dire que c'est vous qui êtes allée trouver Dieu, alors que d'habitude on raconte que c'est l'inverse.

Elle fait une moue en tentant de trouver les mots justes pour exprimer son idée, semble-t-il, difficile à formuler :

– « Dieu »… J'utilise ce mot comme tout le monde par commodité. J'ai en revanche constaté que les gens ne se rendent pas compte qu'ils n'y associent pas le même sens que leur voisin. Les puristes religieux y voient un être suprême qui dirige tout et qui a un droit de regard absolu sur le monde et la vie de chacun. La notion de domination qui se cache derrière cette conception reflète en fait le propre désir de l'homme à vouloir dominer ses semblables. Les innombrables abus commis au nom de Dieu par l'Église catholique ont terni sa portée spirituelle qui est pourtant celle que je défends et ressens. C'est pour cette raison que j'évite d'employer ce mot lorsque je veux parler de spiritualité religieuse. Je ne sais pas quel terme vraiment employer pour définir une notion que je ne m'explique même pas. Ce que je peux simplement dire, c'est que la vibration du chant me permet de rentrer en contact avec une sorte de puissance qui surpasse l'homme et qui dépasse sa nature physique.

Sa faculté de décrire précisément l'effet du chant et de la musique sur sa personne est impressionnante. Mettre des mots sur ce genre de subtilités est d'ordinaire plutôt un exercice difficile. Et c'est loin d'être un sujet courant dans les conversations de repas de famille qui tournent plutôt autour de débats politiques agressifs et stériles. Pourtant, il semblerait que nous soyons tous capables de nous ouvrir à cette puissance spirituelle qu'elle évoque et que j'ai moi-même pu expérimenter pour la première fois ce soir. Mais bizarrement, je n'ai pas l'impression de la découvrir pour autant, comme si mon inconscient avait toujours su qu'elle existait. L'effet du chant d'Anne-Lise, mêlé aux instruments, aurait en quelque sorte permis de me mettre en résonance avec cette vibration puissante, telle une note qui viendrait s'accorder au son d'un diapason.

ϕ

Après cette brève prise de conscience du processus qui s'est opéré en moi tout à l'heure, je reprends le cours de mes idées :

– C'est fascinant de voir comment le chant et la musique semblent véritablement avoir donné une nouvelle orientation à votre vie.

– Oui, on peut dire ça. Je rajouterais que ma façon de chanter et de ressentir une œuvre musicale a sensiblement changé depuis mon ouverture spirituelle à la religion, de même que ma manière de concevoir la vie en général. Bien sûr, l'âge et l'expérience y sont aussi pour quelque chose, mais leur effet est beaucoup plus progressif. Depuis, j'ai le sentiment d'être davantage sensible aux comportements des gens et à la nature des relations que j'entretiens avec eux. Je suis plus attentionnée et je le montre beaucoup plus qu'avant. J'hésite bien moins à dire des choses gentilles aux gens gentils. De nos jours, c'est fou de constater comment les personnes ne savent plus ni échanger des paroles positives ni faire preuve de reconnaissance envers ceux qui les aident.

– C'est vrai. La nature humaine ne sait que critiquer, dévaloriser, insulter ou se plaindre sans cesse des autres.

– Et le marasme qui en résulte autoalimente cette fâcheuse tendance, ajoute-t-elle, alors qu'il serait tellement plus agréable de vivre sans. Mais cela demanderait une prise de conscience générale pour en sortir, ce dont on est encore loin.

– La mystérieuse puissance transcendante dont nous parlons représente peut-être la solution pour initier cette prise de conscience, lui fais-je remarquer. Et la musique serait en quelque sorte un moyen d'y parvenir.

– C'est en partie ce que je pense, oui. Mais il n'y a pas que la musique qui permette d'accéder à cette puissance : toutes les autres formes d'art en sont aussi un moyen. D'une manière générale, l'art permet de révéler la beauté qui se cache en toute chose, beauté qui, à mon sens, semble justement liée à ce fluide. L'art a cette faculté d'aider l'être humain à s'y connecter et à jouir de ses bienfaits pour mieux vivre sa vie.

– Après ce que j'ai vécu ce soir, votre analyse me semble tout à fait fondée.

– Oui, mais vous faites quand même involontairement des erreurs de vocabulaire ! me lance-t-elle sous forme de boutade.

– Comment ça ?

Ravie de constater à mon air bête que sa remarque a bien fait son effet, elle s'explique :

– Je vous chambre un peu pour plaisanter car je veux vous faire comprendre que ce n'est pas une « analyse », mais bel et bien quelque chose que je ressens, c'est tout à fait différent. Ce n'est pas mon intellect qui, un beau jour de printemps, a décidé de décortiquer la question de l'utilité de l'art afin d'en ressortir une explication cartésienne.

– D'accord, je saisis la subtilité. Il semble bien que vous maîtrisiez également l'art de l'exactitude !

– C'est en effet une fâcheuse tendance qu'ont tous les artistes qui aspirent à bien faire leur métier.

Pour en revenir à cette histoire de vocabulaire, Anne-Lise reconnaît que le langage courant n'est pas un moyen facile pour exprimer la nature de ce genre de ressenti : il n'y a que les poètes ou les grands du théâtre qui soient capables de maîtriser cet art qui en est véritablement un.

La pensée de l'homme a, selon elle, cette formidable faculté de transformer un concept imaginaire en quelque chose de physique pour le faire partager aux autres. C'est ce qu'elle appelle le pouvoir créateur de la pensée. L'art est finalement la résultante de l'association de l'imagination, de ce pouvoir créateur et de la volonté de créer une œuvre quel qu'en soit son moyen d'expression : musique, peinture, sculpture, architecture, théâtre, poésie…

L'art se caractérise par un fonctionnement « moteur » et

« sensitif » : il y a d'abord le côté « moteur » que l'artiste met en action pour exprimer son art. Il peut le faire par ses mains qui lui permettent de peindre, dessiner, sculpter, modeler, ou jouer d'un instrument de musique. Il peut aussi user de sa voix pour chanter dans un concert, conter ou dialoguer dans une pièce de théâtre. Les mouvements du corps en danse sont également un art à part entière. Puis vient l'aspect « sensitif » de l'homme à l'art qui implique ses cinq sens : l'ouïe permet d'être sensible à la musique et à la voix des artistes ; la vue nous offre la possibilité de contempler la beauté des œuvres picturales, sculpturales et architecturales mais aussi de contempler les expressions corporelles d'un acteur ou d'un danseur. Le toucher nous permet d'apprécier la texture de la matière qui constitue par exemple les œuvres vestimentaires. Le goût et l'odorat se rapportent quant à eux à l'art culinaire et à celui des parfums.

– On pourrait quand même se dire, rajoute-t-elle, que la sensibilité à percevoir la beauté de notre monde serait plus prononcée chez un artiste, quel qu'il soit. Il aurait une sorte de sens plus affûté que la moyenne lui permettant de capter des informations cachées. Un artiste agirait ainsi comme un révélateur d'une force sous-jacente inhérente à la vie et à tout ce qui nous entoure, force qu'il appelle « beauté ». Et il aurait la remarquable faculté mentale de la transcrire sous une forme que nos cinq sens soient en mesure d'apprécier. Tout cela pour dire que l'être humain est finalement une véritable machine à créer et à percevoir. J'estime que c'est un don que la nature nous a fait pour embellir notre vie sur terre. Malheureusement, le contexte social dans lequel nous naissons ne donne pas la même chance à tout le monde de pouvoir développer cette sensibilité artistique que nous avons pourtant tous en nous.

Suite à ses dernières paroles, la pause qu'elle s'accorde donne d'autant plus de poids à l'exposé qu'elle vient de me tenir sur l'art. Je ne me souviens pas avoir entendu un enseignant me tenir un discours semblable, si simple et si limpide. Cela dit, je n'écarte pas non plus l'hypothèse que, le jour où un professeur en aurait effectivement parlé, je n'aie pas été bien attentif à ce moment, ou que j'aie tout simplement séché son cours !

ϕ

– Eh bien, je crois qu'il commence à se faire tard, reprend Anne-Lise en bâillant. J'espère que je ne vous ai pas ennuyé avec mes explications.

– Pas du tout, au contraire : ce que vous avez exprimé correspond de très près à tout ce que j'ai pu percevoir de nouveau ce soir.

– En revanche, je ne suis d'aucune aide réelle pour retrouver votre frère, j'en suis désolée.

– Vous savez, comme je vous l'ai dit au départ, je ne pense pas que ce soit vraiment l'objectif de Maxime. Reste à savoir quelles sont ses réelles motivations.

– Souhaitons que notre conversation vous ait apporté ce qu'il a souhaité, m'encourage-t-elle.

– Oui. En tout cas, je tiens à vous remercier de m'avoir accordé cet entretien hors du commun et encore une fois bravo pour votre prestation de ce soir.

– Merci à vous. Je vous souhaite de tout cœur de retrouver votre frère en priant qu'il ne lui soit rien arrivé de grave.

Nous nous saluons sur le trottoir à la sortie de l'église. Elle s'éloigne rejoindre des amis qui l'attendaient à la terrasse de la brasserie située juste en face.

Avant que le gardien des murs referme les portes, je jette un dernier regard admiratif dans ce lieu fascinant. J'ai l'agréable sensation d'être plus fort, déterminé et confiant dans la poursuite de mon périple, même si je n'en saisis pas encore la finalité. C'est, je crois, ce que l'on appelle la « foi », cette force intérieure capable de vous faire accomplir l'impossible.

N'ayant pas reçu non plus, au même titre qu'Anne-Lise Pinson, d'éducation religieuse, cette réflexion sur la foi ne manque pas de me faire sourire. En posant mon regard une dernière fois sur l'énorme enceinte sacrée de la cathédrale de Saint-Malo, je me dis que l'exploration du continent de la religion ne fait que commencer pour moi. La liste que je ressors de ma veste me rappelle en effet ma prochaine destination : l'abbaye de Saint-Michel-de-Cuxa, située à Prades, dans les Pyrénées-Orientales, où il serait surprenant que l'abbé Orion soit en train de prier pour ma venue prochaine.

10.
3e jour.

Je plie mon campement improvisé planté hier soir au retour de Saint-Malo, dans la forêt de Coëtquen, située en bordure de la voie rapide Saint-Malo - Rennes.

C'est la seconde nuit que je passe dans une forêt. Je commence à y prendre goût. Mais celle-ci me laisse une impression différente de celle d'hier, en Haute-Savoie. Dans la forêt bretonne, c'est l'ambiance druidique assurée : j'ai rêvé toute la nuit de créatures magiques et de vieux prestidigitateurs à longue barbe. Je me souviens aussi de chevaliers fêtant une victoire autour d'une table... rectangulaire.

J'avais le look « Panoramix » et j'organisais un grand méchoui au sanglier avec tous mes amis : druides, elfes, gnomes et trolls avaient tous répondu à mon invitation, sauf un ami Hobbit indisponible, occupé sur le tournage d'une superproduction. Le Ricard coulait à flots et le barde aux platines mettait une ambiance du tonnerre avec ses mixes impeccables. De toute évidence, les belles Brocéliandaises, qui remuaient langoureusement leur corps sur la clairière de danse, n'étaient pas venues autour du feu pour se réchauffer uniquement les mains... On faisait un tel raffut, que l'on a fini par réveiller le dragon rouge de la Forêt de Paimpont, pourtant située à plus de cinquante kilomètres de là. Quand il a débarqué, on a bien essayé de calmer son humeur exécrable en lui proposant de se joindre à nous pour partager une côte de sanglier. Mais la cuisson devait être trop juste pour lui car il a jugé bon d'attiser les braises avec son souffle chaleureux ; pour le coup, le sanglier a fini cuit à point, à tendance carbonisée. Notre méchoui venait de se transformer en fête de la Saint-Jean sous l'éclairage de quinze mètres de flammes.

Je souris en me remémorant la tête de ce dragon mal réveillé qui était venu mettre le feu à notre soirée, et celles de mes amis effrayés, s'enfuyant dans les bois pour échapper au brasier.

Avant de quitter les lieux, je contemple les profondeurs de la forêt ; j'ai l'impression que tous mes amis de cette nuit sont encore là et qu'ils me saluent. Je leur adresse moi-même une pensée d'adieu. Puis je secoue la tête en me faisant remarquer que c'est complètement idiot de dire adieu à des créatures sorties tout droit de mon imagination à tendance trop fertile : il faudra que je pense à freiner la consommation de films fantastiques. Mais bon : s'accorder un apéro imaginaire avec Shrek et Merlin, cela ne peut faire de mal à personne.

Je grimpe dans mon cockpit et me voilà de nouveau reparti sur la route. Cap vers le sud, le soleil et les nanas… et le cassoulet toulousain.

Ce chemin me guide cette fois-ci vers la lumière divine : je dois effectivement me rendre dans une abbaye pour rencontrer un abbé. De coutume, ce genre de pèlerinage se fait à pied, voire sur les genoux. Moi, je le fais au volant d'un monstrueux bolide qui aurait bien envie de tracer à 200 km/h sur la voie du Seigneur. Mais la patience et la sagesse doivent être les vertus du bon pèlerin.

ϕ

Ce matin, je me sens bien. J'ai les idées claires. Comme si ce qui m'était arrivé au cours du concert hier soir m'avait nettoyé, purgé. J'ai l'impression de m'être délesté d'un poids, d'être plus léger et libéré. Mais libéré de quoi ? Je n'en sais rien. Peut-être de la peur que j'avais au ventre de me faire arrêter par la police ? Même si je sais pertinemment que cette éventualité plane toujours au-dessus de ma tête, cela ne me tiraille plus outre mesure ; j'ai accepté d'en relever le défi.

Ce que j'ai vécu hier soir est tout simplement mystérieux et extraordinaire à la fois. C'est peut-être cela que les spirituels appellent une « expérience mystique ». Une expérience qui nous fait entrevoir pendant quelques instants la véritable nature de l'univers et au cours de laquelle on fusionne avec son énergie profonde.

Certains individus racontent avoir vécu ce genre de choses. Mais on accorde généralement peu de crédibilité à leurs propos. Ils passent la plupart du temps pour des excentriques s'imaginant vivre des aventures spirituelles incroyables pour se rendre intéressants. J'avoue en tout cas que c'était mon opinion jusqu'à hier soir. Mais je me rends compte à présent que cette analyse était superficielle. En fait, il est impossible de s'imaginer ce que c'est tant qu'on ne l'a pas vécu en personne. Je ne me reproche pas pour autant de m'être trompé dans mon jugement. Nous sommes tous amenés à vivre des expériences qui nous font évoluer et qui changent nos convictions ou notre perception de la réalité.

D'un autre côté, je suis rassuré : avec mon côté naïf d'enfant, que je reconnais avoir en partie gardé, j'ai toujours eu le sentiment qu'il existait une sorte d'énergie qui nous relie à l'univers. Je n'avais cependant jamais pu véritablement l'approcher et mon mental rationnel n'y croyait pas vraiment. Hier, pour la première fois, grâce à l'effet catalyseur de la musique, j'ai pu toucher cette force consciemment du doigt. Cela ressemblait d'ailleurs davantage à des retrouvailles entre elle et moi qu'à des présentations. C'est comme si je venais de retrouver la chaleur et l'amour de ma véritable maison qui attendait patiemment que je lève moi-même le voile qui nous séparait. Rien que de formuler ces pensées, je sens une forte émotion monter en moi.

J'entends alors la radio qui tournait en fond sonore passer la chanson *Feel*, de Robbie Williams :

« *I just want to feel real love*
In the home that I live in »

Mon anglais, bien que de faible niveau, me permet de traduire ce refrain : « Je veux juste sentir l'amour vrai, dans la maison où je vis ».

Je suis effaré de constater que ces paroles sont en adéquation parfaite avec ce que je viens de comprendre et de sentir. La sensation de décollage et de libération de mon esprit, que j'ai vécue au concert, se renouvelle, mais avec beaucoup plus de facilité que la première fois. Hier, le chant magique d'Anne-Lise Pinson a en quelque sorte permis de faire sauter un verrou intérieur, me donnant désormais la possibilité de m'évader pour explorer des contrées auxquelles je n'avais jusque-là pas accès.

« *'Cause I got too much life*
Running through my veins
Going to waste »
« Car j'ai trop de vie
Qui coule dans mes veines
Qui se perd »

« Feel »… « Sentir »… Ces mots font littéralement vibrer le « Phil » que je suis. Car c'est bien ce dont il s'agit : sentir l'amour profond qui abonde en nous et déborde partout autour de nous, mais que nous gaspillons trop souvent à des choses futiles et superficielles. C'est peut-être cela, la véritable nature de cette force dont je parle.

Je suis complètement bluffé ! Quelle coïncidence de tomber sur une chanson dont les paroles reflètent exactement le cours de mes pensées du moment. Épatant !

Cela me fait penser à un ami qui me soutenait une théorie sur les coïncidences. Ce sont des événements particuliers qui résultent de la simultanéité fortuite de deux ou plusieurs circonstances. Elles surviennent évidemment quand on ne les attend pas. Le degré d'importance d'une coïncidence peut être très différent selon l'effet qu'elle engendre sur l'individu qui la vit. Ce dernier l'interprétera comme de la chance si ses conséquences sont heureuses ou de la malchance si celles-ci s'avèrent plutôt contraignantes ou simplement comme une curiosité si la coïncidence reste sans conséquence particulière.

Cependant, la plupart des gens s'arrêtent à cet effet de chance ou de malchance, sans prendre de recul pour tenter de comprendre la signification réelle de la coïncidence. Selon mon ami, il n'y en a quasiment aucune qui soit le fruit du pur hasard. Les coïncidences surviennent toujours dans un contexte précis de la vie de chacun : en prenant le temps de les analyser, on se rend compte qu'elles sont étroitement liées à nos motivations profondes, conscientes comme inconscientes, nos craintes, nos souhaits. Derrière chaque coïncidence se cache un message qui peut nous aider à prendre des décisions quand nous sommes indécis, ou nous conforter dans nos choix lorsque nous en doutons. Les coïncidences nous poussent souvent à prendre une direction plutôt qu'une autre. Lorsqu'elles sont néfastes, c'est généralement qu'elles interviennent en tant que signal d'alarme pour tenter de nous sortir d'un mauvais chemin. Et tant que l'on ne réagit pas, elles reviennent avec plus d'intensité jusqu'à parfois provoquer des situations désastreuses. Les personnes dont on dit qu'elles n'ont vraiment « pas de bol » dans la vie sont souvent celles qui ne prêtent pas attention aux messages portés par les coïncidences négatives qu'elles subissent et qui, a priori, ne sont pas sur le bon chemin.

Mais alors, comment les coïncidences peuvent-elles « savoir » ce qui est bon ou mauvais pour chacun ? Quelque chose détiendrait-il le mode d'emploi de notre vie et le scénario de son bon déroulement ? Tout se passe comme si le rôle que nous avons à tenir dans notre vie était déjà défini au départ. Lorsque que l'on s'écarte de ce chemin, les tuiles affluent et lorsqu'on est bien ancré dessus, la chance nous sourit. Cela ne semble pas plus compliqué que ça.

Cette vision de la vie rejoint directement les notions de réincarnation et de karma portées par certains courants religieux. Bizarrement, alors que la plupart des Occidentaux ne croient pas en ces choses-là, j'ai toujours eu l'impression que tout ne commence pas à la naissance et que tout ne s'arrête pas à notre mort. Mais de là à adhérer à cent pour cent à la réincarnation, je n'ai jamais eu de position franche là-dessus. Ce domaine reste encore un mystère, bien que celui qui le souhaite peut avoir accès à beaucoup d'informations dans tous les rayons « ésotérisme et paranormal » des librairies et des bibliothèques. Au fait, pourquoi ces sujets ne sont-ils pas considérés plus sérieusement par la science ? Elle pourrait s'y investir officiellement. Je suis persuadé que des expériences ont déjà été menées, mais que les résultats n'ont en tout cas jamais été ouvertement divulgués.

« *I just want to feel…* »

La chanson se termine. Je reste campé sur mon nuage encore plusieurs minutes après la fin de la chanson. Mon regard déambule sur le paysage qui défile au travers de mon pare-brise. Je contemple la nature avec un amour sincère pour la Terre et tout ce qui vit dessus. Je crois que je viens de comprendre la signification profonde du mot « bonheur ».

11.
Cruseilles - Demeure de Pascal Dracor.
8 h 45.

Confortablement installé dans son fauteuil, Pascal Dracor était en train de travailler sur son ordinateur.

Soudain, un bip l'avertit que quelqu'un cherchait à entrer en contact avec lui par messagerie instantanée. Son cœur fit un bond dans sa poitrine lorsqu'il constata que l'interface utilisée était l'une des premières messageries instantanées mise au point, au tout début d'Internet : le protocole IRC[7]. Constamment connecté à un serveur suisse, où conversaient des passionnés de philatélie, Dracor savait qu'une seule personne au monde était en mesure de le contacter par ce biais, en ouvrant une discussion privée avec lui : Maxime Berger. Ce canal de communication, très simple et discret au regard du thème de discussion concerné, était une sorte de canal confidentiel que les deux amis avaient mis en place il y a plusieurs années.

Il se connecta sans plus tarder et vit apparaître le texte suivant :

7 « Internet Relay Chat » : protocole de communication sur Internet conçu en 1988, ancêtre des messageries instantanées comme MSN, Live Messager, Yahoo Messenger, Skype…

```
>BM1618: Bonjour, vieille branche,
>BM1618: As-tu reçu la visite
 de mon frère ?
```

Dracor s'empressa d'attraper son clavier pour répondre instantanément :

```
>DP3141: Oui, il est passé hier matin
>DP3141: puis il est reparti
 pour la Bretagne.
```

En réaction à sa confirmation, Dracor vit s'afficher la réponse de Maxime :

```
>BM1618: :-)
```

Ces caractères représentaient un visage souriant renversé, utilisé pour donner de l'émotion au texte, avant que les petites icônes des messageries modernes fassent leur apparition. Ce message de satisfaction de Maxime fut suivi, quelques secondes après, par ces mots :

```
>BM1618: Dans ce cas, je te dis
 à très bientôt.
```

Alors que Dracor s'apprêtait à le questionner davantage, Maxime quitta brusquement la discussion puis… plus rien. Frustré de ne pas avoir pu en savoir plus, il tapa du poing sur la table en s'écriant :

– Non ! Reviens ! Tu ne peux pas me faire ça ! Tu n'as pas le droit de jouer avec mes nerfs comme ça !

Il se rejeta en arrière dans son siège en se passant la main dans les cheveux, geste traduisant à l'évidence sa profonde inquiétude. Le regard perdu dans le vide, il resta immobile et songeur quelques instants.

C'est alors que la sonnette de son portail d'entrée retentit et le fit sursauter. Il se mit à espérer en se parlant à lui-même :

– Ne me dis tout de même pas que c'est lui !

Il se leva, se rendit dans le hall d'entrée et activa le visiophone. Il vit son espoir s'envoler en découvrant un homme au volant d'un petit camion. Toutes ces émotions lui avaient fait oublier son rendez-vous avec le nouveau jardinier qu'il avait contacté l'avant-veille. Avec un profond soupir de déception, il répondit :

– Oui ?

– Monsieur Dracor ?

– Oui.

– Bonjour. Barnabé Bernardo, paysagiste. Je viens pour notre rendez-vous.

– Je vous ouvre.

– Merci.

Dracor coupa le visiophone en marmonnant :

– C'était trop beau pour être vrai…

Il ouvrit la porte d'entrée et sortit accueillir le jardinier. En repensant à Maxime, il grommela à voix haute :

– Je ne sais pas à quoi il joue, mais j'espère qu'il sait au moins ce qu'il fait…

VI
Enquête à Genève

12.
Genève, Meyrin - Cern.
8 h 56.

Assis dans le hall d'accueil des visiteurs du Cern, l'inspecteur Dubon tapait nerveusement du pied à la manière d'un maître qui incite son chien à revenir plus vite avec le bâton. Sauf qu'au lieu d'attendre un chien, il attendait un docteur en physique atomique avec qui il avait rendez-vous à neuf heures. Cet entretien allait certainement lui fournir des éléments qui ouvriraient à de nouvelles pistes. Dans l'attente d'assouvir sa soif d'information, son cerveau en ébullition ressassa alors les événements récents qui l'avaient conduit jusqu'ici.

ϕ

La veille, en début d'après-midi, Dubon avait identifié Philippe Berger comme étant le propriétaire de cette fameuse Lancia au nom à rallonge et, par conséquent, comme étant l'intrus qui avait visité l'appartement de Maxime Berger. Ensuite, l'agent des renseignements français avait jugé bon de se séparer « très poliment » de ses services, ce qui l'avait poussé à continuer seul l'enquête. Son instinct lui disait en effet que les motivations de cet agent n'étaient pas claires et qu'il fallait par tous les moyens retrouver

Maxime Berger avant lui.

Il avait alors compris qu'il ne lui restait qu'un seul endroit où il lui était encore possible de collecter de l'information sur cette affaire : le Cern. Il s'y était directement rendu en milieu d'après-midi. En charmant un peu l'hôtesse d'accueil pour la faire parler, il avait appris que Maxime Berger était devenu très ami avec un certain Dr Quark, un collègue de son service. Ce n'était malheureusement pas le charme naturel de Dubon qui lui avait permis de soutirer cette information à la demoiselle, mais plutôt celui de son badge de policier. Dubon avait d'ailleurs toujours été jaloux du pouvoir d'éloquence de ce simple petit bout de papier, pourtant muet et enfermé dans un portefeuille en cuir.

Suite à cela, l'inspecteur avait demandé à rencontrer ce Dr Quark en urgence, mais celui-ci était à ce moment-là absent. L'hôtesse l'avait contacté sur son portable et lui avait passé Dubon afin que ce dernier puisse lui faire part de ses motivations. Le chercheur avait tout d'abord été très méfiant à l'égard du policier qui souhaitait l'interroger au sujet de son ami. Pour lui, aider l'inspecteur dans son enquête signifiait trahir Maxime en participant à son arrestation.

Dubon se souvenait très bien de la conversation :

« Maxime n'a rien fait de mal, je le sais », avait protesté le Dr Quark. « Si c'est pour vous aider à arrêter un innocent, je n'ai aucun intérêt à répondre à vos questions. »

« Je ne l'arrêterai que s'il m'oblige à le faire », lui avait répondu l'inspecteur. « Dans l'état actuel des choses, j'ignore totalement s'il est innocent ou coupable d'une quelconque faute car je n'ai aucun élément pour le savoir. C'est justement ce que je cherche à éclaircir. S'il est effectivement coupable de quoi que soit envers la justice, il est tout simplement de mon devoir de l'arrêter afin qu'il soit jugé. »

Pour l'obliger à accepter un rendez-vous, Dubon avait en premier lieu tenté la manière forte en rajoutant :

« Et votre refus de collaboration avec la police pourrait très vite se retourner contre vous comme un motif de complicité. »

« Je connais mes droits et vous ne m'impressionnerez pas avec votre numéro d'intimidation », avait objecté le scientifique. « Je n'ai rien à vous dire de plus. Au revoir, inspecteur… »

Constatant que le Dr Quark ne s'était pas si facilement laissé faire, Dubon avait rapidement changé de fusil d'épaule en adoptant une stratégie d'approche différente :

« En revanche, si vous êtes certain que Maxime Berger est innocent, alors il est dans son intérêt que vous me racontiez tout ce que vous savez pour l'aider à le retrouver rapidement. »

« Si Maxime a choisi de partir, c'est qu'il avait ses raisons et je les respecterai quoi qu'il advienne », avait-il rétorqué. « Alors pourquoi vous aiderais-je ? »

« Parce qu'il court un grand danger. Il ne pourra pas rester très longtemps caché. Les services spéciaux parviendront rapidement à lui mettre la main dessus. Connaissant leurs méthodes, je crois même qu'ils ne prendront pas le temps de lui poser une seule question. »

« Mais ! Et la justice là-dedans ? » avait-il commencé à douter. « Il a bien le droit de se défendre, non ? »

« Ces gens-là font leur propre justice, ils ont tous les droits et croyez-moi, quand ils ont quelqu'un dans le collimateur, ils ne font pas dans les sentiments. Si vous voulez vous donner des chances de revoir votre ami vivant, je vous conseille de m'accorder un entretien au plus tôt. »

Dubon avait rattrapé le coup de justesse, mais la partie n'était pas pour autant gagnée car le scientifique était revenu à la charge avec son scepticisme :

« Qui me dit que ce n'est pas un coup monté et que vous

ne faites pas vous-même partie de ces gens qui lui veulent du mal ? »

« Écoutez, je ne vais pas me fatiguer pendant trois heures à essayer de vous convaincre. Je pourrais user du fabuleux pouvoir que m'octroie ma fonction en vous forçant à passer un interrogatoire directement au poste de police. Mais pour vous prouver ma bonne foi, je ne rentrerai pas dans ce jeu-là. Même si vous refusez, je chercherai une autre personne au Cern avec qui m'entretenir, voilà tout. Mais sachez que je pense comme vous que Maxime Berger est en train de subir une regrettable injustice. Dans ma vie, j'ai toujours essayé d'être juste avec les autres et de cette valeur j'en ai fait mon métier pour défendre les innocents comme votre ami. La justice : voilà ce qui a motivé ma décision de continuer l'enquête à mon compte, au risque d'en perdre ma place. »

Le blanc de quelques secondes qui avait suivi signifiait que Dubon avait cette fois-ci touché le point sensible. Dans sa lancée, il avait rajouté :

« Je me suis toujours fié à mon intuition pour faire ce métier ; elle m'a toujours aidé même dans les moments les plus difficiles. Et j'ai aujourd'hui l'intuition qu'il faut tout faire pour rapidement retrouver Maxime Berger car sa vie en dépend. Même si vous ignorez où il se cache, vous pouvez au moins m'être d'une aide précieuse pour tenter de comprendre ce qui s'est vraiment passé. Cela augmenterait nos chances de le retrouver avant qu'il ne soit trop tard. »

Dubon avait laissé le temps à son interlocuteur de bien assimiler ses propos avant d'abattre dans la foulée sa dernière carte :

« Et vous, Dr Quark, quelle est votre intuition profonde ? Derrière la peur d'être victime d'un coup monté de ma part, que pensez-vous vraiment qu'il soit le mieux de faire pour aider votre ami ? »

Ça passait ou ça cassait. Dubon ne pouvait rien faire de

mieux. Après quelques instants de silence, le Dr Quark avait coupé court à leur conversation téléphonique en achevant par ces propos :

« Rendez-vous demain matin à neuf heures au Cern : je viendrai moi-même vous chercher dans le hall d'accueil des visiteurs. »

ϕ

Dubon sortit du souvenir de cette conversation pour revenir au temps présent. À travers la porte en verre qui séparait l'accueil de la zone réservée au personnel du Cern, il vit approcher un jeune chercheur à l'allure décontractée : petites lunettes rondes, cheveux noirs mi-longs frisés et mal peignés, chemise couleur caca d'oie d'un goût douteux, blue-jean usé et effiloché au niveau des talons à force de traîner par terre, chaussures bateau en bout de course. Cet homme n'était à l'évidence pas du genre à convoiter la première place des concours de mode. Il utilisa le badge qui pendait à son cou par une ficelle pour ouvrir la porte. Après avoir fait un signe à l'hôtesse qui lui adressa en retour un chaleureux sourire, il s'approcha de Dubon et lui tendit la main :

– Inspecteur Dubon, je présume ?

– Tout à fait, confirma-t-il en lui présentant son badge. Merci d'avoir accepté ce rendez-vous dans l'urgence, Dr Quark.

– C'est la moindre des choses que je puisse faire pour un ami.

Son ton chargé d'émotion traduisait à l'évidence sa peine de savoir Maxime Berger en difficulté.

Leur marche interminable dans le dédale de couloirs du Cern fut entrecoupée par de nombreux passages de sécurité ; Dubon comprit alors pourquoi le jeune scientifique portait son passe en bandoulière autour du cou car il en avait besoin à chaque fois.

Au cours de cette petite promenade matinale, l'inspecteur tenta d'entamer la conversation. Il n'insista pas davantage quand le Dr Quark lui fit signe de garder le silence pour l'instant. Celui-ci voulait de toute évidence rester discret sur leur rendez-vous et sur l'affaire « Maxime Berger ». Enfin arrivés à destination, ils entrèrent dans le bureau du physicien qui prit soin de bien refermer la porte derrière eux.

Au premier coup d'œil, Dubon se demanda s'il était dans un bureau ou en plein souk à Casablanca : des piles de dossiers étaient coincées entre des appareils à l'allure barbare tous plus sophistiqués les uns que les autres, une combinaison antiradiations pendait au portemanteau avec son cigle nucléaire peu rassurant imprimé dans le dos, une grosse bécane informatique trônait sur le bureau, soufflant par son ventilateur de refroidissement comme une bête en plein effort… Voilà donc à quoi ressemblait l'antre d'un scientifique au Cern. En tout cas, vu l'encombrement de cette pièce, il ne risquait pas d'y avoir d'écho. La seule gaieté que l'on pouvait y trouver, c'était un peu de lumière naturelle qui filtrait au travers d'une petite fenêtre.

Le Dr Quark fouilla derrière une pile de cartons afin d'en dégager une chaise pliante qu'il installa devant son bureau pour l'inspecteur.

– Désolé de vous avoir sèchement demandé de garder le silence dans le couloir, commença-t-il par dire, mais je tiens à rester le plus discret possible sur votre venue ici.

– Je l'avais bien compris, le rassura l'inspecteur. Mais dites-moi, l'affaire « Berger » est-elle à ce point taboue en ces murs pour justifier de telles précautions ?

– Vous ne croyez pas si bien dire. Vous n'imaginez même pas l'ambiance qui règne dans les couloirs depuis cet événement : tout le monde s'évite du regard et surveille la moindre de ses paroles, craignant subir le même sort que

Maxime, sans pourtant rien avoir à se reprocher. C'est n'importe quoi !

– À ce point ? s'étonna Dubon.

– Je n'ai jamais vécu une histoire pareille ! confirma le physicien. Ce type bizarre qui est venu a fait flipper tout le monde dans le service !

– Un type bizarre, dites-vous ?

Dubon commençait à se douter de qui il pouvait bien s'agir.

– Oui, on aurait dit une sorte d'agent spécial détaché de je ne sais quel service d'ordre du gouvernement. En tout cas, il n'avait pas l'air d'un inspecteur normal, il n'a d'ailleurs présenté aucun badge pour justifier son identité. Les règles de bonne conduite étaient à l'évidence le cadet de ses soucis. Ses seuls mots d'ordre étaient l'antipathie et le mépris.

Cette description détaillée confirma les soupçons de Dubon : il s'agissait à coup sûr de son bon vieux copain de la DST.

– Si vous me racontiez tout depuis le début… proposa l'inspecteur pour ne pas perdre de temps.

ϕ

Le Dr Quark expliqua que les événements ne remontaient qu'à seulement trois jours. Maxime était arrivé le matin à son travail comme d'habitude à 8 heures. Vers 10 h 30, il partit comme prévu à l'aéroport pour prendre son avion à destination de Berlin, qui décollait à 11 h 15. Il se rendait dans la capitale allemande pour participer à un colloque scientifique. Son retour était prévu le soir même.

Vers 11 h 45, alors que tout le monde le croyait dans les airs, il revint au Cern. Son vol avait été annulé pour des raisons techniques et il avait rapidement signalé au Dr Quark qu'il attraperait finalement celui de 13 h 10.

Le Dr Quark avoua alors ne pas connaître précisément la suite des événements. Il supposait que l'agent spécial devait être déjà là avant le retour inattendu de Maxime, qui l'aurait alors surpris en train de fouiller son bureau. Cela pourrait expliquer la fuite du scientifique.

– Maxime Berger aurait réussi à filer entre les doigts d'un agent secret superentraîné et à sortir du Cern sans se faire repérer ? s'étonna Dubon.

– Aussi incroyable que cela puisse paraître, il semblerait bien que ce soit le cas puisqu'il n'a pas été retrouvé, malgré un balayage complet du Cern par les agents de sécurité. Personne ne sait comment il est sorti. Il n'est évidemment pas reparti avec sa voiture car celle-ci a été immédiatement repérée sur le parking intérieur du Centre. Même s'il avait voulu s'enfuir avec, l'un des postes de garde lui aurait bloqué le passage. Tous les agents de sécurité sont encore en alerte : ils ont reçu l'ordre d'intercepter Maxime s'il venait à réapparaître dans l'enceinte du Cern. Pour compléter le décor, il ne manquerait plus qu'une affiche placardée partout sur les murs avec marqué « WANTED » sous sa photo.

– Cette famille Berger est décidément pleine de ressources, marmonna l'inspecteur en se passant la main sur la bouche dans sa réflexion.

– Que dites-vous ? demanda le Dr Quark.

Conscient qu'il avait réfléchi à haute voix, Dubon se rattrapa comme il put pour ne pas être obligé d'en dévoiler davantage :

– Non rien, cela n'a pas d'importance, je réfléchissais tout haut. Auriez-vous la moindre idée de ce qui aurait pu attirer l'attention du gouvernement sur Maxime Berger ? enchaîna-t-il rapidement afin de détourner l'attention.

– Sur le moment, je n'en avais pas la moindre. Maxime est quelqu'un de droit et d'honnête, tout sauf un hors-la-loi. Mais après avoir ressassé cela dans ma tête toute la nuit qui suivit, je suis arrivé à la conclusion que ce devait être lié à son projet personnel.

– Son projet personnel ?

Le physicien expliqua que certains chercheurs avaient le privilège de travailler sur des projets qu'ils choisissaient eux-mêmes. Fonctionner seul et en autonomie complète sur un sujet qui passionnait un chercheur était un bon moyen de motivation qui aboutissait presque toujours à des découvertes très intéressantes. Le concerné n'avait évidemment le droit de s'y consacrer qu'en dehors de ses horaires de travail pour lesquels il était rémunéré. En échange du libre accès aux équipements de pointe du Cern, il s'engageait à faire état de ses travaux, achevés ou non, dans un délai maximum de deux ans, sans quoi il pouvait être licencié purement et simplement.

– Et depuis combien de temps Maxime Berger était-il sur son projet ? demanda l'inspecteur.

– Un an et dix mois.

– Il lui en reste deux ; il y a trois jours, au moment des événements, sa situation était donc parfaitement en règle. Alors pourquoi associez-vous ce qui s'est passé avec son projet personnel ?

– Car il se pourrait bien que quelqu'un n'ait justement pas eu la patience d'attendre la fin du délai de deux années pour connaître l'objet des recherches de Maxime. Je dirais même quelqu'un qui aurait reçu l'ordre d'y mettre le nez et de l'espionner.

– Un ordre émanant du gouvernement… devina Dubon derrière les propos du chercheur.

– Par exemple, confirma le scientifique.

– Votre raisonnement tient la route : il est vrai que les services des renseignements ne supportent pas ne pas savoir tout sur tout, c'est normal, c'est leur métier.

Dubon apprit ensuite que ce n'était pas la première fois que les uns ou les autres se sentaient observés ou surveillés dans leur travail. Le Dr Quark ne faisait évidemment pas allusion aux caméras de vidéosurveillance mais bel et bien à une personne. Selon lui, parmi les douze collègues membres de son service, l'un d'eux jouait à coup sûr un double jeu. Cette personne devait certainement être chargée de rendre compte des recherches en cours au CEern directement à des instances gouvernementales.

– Cette façon de procéder ne m'étonnerait même pas de la part de la DST. Soupçonnez-vous quelqu'un en particulier ?

– Hélas, non ! J'ai essayé d'observer le comportement de mes collègues ces derniers jours, mais je n'ai encore rien trouvé qui puisse me révéler l'identité de cet indic. Il cache bien son jeu en adoptant le même comportement de crainte et de méfiance que les autres pour se fondre dans la masse.

– Les taupes choisies par un service des renseignements ne sont généralement pas aveugles, approuva Dubon. Elles savent très bien se fondre dans leur environnement.

– Vous comprenez maintenant pourquoi c'est la psychose depuis trois jours : à mon avis, je ne suis pas le seul à avoir analysé la situation ainsi.

– Je comprends. Et que pourrait avoir découvert Maxime Berger de si révolutionnaire pour que le service des renseignements d'un pays envoie un de ses agents fouiller dans son bureau en son absence ? Car il devait vouloir mettre la main sur des données ou des rapports d'expériences.

– Là encore, je ne peux vous répondre.

Ce dont le physicien était en revanche certain, c'est que l'agent n'avait rien trouvé dans le bureau de Maxime car ce dernier avait toujours été très prudent : il ne se séparait jamais de son ordinateur portable dans lequel il stockait toutes ses données et ses rédactions. Il ne laissait rien au bureau. Même lorsque le Dr Quark et ses collègues s'amusaient à le sonder pour tenter d'assouvir leur curiosité, il ne lâchait jamais une seule information. Il leur répondait à chaque fois qu'il ne parlerait ouvertement de ses travaux seulement une fois qu'ils seraient achevés, pas avant. Tout le monde dans le service aimait de temps à autre le chambrer et le cuisiner pour qu'il crache le morceau, mais au fond, chacun respectait sa volonté de discrétion.

– Pensez-vous qu'il soit parvenu au bout de ses recherches ? questionna de nouveau l'inspecteur.

– À vue de nez, je dirais que oui. Maxime est cependant quelqu'un de très secret, qui n'est pas du genre à jouer du tambour sur la place publique pour attirer l'attention. Il m'est difficile, au travers de son comportement, de savoir s'il est effectivement arrivé au terme de ses recherches. Ce que je peux simplement vous dire, c'est que depuis deux ans, il semble avoir changé.

– Dans quelle mesure ? s'étonna Dubon.

– C'est étrange et plutôt difficile à expliquer. Au départ, quand je l'ai connu il y a cinq ans, c'était une personne timide, renfermée, toujours stressée et pas toujours aimable. Il ne donnait pas vraiment envie de s'en faire un copain avec qui aller descendre une pinte de Guinness au pub irlandais. En revanche, dès qu'il s'est plongé dans son projet, j'ai vu son comportement évoluer : il est devenu plus calme, détendu, attentif, et souriant. Il s'autorisait même parfois un peu d'humour !

– C'est sans doute l'arrivée d'une femme dans sa vie qui a provoqué cette mutation : leur pouvoir de transformer un homme est bien plus puissant qu'on le croit !

– C'est bien vrai, mais il ne s'agit pas de cela.

Le physicien fit une pause pour aller chercher dans sa mémoire un détail plus subtil :

– Je dirais même que son regard a changé. Comme s'il était plus profond et plus sage…

– Avec l'âge, tous les hommes se bonifient et gagnent en sagesse, philosopha une nouvelle fois Dubon.

– Certes… mais pas aussi vite. L'évolution a quand

même été frappante.

Il précisa que Maxime s'était d'un coup mis à voyager partout dans le monde, alors qu'il n'était jamais sorti de son trou pendant ses congés. Cordillère des Andes, Amérique centrale, Inde, Tibet, Brésil et bien d'autres destinations encore. Tous ses collègues étaient impressionnés à chaque retour de ses vacances : l'air humble et détaché qu'il prenait pour leur raconter ses périples était encore plus déconcertant.

ϕ

L'inspecteur consulta son calepin où il avait préparé le guide de son entretien :

– Avez-vous une idée de l'endroit où il pourrait se trouver actuellement ?

– Absolument pas. Et ce n'est pas de la mauvaise foi, précisa-t-il en référence à leur contact téléphonique de la veille, où il avait d'abord refusé de parler à l'inspecteur.

Dubon tenta de stimuler sa mémoire en testant ses propres informations :

– J'ai cru comprendre qu'il aurait acheté un bien immobilier il y a environ deux ans : en auriez-vous entendu parler ?

– Ah oui! c'est vrai, je ne m'en souvenais plus! Il faut dire que ça remonte à un bon moment. Le voyant à plusieurs reprises venir au boulot avec des ampoules et des pansements partout sur les mains, je l'avais questionné. Mais là encore, il était resté mystérieux ; il m'avait vaguement répondu qu'il était en train de retaper un vieux truc quelque part dans la montagne entre Genève et Lausanne, me semble-t-il.

– Voilà qui est intéressant…

Même si cette information restait assez imprécise, elle était tout de même utile pour orienter la suite de l'enquête de Dubon, qui sentait enfin la confiance revenir. Il ne lui restait plus qu'une dernière chose à demander :

– Pourrais-je jeter un coup d'œil à son bureau ?

– Je crains que ce soit impossible car il est fermé et nos passes ne permettent pas d'accéder au bureau des autres. De toute façon, vous n'y auriez rien trouvé de particulier.

Le chercheur précisa qu'une fois que l'agent des renseignements avait compris que Maxime lui avait échappé et qu'il ne trouverait aucune information sur son lieu de travail, en plus d'être désagréable, il était devenu comme fou : il s'était empressé de vider entièrement son bureau et était même allé jusqu'à saisir tout le matériel de son laboratoire. En moins d'une heure, tout avait été nettoyé et le nom de Maxime Berger avait disparu de tous les fichiers de la base informatique du Cern, comme s'il n'y avait jamais travaillé.

– C'est effectivement leur façon de procéder lorsqu'ils s'en prennent à quelqu'un, confirma l'inspecteur qui connaissait la méthode de ces agents spéciaux.

– Comment peut-on se permettre de faire cela à un scientifique à qui l'on ne peut reprocher que d'être compétent et ingénieux dans son travail ! C'est répugnant et inhumain.

La colère sous-jacente à ces propos traduisait le sentiment d'injustice et de révolte qu'éprouvait le Dr Quark à l'égard de ce qu'avait subi son ami. L'inspecteur ne releva pas cette remarque, mais quelque part, il partageait le même sentiment.

Malgré les propos du physicien, l'intuition de Dubon le poussa à insister pour inspecter ce bureau. Il accorda quelques secondes à son interlocuteur pour se calmer et proposa :

– Et si vous appeliez le centre de sécurité pour qu'il vous ouvre ? Je me permets d'insister car il est capital que je puisse quand même y jeter un œil.

– Avec les consignes strictes qui ont été passées à ce sujet, je ne vois pas comment je pourrais les convaincre.

– Essayez toujours, je vous assure, c'est important.

Dans sa réflexion, le Dr Quark prit du recul en s'enfonçant dans le dossier de son fauteuil. Son regard parcourut rapidement de long en large son propre bureau, puis il décrocha soudainement le téléphone en murmurant à Dubon :

– J'ai peut-être une idée…

Un homme à la voix grave répondit au chercheur qui avait entre-temps branché le haut-parleur pour que l'inspecteur entende :

– Poste de sécurité, j'écoute ?

– Bonjour, ici le Dr Quark.

– Bonjour.

– Je vous appelle car j'ai besoin d'un peu de place pour stocker des cartons qui viennent de m'arriver. Est-ce que je pourrais les entreposer dans le bureau du Dr Berger, qui est juste à côté du mien, le temps que je les déballe ?

– Ah, désolé, mais on m'a interdit d'ouvrir ce bureau à qui que ce soit! Vous connaissez bien les ordres que tous les agents de sécurité ont reçus.

– Oui, je sais. Mais franchement, là, je suis vraiment coincé, c'est le cas de le dire : on ne peut plus mettre un pied devant l'autre dans mon bureau. Et je vous rappelle que ce n'est pas la première fois que je demande un local supplémentaire.

– Je suis au courant, oui. Mais là, je ne peux rien faire pour vous, désolé.

Malgré ces propos, le Dr Quark, étonnamment sûr de lui, fit un clin d'œil à Dubon avant de reprendre d'un air naturel et déçu :

– Bon, tant pis, dans ce cas, je vais être obligé d'empiler cette dizaine de cartons dans le couloir. Merci quand même, au rev…

– Quoi ?! Attendez, vous ne pouvez pas laisser ça dans

le couloir ! Vous connaissez bien les règles de sécurité que nous avons là-dessus ! Rien ne doit gêner le passage en cas d'incendie pour évacuer !

– Je sais, mais ce ne sera que pour deux ou trois semaines, pas plus… en rajouta le scientifique.

– Deux ou trois semaines ?! s'égosilla l'agent de la sécurité.

– Eh bien oui, à moins que vous veniez m'aider à trier cent cinquante dossiers de vieux documents… Dans ce cas, cela pourrait être fait en huit jours.

– Mais bien sûr… Bon, d'accord : écoutez, je vous autorise un accès provisoire à condition que vous vous débrouilliez pour me débarrasser ça sous huit jours.

– Je ferai de mon mieux, promis, acquiesça-t-il en adressant un sourire vainqueur à Dubon.

– Laissez-moi une minute, le temps de reconfigurer le programme de verrouillage. Et que cela reste entre nous : si le boss l'apprenait, je risquerais de passer un sale quart d'heure !

– Ne vous en souciez pas, le rassura le scientifique, vous pouvez compter sur moi.

Ils raccrochèrent. Le Dr Quark tourna les mains vers le ciel en haussant les épaules :

– Vous aviez raison, inspecteur, il n'y avait qu'à demander ! s'exclama-t-il tout fier de lui.

– Bien joué, le félicita Dubon d'un signe de tête, merci beaucoup pour votre aide.

ϕ

Une fois devant la porte du bureau de Maxime Berger, le Dr Quark s'assura une dernière fois que personne ne passait dans le couloir pour être sûr de rentrer sans être vu. Il glissa son badge dans le lecteur de contrôle et, comme prévu, la porte s'ouvrit. Il prit soin de bien la refermer derrière Dubon avant de reprendre la parole :

– On y est. Comme je vous l'ai dit, tout est vide.

Effectivement, les étagères étaient vides ainsi que les armoires, les tiroirs et le bureau. Le chercheur désigna une autre porte :

– Et voici le laboratoire privé de Maxime où il menait ses expériences. Je n'y suis jamais entré auparavant.

La pièce était bien plus vaste que le bureau mais tout aussi vide, hormis un local métallique noir, entièrement hermétique, qui trônait en son centre.

– Qu'est-ce donc ? demanda Dubon.

– Je n'ai jamais rien vu de tel ! On dirait une cage de Faraday ou quelque chose dans le genre : on s'en sert pour mener des expériences qui nécessitent de s'isoler des ondes électromagnétiques parasites. Mais ces cages n'ont pas vraiment cette allure. Il est évident que c'est Maxime lui-même qui l'a construite. Impressionnant ! s'exclama-t-il devant l'ouvrage imposant.

On aurait dit un gros photomaton de cinq mètres de long, sur trois de large et deux de haut. Une petite porte excentrée ouvrait sur un petit local d'un mètre sur deux. En son centre était placé un unique fauteuil carré sans dossier ni accoudoirs. En s'y asseyant, on se plaçait juste en face d'une épaisse vitre en Plexiglas qui donnait sur un second local. Celui-ci comportait en son centre une sorte de réacteur entouré de plusieurs appareils sophistiqués. Des câbles électriques de tous diamètres pendaient ici et là, montrant à l'évidence qu'une partie du matériel avait été arrachée sans ménagement.

– Surprenant… murmura le Dr Quark en prenant place sur le gros pouf en cuir pour regarder par-delà la vitre. Vraiment surprenant…

On pouvait accéder à l'intérieur de l'enceinte par une autre porte située à l'opposé de la première.

– Tout le matériel lourd est encore en place, mais tout le

reste a été déménagé, constata le physicien en y pénétrant. Je me demande bien ce que Maxime pouvait bricoler dans ce sous-marin…

Dubon inspectait les lieux sans rien dire, en écoutant les remarques du docteur. Ne trouvant aucun indice particulier, il lui demanda :

– Vous disiez tout à l'heure que son nom avait été effacé des fichiers du Cern. Pensez-vous qu'il serait quand même encore possible d'avoir accès au fichier de sauvegarde de sa messagerie électronique ?

– Je crains que quelqu'un d'autre ait eu cette idée avant vous, soupira-t-il. En discutant hier avec l'un de nos informaticiens, j'ai appris que l'agent spécial avait exigé qu'on lui fournisse une copie des fichiers de sauvegarde de la messagerie et du compte serveur de Maxime. Tous ces éléments ont été ensuite effacés définitivement pour ne laisser aucune trace.

– Il n'a rien négligé, reconnu l'inspecteur à moitié surpris de voir cette piste tomber à l'eau. Quelqu'un à la DST doit être actuellement en train d'éplucher tous les mails que Maxime Berger a reçus et envoyés depuis plusieurs années.

– Sans doute.

ϕ

Dubon tenta alors de reconstituer mentalement les événements qui s'étaient passés dans ce bureau pour essayer d'expliquer l'extraordinaire fuite de Maxime Berger. Son attention se porta d'instinct sur le lecteur de carte du système d'ouverture et de verrouillage de la porte du laboratoire :

– Cette porte blindée en métal est contrôlée par un boîtier d'accès sur sa droite, fit remarquer l'inspecteur. Il semble différent de celui qui commande l'ouverture de la porte du bureau.

– Oui, lui confirma le physicien. Cette console spéciale contrôle un système de verrouillage renforcé à vérins hydrauliques. C'est une sécurité indispensable au cas où une expérience tournerait mal à l'intérieur du laboratoire.

– Comment cette console fonctionne-t-elle ?

Il lui expliqua qu'en y insérant le passe, on pouvait soit enclencher le verrouillage en appuyant sur le bouton rouge, soit le désenclencher pour ouvrir la porte en pressant le bouton vert. Dubon se plaça alors à l'intérieur du laboratoire et referma la porte derrière lui :

– Si je ferme la porte derrière moi… je peux en toute logique la rouvrir de l'intérieur sans problème, dit-il en même temps qu'il faisait la manipulation. Maintenant, si j'y retourne et que cette fois vous la verrouillez avec votre passe… allez-y.

Une fois la porte fermée derrière Dubon, le Dr Quark appuya sur la touche rouge du boîtier de contrôle. Le bruit mécanique des vérins hydrauliques se fit entendre. L'inspecteur actionna alors la poignée, mais, cette fois, il ne put ressortir. Le chercheur entendit la voix étouffée de Dubon qui avait pourtant élevé le ton pour se faire entendre au travers de l'épaisse porte en fer :

– Là, je ne peux plus sortir ! s'exclamait-il en regardant le physicien au travers du petit carreau de la porte.

Ce dernier appuya sur le bouton vert pour le libérer. L'inspecteur continua son raisonnement :

– Merci. Vous me disiez tout à l'heure que, selon vous, à son retour inattendu de l'aéroport, Maxime Berger aurait surpris l'agent en train de fouiller son bureau… ou son laboratoire.

– Oui, en effet, c'est l'hypothèse qui me semble la plus probable.

– À moi aussi. Eh bien, nous venons tout simplement de montrer comment Maxime Berger s'en est tiré.

– Ah bon ?

– Scénario simple et logique : Maxime Berger arrive devant la porte de son bureau, l'ouvre comme à son habitude avec son passe et entre. Il constate alors que la porte de son labo est entrouverte et entend du bruit à l'intérieur. Au travers du petit carreau de la porte qui y accède, il aperçoit de loin quelqu'un en train de fouiller.

En même temps qu'il reconstituait l'action, Dubon mimait le déplacement de Maxime qu'il imaginait en train de se diriger vers la porte du laboratoire :

– Maxime Berger s'approche alors discrètement pour identifier l'intrus au travers du petit carreau : il constate que ce n'est pas un collègue ni une personne du Cern, mais quelqu'un de malveillant qui ressemble plutôt à un espion. Reculant par précaution pour ne pas être vu, il se décale sur le côté, et son regard tombe sur le boîtier de contrôle de la porte. Il se rend compte que l'intrus y a par chance laissé son passe. Son sang ne fait qu'un tour : il ferme la porte, appuie sur le bouton rouge et retire le passe. Remarquant du coup la présence de Maxime Berger, l'agent se jette sur la poignée pour tenter de sortir, mais il se rend compte qu'il est pris au piège dans le laboratoire. Impossible de la défoncer, elle est bien trop solide, même une arme à feu ne pourrait en venir à bout. Je parierais même qu'ils se sont défiés du regard une seconde au travers du petit carreau.

Se mettant à présent dans la peau de l'espion, Dubon se plaça dans le laboratoire en faisant mine de mettre un téléphone portable à l'oreille :

– L'agent ne perd pas une seconde : il sort son portable pour appeler quelqu'un qui puisse le libérer en urgence et il donne l'ordre d'intercepter Maxime Berger. Ce dernier, comprenant immédiatement ses intentions, s'enfuit du bureau sans plus attendre : il sait qu'il n'a que quelques minutes pour réagir.

L'inspecteur fit enfin une pause pour soumettre sa version des faits à l'analyse du Dr Quark. Celui-ci était fasciné par la belle démonstration de perspicacité du policier :

– Remarquable interprétation ! le félicita-t-il. Votre projection est tout à fait cohérente et réaliste.

– Reste à savoir comment il est sorti du Cern… s'il en est vraiment sorti, renchérit Dubon qui, à présent, s'attendait à tout venant d'un Berger en cavale.

ϕ

Il n'existait pas d'autre issue que la porte du bureau car la petite ouverture basculante située en haut de la fenêtre ne permettait pas le passage d'un homme. Au moment où l'inspecteur allait reprendre sa réflexion à voix haute, il remarqua une ombre bouger au niveau du bas de la porte du bureau. Le contre-jour venait de lui révéler la présence d'une personne qui était placée juste derrière, dans le couloir. Il fit un geste pour attirer l'attention du Dr Quark et lui faire part de sa découverte.

– Je ne sais pas depuis combien de temps cette personne nous écoute, chuchota-t-il aux oreilles du chercheur, mais faisons comme si de rien n'était en sortant : elle ne se doutera pas que nous avons remarqué sa présence. Sa réaction sera intéressante à analyser.

Les ombres disparurent dans la foulée : leur visiteur avait dû se douter de leur intention de sortir. Sans perdre une seconde, Dubon ouvrit la porte en faisant semblant de continuer normalement sa conversation avec le Dr Quark :

– De toute façon, il n'a pu sortir que par là, il n'y a pas d'autres…

Au moment où il entendit les pas d'un homme qui arrivait à leur rencontre, Dubon tourna la tête et feignit un léger sursaut de surprise. L'autre employa d'ailleurs la même stratégie pour leur faire croire qu'il passait là par hasard et ce fut lui qui s'exprima le premier :

– Tiens ! Oh, vous m'avez fait peur, je ne m'attendais pas à voir quelqu'un sortir de ce bureau !

« Mais bien sûr… » répondit intérieurement Dubon qui l'avait vu venir avec ses gros sabots.

Cela dit, s'il n'avait pas vu son ombre sous la porte dix secondes plus tôt, il se serait fait méprendre par sa feinte. Un coup d'œil furtif dans le couloir confirma bien à Dubon qu'il n'y avait personne d'autre à 20 mètres à la ronde. Le Dr Quark et lui avaient l'avantage car ils savaient que l'autre cachait son jeu alors que l'inverse n'était pas vrai.

– Ah! désolé de vous avoir surpris! rétorqua l'inspecteur d'un ton poli.

Afin de ne pas laisser Dubon dans l'embarras plus longtemps, le Dr Quark passa devant lui pour reprendre immédiatement la suite de la conversation :

– Docteur Becket ! Comment allez-vous ? lui demanda-t-il en lui serrant la main. Je vous présente l'inspecteur Dubon de la police de Genève. Il vient mener un complément d'enquête pour tenter de retrouver Maxime Berger qui reste encore introuvable après trois jours. Il a souhaité me rencontrer pour m'interroger.

– Ah bon! très bien, enchanté, baragouina-t-il en tendant la main à Dubon.

« Tu ne t'attendais pas à celle-là, mon vieux », pensa l'inspecteur en lui serrant la main. « Cette fois, ta surprise est bien réelle. »

Le Dr Becket rebondit immédiatement :

– Je suis heureux de constater que la police met tout en œuvre pour le retrouver. Ici, personne ne sait ce qui lui est arrivé et nous sommes tous inquiets pour lui.

– C'est pour cette raison que j'ai accepté d'aider l'inspecteur, ajouta le Dr Quark, car j'ai le sentiment que Maxime est en train de subir un grave malentendu ou une regrettable injustice.

– C'est effectivement le sentiment que nous avons tous, compatit le Dr Becket.

Ce type sentait le double jeu à plein nez, Dubon en était

certain. Ses réflexions sonnaient aussi faux qu'un piano mal accordé.

Pendant que les deux scientifiques échangeaient leurs impressions sur la disparition de leur collègue, Dubon prit quelques secondes pour mettre mentalement les choses à plat : dans l'absolu, il ne pouvait rejeter l'hypothèse que le Dr Becket soit accidentellement passé devant la porte et, entendant des voix, sa curiosité l'aurait poussé à écouter. Il aurait simulé sa surprise afin d'éviter de se mettre en porte-à-faux. Cette version était envisageable. Mais, une fois de plus, l'intuition de l'inspecteur lui soufflait qu'il était louche et que sa présence ici, à ce moment précis, n'était pas du tout le fruit du hasard. En partant de ce postulat, la question suivante se posait alors : comment le Dr Becket avait-il pu être informé de leur intrusion dans le bureau de Maxime Berger ?

En réfléchissant, Dubon gardait malgré tout une oreille tendue sur la conversation des deux physiciens :

– Comment as-tu pu obtenir l'autorisation d'accès à son bureau ? Je croyais qu'il était interdit à quiconque d'y rentrer.

« Les questions de ce Becket sont décidément bien orientées… » constata l'inspecteur en levant discrètement les yeux au plafond, face à l'évidence des intentions du chercheur.

C'est alors que son regard tomba inopinément sur une minuscule pastille noire d'un demi-centimètre de diamètre, collée sur le bord extérieur du haut de la porte. Si cette curiosité s'avérait être ce que Dubon pensait… Il devait en avoir le cœur net.

Les mains dans les poches de son pantalon, il joua à celui qui se détachait de la conversation et qui déambulait sans but précis dans sa réflexion. Quelques pas suffirent à le ramener deux ou trois mètres à l'intérieur du bureau. Il fit semblant d'observer les lieux dans son ensemble puis il se retourna et revint vers le couloir. Sous cet angle, il put alors jeter un rapide coup d'œil dans l'encadrement intérieur du haut de la porte. C'était bien ce qu'il avait pressenti : une autre pastille noire était fixée exactement au même niveau que celle collée sur le haut de la porte.

Dubon connaissait très bien ce type de matériel. Il s'en était déjà servi dans des missions de surveillance ou de protection rapprochée pour contrôler les accès d'une demeure : un CMS, contacteur magnétique de surveillance. Tant que la porte est fermée, les deux microaimants de chaque pastille sont en contact et aucun signal n'est émis. Lorsqu'ils se dissocient l'un de l'autre à l'ouverture de la porte, le minuscule émetteur incorporé au dispositif envoie un signal à haute fréquence vers une console réceptrice contrôlée par un opérateur. Celui-ci peut ainsi détecter l'intrusion de quelqu'un dans un lieu, par une porte ou une fenêtre.

Derrière son air compatissant et sympathique, l'opérateur était en l'occurrence ici le Dr Becket. Dubon était même persuadé que la sécurité du Cern ne savait rien de ses manigances. Sans en avoir vraiment eu l'intention, l'inspecteur venait de découvrir l'identité de la taupe dont le Dr Quark supposait l'existence.

Lorsque les deux chercheurs firent une pause dans leur conversation, Dubon se permit d'intervenir poliment :

– Dr Becket, désolé de vous interrompre, mais je dois poursuivre mon enquête avec le Dr Quark. Le temps nous est compté pour retrouver Maxime Berger.

– Oui, vous avez raison, je vais vous laisser continuer, accepta-t-il.

– Un conseil cependant, reprit Dubon : dans l'intérêt de tous, y compris le vôtre, mieux vaut rester discret sur ma venue ici. Il semblerait que les murs aient des oreilles : toute fuite pourrait vous être préjudiciable et risquerait également de compromettre la suite de l'enquête.

Dubon savait bien que l'indic ne perdrait pas une seule

seconde pour faire son rapport à l'agent de la DST. Mais il prenait un malin plaisir à chatouiller là où cela pouvait gratter, c'était son jeu favori dans les interrogatoires.

– Bien sûr, vous pouvez compter sur moi, je n'en parlerai à personne.

« Que c'est bon de savoir que les gens vous mentent et vous prennent pour un crétin », exultait intérieurement le policier. « Du coup, sans qu'ils le sachent, ce sont eux les crétins. »

L'inspecteur maîtrisa parfaitement son attitude afin de conserver un ton neutre et professionnel :

– Merci docteur. Bonne continuation.

Une fois le Dr Becket parti, Dubon fit part de ses conclusions au Dr Quark qui ne fut qu'à moitié surpris.

– Maintenant que vous le savez, soyez prudent avec lui, lui conseilla l'inspecteur. Faites de votre mieux pour ne rien changer dans votre comportement. Ce ne sera pas agréable ni facile à vivre, je le conçois, mais vous n'avez pas le choix.

Le physicien acquiesça sans commentaire.

φ

Dubon scruta attentivement le couloir et demanda au Dr Quark :

– Où se trouve l'issue de secours la plus proche ?

– Là, au fond du couloir à droite.

La porte ouvrait sur une cage d'escalier : en haut, il n'y avait pas d'autre issue que les étages supérieurs. Selon l'inspecteur, Maxime Berger n'aurait pas été stupide au point de se piéger lui-même en restant dans le bâtiment. Il était en toute logique descendu pour en sortir. La porte de secours débouchait sur une petite cour à l'arrière de l'immeuble. L'inspecteur marcha une vingtaine de mètres pour voir où cela menait : il se retrouva dans le parc intérieur du Cern, lui-même accolé à un grand parking. L'endroit était plutôt agréable, malgré la présence de grosses machines difformes exposées là en guise de décoration ; Dubon trouva ce goût scientifico-artistique plutôt douteux.

– Bon, fit-il à l'attention du chercheur, à partir de là, il a pu aller n'importe où. Mettons-nous à sa place : il n'avait à ce moment-là qu'une chose en tête : sortir du Cern au plus vite sans se faire repérer par la sécurité qui avait certainement déjà reçu l'ordre de l'intercepter. Auriez-vous une idée, docteur ?

Celui-ci répondit par la négative, mais il poursuivit le raisonnement de l'inspecteur :

– Nous savons qu'il n'a pas pris sa voiture car il l'a laissée sur ce parking. Suite à son évasion, l'agent a d'ailleurs immédiatement donné l'ordre d'enlever le véhicule avec une dépanneuse.

– Pour, entre autres, effacer toute trace de l'existence de votre ami... l'interrompit Dubon. Je vous en prie, continuez.

– Maxime n'a pas pu passer non plus par-dessus les clôtures du Centre, elles sont hautes, équipées de barbelés et électrifiées.

– Effectivement, avec tout ça, s'il avait tenté de fuir par là, il aurait fini comme un poulet rôti à la broche.

– Je ne vois qu'une seule issue, ajouta le scientifique : les quatre postes de sécurité qui contrôlent les entrées et les sorties des piétons et des véhicules.

– Vous avez raison. Je vais aller interroger les gardiens.

Dubon se tourna face au Dr Quark et lui proposa :

– Mieux vaut nous séparer ici. On vous a assez vu avec moi pour aujourd'hui. Vous m'avez déjà été d'une aide précieuse et je vous en remercie.

– D'accord, restons-en là pour le moment, approuva le physicien.

En passant sa carte de visite à l'inspecteur, ce dernier

ajouta :

– N'hésitez pas à me contacter sur mon portable si vous avez d'autres questions.

– Merci, de toute façon, je vous tiendrai au courant de l'évolution de mon enquête. Au revoir.

– Au revoir, inspecteur.

ϕ

Dubon commença logiquement par l'entrée « A » qui était la plus proche du parc et du parking d'où il venait. L'agent de sécurité accepta sans difficulté de répondre aux questions de Dubon. L'ordre d'intercepter Maxime Berger étant toujours actif, il trouva normal que la police mène une enquête approfondie sur sa disparition.

– Cette histoire est à peine croyable ! lâcha l'agent de sécurité sans retenue. Le Dr Berger s'est littéralement envolé ! Nous avons pourtant passé tout le Cern au peigne fin.

– Est-ce vous qui étiez en service au moment des événements ?

– Oui, et je vous garantis qu'il n'est pas sorti par là.

– Pourtant, il semblerait bien qu'il soit passé par l'une de ces quatre entrées car il n'existe pas d'autre issue.

– Je le sais pertinemment ! C'est pour cette raison que je trouve ça incroyable !

Quelque chose leur échappait, Dubon le savait. Il prit alors quelques secondes pour remettre les pièces du puzzle en place, puis il demanda :

– À quelle heure précise avez-vous reçu l'ordre d'intercepter le Dr Berger ?

Il pianota sur son clavier d'ordinateur quelques secondes, fit apparaître la liste des communications du jour correspondant et lui répondit :

– J'ai reçu cette consigne de mon supérieur à exactement 11 h 49.

Cela coïncidait avec le témoignage du Dr Quark qui avait vu Maxime Berger revenir vers 11 h 45 de l'aéroport. Le temps que les événements se déroulent, il était tout à fait cohérent que le gardien soit prévenu à 11 h 49.

– Selon mes estimations, reprit Dubon, il est peu probable que le Dr Berger soit parvenu à sortir du Cern avant que vous ayez reçu la consigne de l'intercepter. Alors comment s'est-il débrouillé pour s'enfuir malgré votre état d'alerte déjà déclaré ?

Le regard de merlan frit du gardien n'éclaira pas davantage l'inspecteur. À cet instant, un camion frigorifique se présenta à la barrière pour sortir du Cern.

Le conducteur passa son badge dans un lecteur, le gardien vérifia sa validité et lui ouvrit la barrière. Le chauffeur fit un signe de remerciement de la main, que lui rendit l'agent de sécurité, et le camion partit. Ébahi, Dubon demanda prestement :

– Qu'est-ce que c'est que ce camion ?

– C'est la compagnie de restauration qui nous livre chaque jour les repas pour la cantine du Cern.

L'évidence frappa l'inspecteur de plein fouet :

– Comment n'y ai-je pas pensé plus tôt ! Pouvez-vous m'éditer la liste de tous les véhicules qui sont sortis après 11 h 45 ce jour-là, et ceci sur les quatre postes de sécurité ?

– Oui, bien sûr, mais nous avons déjà exploré cette piste : le Dr Berger ne s'est pas servi de son passe pour sortir, sinon, nous l'aurions tout de suite repéré !

– Qui vous dit qu'il a utilisé son passe pour sortir… objecta Dubon les yeux rivés sur l'écran de l'ordinateur du gardien.

Rapide comme l'éclair, il pointa son doigt sur une des lignes du tableau qui défilait sous ses yeux :

– Là ! Celui de 11 h 59 : quel est ce véhicule ?

– 11 h 59… Ah oui ! Je m'en souviens, il est passé par mon poste ; c'est Barnabé.

– Barnabé ?

– Oui, Barnabé le jardinier ! Ça fait un peu plus de deux ans qu'il est le paysagiste en charge d'entretenir les espaces verts du Centre. Tout le monde le connaît, c'est un peu la mascotte du Cern ! Toujours à discuter avec ceux qu'il croise, il est bien sympathique. Il tond les pelouses, taille les arbres, arrose les plantes, ramasse les f…

Dubon coupa la longue description inutile du gardien décidément trop bavard :

– Quel type de camion a-t-il ?

– C'est un petit camion comme toutes les municipalités en ont, avec une cale arrière sans toit qui permet de transporter tous les outils, le matériel de jardinage et les déchets verts. Il tractait également un monstrueux tracteur-tondeuse sur un plateau. Mais je vois bien où vous voulez en venir : vous pensez que le Dr Berger serait monté à bord à l'insu du jardinier afin de sortir sans se faire repérer. Mais je vous assure que j'y ai regardé à deux fois : il n'y avait pas de cachette possible sur ce camion et Barnabé était seul dans la cabine de conduite.

– Admettons. À qui appartiennent les autres véhicules ?

– À des employés du Cern : de la même manière, je les ai inspectés, coffre et banquette arrière à chaque fois. Mes collègues des trois autres postes et moi-même avons passé notre après-midi à le faire pour chaque voiture qui sortait jusqu'à ce que la fouille générale de tout le complexe soit achevée. Tout ce remue-ménage pour finalement ne rien avoir trouvé.

Malgré ces propos, Dubon restait persuadé qu'il y avait quelque chose à creuser avec le jardinier :

– Pourriez-vous me fournir les coordonnées de ce Barnabé, ainsi que le descriptif de son véhicule et son immatriculation, s'il vous plaît ?

– Oui, bien sûr.

Il imprima les informations sur une feuille qu'il céda à l'inspecteur.

« BERNARDO Barnabé
Paysagiste - Entretien des espaces verts »

Il habitait à Saint-Julien-en-Genevois, au sud de Genève. Le gardien ajouta :

– Je vous le redis, vous perdrez votre temps à explorer cette piste. Maxime Berger n'était pas sur ce camion quand il est sorti.

Cette dernière phrase eut un effet flash sur Dubon qui venait subitement de comprendre le fin mot de l'histoire :

– Vous avez raison, confirma-t-il poliment au gardien, il n'était pas sur le camion. Il était dans le tracteur-tondeuse.

Cette affirmation figea instantanément le visage de l'agent de sécurité qui blêmit sur place :

– Le tracteur-tondeuse ! Bon sang ! J'ai oublié de le vérifier ! Maintenant que vous le dites, c'est vrai que le panier qui stocke l'herbe coupée était suffisamment grand pour qu'une personne puisse s'y glisser. Et je ne pouvais évidemment pas voir l'intérieur car ses parois étaient opaques.

– Je parierais ma chemise que c'est de cette manière que Maxime Berger a réussi à sortir du Cern.

– Nom d'un chien, je me suis fait avoir comme un bleu ! Je vais me faire trucider par le chef, gémit le gardien en s'affalant désespéré sur son siège.

Avant de partir, Dubon tenta malgré tout de lui remonter le moral :

– Ce qui est fait est fait, vous morfondre davantage ne servira à rien. Vous avez fait votre travail du mieux que vous le pouviez. En tout cas, merci de votre coopération, elle m'a permis de comprendre l'inexplicable. Vous m'avez également fourni les éléments nécessaires à la continuation de mon enquête, ajouta-t-il en levant l'imprimé qu'il venait de récupérer. Vous pouvez donc être fier de vous !

Juste avant de quitter le poste de sécurité, dans l'entrebâillement de la porte, Dubon formula une dernière remarque :

– Et puis… il n’y a pas de quoi s’en faire : il n’y a que vous et moi qui soyons au courant. Après tout, votre supérieur n’a pas besoin de le savoir, non ?

Avec un sourire malicieux, il referma la porte et lui adressa un clin d’œil complice en guise d’au revoir. Le gardien ne semblait pas rassuré pour autant.

13.
Quelque part entre Niort et Bordeaux.
12 h 00.

Cela fait presque quatre heures que je roule. Je m'arrête à mi-chemin entre Niort et Bordeaux pour prendre de l'essence et casser la croûte. Une bonne pause me fera du bien. Pas de gendarmes qui m'attendent en embuscade derrière les buissons… la route est libre.

Pour régler mon carburant, je dépense avec regret mon avant-dernier billet de 50 euros. D'après mes calculs, avec la somme qu'il me reste, je dois pouvoir payer le péage jusqu'à Perpignan mais pas plus. C'est dingue comme l'essence et l'autoroute coûtent cher ! En deux jours, j'ai dépensé plus de 400 euros rien que pour ça. Cela commence à faire cher les vacances ! Il ne faudra pas que j'oublie de passer ma note de frais à Maxime quand je le verrai, non mais, il croit quoi, lui ! Je n'ai pas le salaire d'un éminent physicien, moi !

Je mastique doucement mon énième sandwich, menu devenu mon pain quotidien depuis deux jours. Je le savoure car mon stock de jambon, de camembert et de tomates est à présent épuisé. Après, j'attaque les conserves maison de lentilles-saucisses et de cassoulet. À la guerre comme à la guerre. Mais je préfère manger cela plutôt que d'avoir à payer 15 euros pour un repas dans une cafétéria d'aire d'autoroute. Surtout pour une purée qui n'a de pomme de terre que le nom et une cuisse de poulet dont il vaut mieux ne pas imaginer l'allure à la vue de celle de sa cuisse. Sur les affichages des menus, plutôt que d'écrire « purée de pommes de terre et cuisse de poulet », ils feraient mieux de mettre directement « purée de poulet », ce serait davantage fidèle au contenu de l'assiette. Eh oui, je suis bien loin de mes bons coqs de ferme bien savoureux. Quoique je me rapproche finalement de Millau. En plus, après l'abbé, je dois me rendre à Montpellier : je pourrais peut-être passer par chez moi. Je salive rien qu'à l'idée de partager quelques poulets de ferme à la broche avec mes amis, le tout arrosé avec un tonneau de bon vin rouge ! Je verrai bien si j'ai le temps.

Je m'allonge dans l'herbe à l'ombre d'un pin sous lequel je compte bien rêver de poulet à la broche, après le sanglier de cette nuit.

14 heures. Ma sieste terminée, je me rends compte que je n'ai pas du tout rêvé des poulets auxquels je pensais : je crois me souvenir en effet que je me faisais arrêter par la police à la sortie d'un péage et qu'elle m'embarquait dans un fourgon pour m'inviter à une chicken-party. Pas très réjouissant tout ça. Bref, après ce petit repos bienvenu, je repars d'attaque pour les six cents kilomètres qu'il me reste jusqu'à Prades.

14.
Genève - Centre-ville.
12 h 25.

L'inspecteur Dubon avalait un sandwich dans sa voiture, le nez plongé dans une grande carte dépliée de la ville de Genève. Il raya au stylo son troisième espace vert qu'il avait visité, sans pour autant trouver ce qu'il cherchait.

Il engloutit le dernier bout de croûton de son sandwich, en récupérant d'un coup de langue la mayonnaise qui voulait s'échapper par le coin de sa bouche.

– Allez, au suivant, soupira-t-il en se replongeant dans le flot de la circulation du centre-ville.

ϕ

Aussitôt après être sorti du Cern en fin de matinée, Dubon avait composé le numéro de téléphone fixe qui figurait sur les coordonnées de Barnabé Bernardo. Il était tombé sur sa femme qui lui avait expliqué que son mari était parti pour la journée.

« Pourriez-vous me donner son numéro de portable, s'il vous plaît ? » avait demandé l'inspecteur.

« Désolé, il n'en possède pas ; il a toujours refusé d'en avoir un. Chaque fois qu'on lui fait la remarque, il dit qu'il n'a pas envie de finir avec la moitié du cerveau grillé », avait-elle expliqué.

« Encore un qui n'a pas de portable », s'était dit Dubon agacé, en faisant référence à Philippe Berger qui n'en avait pas non plus. « À quelle heure pensez-vous qu'il sera de retour ? » avait-il alors demandé.

« Il m'a dit qu'il ne rentrerait pas avant 19 h », lui avait-elle répondu.

« Avez-vous une idée de l'endroit où il est parti travailler aujourd'hui ? »

« Pas la moindre. Je sais simplement qu'en ce moment, il tourne beaucoup sur les parcs et les espaces verts de Genève. Mais il peut tout aussi bien être chez un particulier ou une entreprise privée. »

Cela n'était pas sans poser de problème à l'inspecteur. Ce jardinier pouvait se trouver n'importe où. N'acceptant pas de perdre une demi-journée le temps qu'il rentre chez lui pour l'interroger, Dubon avait pris les devants : il avait demandé à Fritz de transmettre le signalement du camion du paysagiste à toutes les patrouilles de la ville et de ses environs. De son côté, l'inspecteur avait contacté les quatre déchèteries ESREC[8] de la circonscription de Genève car la probabilité qu'un jardinier y passe dans la journée pour se débarrasser de ses déchets verts n'était pas négligeable.

Dubon se rendit compte que ce Barnabé devait être un vieux de la vieille car il était connu dans les quatre ESREC de la ville. Le gardien du site de Bernex, non loin de Saint-Julien-en-Genevois, le connaissait particulièrement bien :

« Ah, vous cherchez Barnabé ! » s'était-il exclamé. « Je le connais bien, il vient pratiquement tous les jours avant de rentrer chez lui car il n'habite pas bien loin. Pourquoi souhaitez-vous le voir ? J'espère au moins qu'il n'a pas fait de bêtise, l'animal ? »

« Rassurez-vous, il n'a rien fait de mal », avait répondu

---

8 Nom donné aux déchèteries de Genève, signifiant « Espace Récupération ».

l'inspecteur. « Je souhaite simplement lui poser quelques questions ; il a peut-être été témoin de quelque chose qui m'intéresse. »

« Si je le vois, je vous appelle de suite, vous pouvez compter sur moi », lui avait promis le gardien.

Tous ses collègues des autres centres de tri avaient d'ailleurs sympathiquement proposé de faire de même.

Après quoi, Dubon avait entamé la tournée des jardins publics de Genève : avec un peu de chance, il le trouverait sans avoir à attendre qu'il rentre chez lui ce soir.

ɸ

17 h 05. Garé sur l'extrémité d'un couloir de bus, Dubon raya le dernier espace vert qui figurait sur la carte. Il en avait plein les bottes. Il les avait tous passés en revue, sans succès. Et ni les patrouilles de police ni les déchèteries n'avaient localisé le camion de Barnabé Bernardo. Ce dernier était peut-être parti travailler en dehors de Genève ou dans un endroit inaccessible au public. Autant chercher une aiguille dans une botte de foin.

Sentant sa motivation fléchir, Dubon se décida à faire un break. De toute façon, il n'y avait rien d'autre à faire que d'attendre et il en avait assez fait pour l'instant. Bâillant comme un lion sous un baobab avant sa sieste, il bascula la tête sur son appui-tête, ferma les yeux et s'endormit. Une petite voix lui disait au loin que la nuit allait être longue et que c'était le moment de récupérer un peu.

ɸ

17 h 40. La sonnerie du portable de Dubon le réveilla en sursaut. En regardant sa montre, il fut surpris de constater qu'il avait dormi plus d'une demi-heure, alors qu'il avait

l'impression d'avoir fermé les yeux quelques minutes à peine. Il attrapa maladroitement son téléphone pour vite faire taire sa sonnerie stridente :

– Dubon j'écoute ?

– Re-bonjour, inspecteur, ici le gardien de l'ESREC de la Praille, à Carouge. Je viens de voir arriver Barnabé avec son camion, alors comme vous me l'aviez demandé, je vous préviens.

Ce n'était pas l'ESREC de Bernex qui avait répondu à l'appel, mais celui de Carouge. Peu importe, tant que Dubon tenait son témoin, il n'allait plus le lâcher :

– Merci. Retenez-le comme vous pourrez, j'arrive d'ici un petit quart d'heure.

– Entendu.

L'inspecteur sortit son gyrophare magnétique qu'il colla sur le toit de sa Golf, actionna sa sirène et mit le pied au plancher. En pleine heure de pointe à la sortie des bureaux, il réussit malgré tout à traverser la ville en une douzaine de minutes : voies de bus, circulation à contresens, feux grillés à tous les carrefours, il se permettait tout ce que sa fonction lui autorisait, jusqu'à même s'offrir un trottoir ou deux quand les embouteillages étaient trop denses. Il ne pouvait pas se permettre de laisser filer un témoin de haute importance, il l'avait suffisamment cherché tout l'après-midi.

Juste avant d'arriver, il coupa le gyrophare et sa sirène, puis il ralentit pour ne pas effrayer les personnes présentes dans la déchèterie. Après tout, il ne pourchassait pas un dangereux criminel.

À côté de la benne des déchets végétaux, il aperçut un petit camion qui, à sa grande satisfaction, correspondait à la description et à l'immatriculation que lui avait fournies le gardien du Cern.

Le fameux « Barnabé le jardinier » était en train de finir de balayer la cale de son camion. C'était un petit bonhomme âgé d'une soixantaine d'années, bien bronzé, aux cheveux blancs ébouriffés et dégarnis sur le sommet du crâne. Ses yeux ronds, enfoncés dans leurs orbites, brillaient comme des billes d'hématite au fond d'un coffre. Le regard vif qui en émanait était la vitrine d'un caractère tonique et brut de décoffrage.

Les présentations furent courtes mais efficaces : l'inspecteur lui adressa un rapide « bonjour », puis sa plaque de policier fit le reste. Le jardinier fut d'abord anxieux et perturbé de voir qu'un policier souhaitait l'interroger. Puis, une fois que Dubon eut fini de lui exposer la situation, il se détendit et sembla plus à même de répondre à « LA » question que l'inspecteur attendait de lui poser depuis la fin de matinée :

– Avez-vous vu, il y a trois jours, aux alentours de midi, Maxime Berger sortir de votre tracteur-tondeuse ?

– Oui oui ! Bien sûr que je l'ai vu ! C'était incroyable ! Je ne m'attendais pas à voir un jour quelqu'un sortir de ce panier ! Surtout pas le Dr Berger ! À peine un quart d'heure après avoir quitté le Cern, j'étais arrêté à un feu rouge, quand j'ai entendu du bruit venant de l'arrière ; dans mon rétroviseur, j'ai vu quelque chose remuer sur mon tracteur-tondeuse. Le temps que je me gare sur le côté pour ne pas gêner la circulation, le Dr Berger était déjà sorti.

La manière dont il vivait son récit, en roulant les « r » un mot sur deux, amusa l'inspecteur. Ce dernier reconnut l'accent convivial de la campagne bourguignonne profonde et comprit comment les gens pouvaient facilement s'y attacher.

– Il vous a parlé ? continua Dubon.

– Non. Avec un grand sourire, il m'a simplement crié de loin « Merci pour la promenade, Barnabé ! ». Puis il attrapa le taxi qui arrivait juste à ce moment-là derrière lui. En ouvrant la porte, il m'a regardé par-dessus le toit de la voiture et, les yeux tout écarquillés, il m'a fait « Chuuuut ! » avec son doigt sur la bouche, comme pour dire à un enfant de se taire ! s'exclama le jardinier en mimant ses propos. Puis il a grimpé dans le taxi qui est parti en direction du centre-ville.

Une fois de plus, l'inspecteur s'étonnait de la débrouillardise de ce Maxime Berger qui lui donnait bien du fil à retordre.

Suite à la demande de Dubon, le paysagiste lui indiqua sur une carte l'endroit exact où cela s'était passé. Dubon constata que la direction prise par le taxi était en effet celle du centre de Genève et non pas celle de l'autoroute qui ne passait pourtant pas loin ; si Maxime Berger l'avait voulu, il aurait facilement pu quitter la ville à ce moment-là. Son intention première n'avait donc pas été celle de fuir. Le témoignage du chauffeur de taxi l'éclairerait certainement davantage.

– Vous pouvez me décrire le taxi dans lequel il est monté ?

Barnabé réfléchit un instant et reprit en grimaçant :

– Ah!… je ne m'en souviens plus. Il faut dire que j'étais à une trentaine de mètres. En plus, vous n'avez pas de chance, je n'y connais absolument rien en marques de voiture.

Remarquant que l'inspecteur faisait la moue, le jardinier réagit avec un ton quelque peu offensé :

– Désolé, mon cher, je ne suis pas garagiste, moi ! Les bagnoles, ce n'est pas mon truc, qu'est-ce que vous voulez que je vous dise ! J'aimerais bien pouvoir vous aider, je vous assure ! À la rigueur, si vous cherchiez un tracteur-tondeuse, je pourrais vous réciter par cœur toutes les marques qui existent avec toutes leurs caractéristiques.

Dubon n'avait pas de chance de tomber sur un sexagénaire à moitié ermite qui savait à peine reconnaître une voiture.

« Pas étonnant qu'il n'ait pas de téléphone portable avec lui », pensa Dubon. « Il ne doit même pas savoir que les satellites existent. »

L'inspecteur continua son interrogatoire :

– Bon, tant pis pour le modèle… mais la couleur, vous vous souvenez quand même de la couleur ?

– Quand même, oui… elle était…

L'hésitation du jardinier faillit faire tomber Dubon à la renverse. C'était le pire des témoins visuels à qui l'on pouvait avoir affaire !

– … Blanche… ou grise... non, attendez… fit-il en se prenant le menton dans les mains. Je crois bien qu'elle était bleu ciel… À moins que ce soit jaune sable…

Entendant toutes les couleurs de l'arc-en-ciel passer en revue, Dubon soupira en secouant la tête de dépit.

– Claire ! Oui c'est ça ! Elle était claire ! J'en suis sûr ! affirma-t-il.

– Ah, me voilà bien avancé avec ça ! « Claire »… Savez-vous que ce n'est pas une couleur, ça, cher Monsieur !

– Oh,mais c'est que je ne suis pas peintre non plus, mon p'tit gars ! Estime-toi heureux que je l'ai vu, ton Dr Berger, et alors !

Dubon se résigna : il ne pourrait rien tirer de mieux de ce témoin. Il respira un bon coup pour se forcer à reprendre un ton poli et respectueux :

– Je vous remercie, Monsieur. Vous m'avez effectivement déjà bien aidé pour la suite de mon enquête.

– Ah, tu vois que tu es content ! Si tu es content alors moi aussi. Tu es un bon gars ! Et comme j'ai fini ma journée plus tôt que prévu, je t'invite à boire un chti canon au troquet.

L'inspecteur fit mine d'apprécier l'invitation en remerciant le jardinier, mais bien évidemment, il la déclina.

Juste avant de remonter en voiture, Dubon s'arrêta, leva le doigt en l'air et se retourna pour regarder le paysagiste d'un seul œil une dernière fois. Il avait une ultime question à lui poser, certes sans importance, mais qui le démangeait depuis tout à l'heure :

– Vous me libéreriez d'une profonde frustration si vous acceptiez de me dire où vous avez travaillé aujourd'hui.

– Ce n'est pas un secret, accepta-t-il de lui répondre : j'étais chez un nouveau client du côté de Cruseilles. Un châtelain qui m'a appelé hier pour me mettre à l'essai une journée. Apparemment il était content de mon travail… et de mon tarif car, d'après ce que j'ai compris, il venait de virer un autre jardinier à cause qu'il était trop cher, le bougre !

Un sourire de soulagement en coin, Dubon le remercia en lui adressant un salut pseudo-militaire des deux doigts. Barnabé Bernardo était donc bien parti travailler à l'extérieur de Genève pour la journée. Il n'avait donc pas de regret à avoir.

Cette fois, il grimpa en voiture pour de bon car il n'avait plus une seule minute à perdre : il avait un taxi « clair » à retrouver.

15.
Prades - Pyrénées-Orientales.
18 h 05.

En arrivant à Prades en fin d'après-midi, je me rends compte que mon réservoir est presque à sec. À faire du 10 L/100 km avec mon char, ce n'est pas étonnant. Avant de me rendre à l'abbaye de Saint-Michel-de-Cuxa, je retire les 350 euros que j'ai de restant sur mon compte au premier distributeur que je croise et je pars faire le plein.

En remplissant le réservoir, mes pensées vagabondent sur les voies de l'avenir comme je vagabonde sur les routes depuis maintenant plus de deux jours : où est Max en ce moment ? Arriverai-je à le retrouver ? Je me demande si tout cela a un sens. Il y a deux jours, je n'avais pas pensé à mon frère depuis plus d'un an. À présent, il hante mes pensées à chaque instant. Je vis dans l'espoir qu'il ne lui soit rien arrivé et qu'il ne soit pas trop tard pour l'aider. Peut-être cet abbé pourra-t-il me donner un peu de sa foi pour ne pas sombrer dans le doute et le désespoir.

16.
Paris - Bureaux de la DST.
18 h 13.

– Monsieur, je vous informe que le suspect Philippe Berger vient de retirer 350 euros à un distributeur de billets du Crédit Agricole situé à Prades, dans les Pyrénées-Orientales, à exactement 18 h 08.

– Bien reçu. Préparez-moi mon jet pour Perpignan dans une heure. Mettez-moi à disposition une voiture digne de ce nom quand j'arriverai sur place. Envoyez le signalement de Philippe Berger et de son véhicule au commissariat le plus proche. Qu'ils se débrouillent pour coller un mouchard GPS sur son véhicule. Il ne faut en aucun cas intercepter le suspect qui ne doit pas savoir qu'il a été repéré. Qu'ils le gardent simplement en visuel le temps que j'arrive sur les lieux vers 21 heures. Transmettez-moi les coordonnées de mon contact sur place dès que possible.

– Ce sera fait, Monsieur.

17.
Genève - Centre-ville.
18 h 15.

Sur le trajet pour revenir au commissariat, Dubon retraça les événements survenus il y a trois jours.

Le concernant, tout avait commencé à 12 h 05, à peine quelques minutes après la fuite de Maxime Berger du Cern, quand il avait reçu l'appel de l'agent de la DST. Ce dernier lui avait ordonné sur le champ d'aller fouiller de fond en comble le domicile du scientifique. Il fallait saisir tout ce qui pouvait ressembler à des données numériques et du matériel informatique. Avec l'aide de Fritz et Ricaud, la besogne avait été rapidement accomplie. En revanche, le peu d'éléments qu'ils avaient récupérés s'avérèrent par la suite sans valeur, compte tenu de ce que cherchait l'agent de la DST.

Après cela, l'agent n'ayant toujours pas réussi à retrouver son fugitif dans l'enceinte du Cern, Dubon avait reçu l'ordre de poster ses hommes à différents endroits stratégiques de la ville. Fritz avait été chargé de surveiller l'entrée de l'immeuble de Maxime Berger. La gare ferroviaire avait été confiée à Ricaud. Dubon, quant à lui, s'était rendu à l'aéroport. Le signalement du fugitif avait également été déposé dans toutes les agences de location de voitures de la ville afin de bloquer cette éventuelle voie de fuite.

Si Maxime Berger avait voulu louer une voiture, passer chez lui, quitter la ville en train ou par l'avion, qu'il était à l'origine censé prendre à 13 h 10 pour se rendre à sa conférence de Berlin, il serait ainsi tombé entre leurs mains. Malheureusement, il était passé au travers des mailles du filet en faisant le choix judicieux d'emprunter un taxi, transport qu'il leur était impossible à contrôler.

En fin d'après-midi, face à l'échec évident de leur opération, Dubon avait décidé de partir pour la France, afin de rencontrer et interroger les membres de la famille du physicien disparu.

Dubon songea alors à l'hypothèse suivante : comme Philippe Berger avait été capable de pénétrer dans l'appartement de son frère à l'insu de la surveillance de Fritz, Maxime Berger avait pu en faire autant dans l'après-midi. Ce dernier aurait par exemple déposé un message ou quelque chose pour son frère. Ensuite, il lui aurait adressé la lettre, dont lui avait parlé la police de Millau, avec toutes les indications nécessaires pour s'infiltrer discrètement dans l'appartement et récupérer ce qu'il avait laissé. Cette version des faits semblait tenir la route. Elle suscitait en revanche deux questions auxquelles Dubon n'avait pas encore le moyen de répondre :

La première : pour quelle raison Maxime Berger avait-il impliqué son frère dans l'histoire ?

La seconde, plus importante pour la suite : où Maxime Berger s'était-il ensuite rendu ? Avait-il quitté la ville pour se réfugier par exemple dans sa mystérieuse demeure ? Ou bien était-il encore sur Genève ?

Seul le chauffeur de taxi qui l'avait conduit pourrait lui en apprendre davantage. Le retrouver allait en revanche ne pas être une mince affaire. Fritz et Ricaud ne seraient pas de trop pour l'aider dans cette tâche. Dubon attrapa alors son portable et, au moment où il voulut composer le numéro de Fritz, la sonnerie retentit, c'était justement Fritz qui essayait de le joindre :

– Fritz ! J'étais justement en train de composer votre numéro pour vous appeler car figurez-vous que je…

– On le tient ! coupa Fritz sans plus attendre.

Il venait de crier tellement fort que Dubon dut éloigner le téléphone de son oreille avec une grimace de douleur.

– Qui donc ?

– Philippe Berger, pardi !

Dubon s'était tellement concentré sur Maxime Berger ces derniers temps qu'il en avait presque oublié la traque de son frère. Il laissa son collègue lui expliquer :

– Il a retiré de l'argent auprès d'un distributeur du Crédit agricole situé à Prades, dans les Pyrénées-Orientales, à côté de Perpignan.

– Je savais bien qu'il tomberait dans le panneau !

– Que faisons-nous, à présent ? Voulez-vous que je prévienne la police locale ?

Telle aurait été la procédure en temps normal, mais là, la situation était délicate : l'enquête avait été retirée des mains de l'inspecteur. Ni lui, ni Fritz n'étaient censés être au courant de cette dernière information. De toute façon, l'agent de la DST avait dû l'obtenir en même temps que Fritz et il devait déjà être sur le coup pour se rendre directement sur place. Il ne servait donc à rien de se manifester auprès de la police locale, ni même de s'y rendre en personne.

« Après tout, que la DST s'en charge elle-même », pensa Dubon. « Je suis sur une bien meilleure piste : celle qui mène directement à Maxime Berger sans intermédiaire. »

– Capitaine ? le rappela Fritz.

– Oui, veuillez m'excuser, j'étais en train de réfléchir. Ne faites rien pour l'instant : je vais appeler la DST pour recevoir les nouvelles instructions, se força-t-il à mentir.

– Entendu.

– De toute façon j'arrive au bureau dans quelques minutes car j'ai finalement réussi à retrouver mon jardinier.

– Ah ! très bien. Du nouveau ?

– Des choses intéressantes, mais on n'est pas encore au bout de nos peines. Prévenez le lieutenant Ricaud de se tenir disponible car, ce soir, nous aurons du pain sur la planche.

– D'accord, dans ce cas, je vais lui dire d'annuler son dîner aux chandelles avec la Belle au bois dormant, ironisa Fritz à propos de son collègue. À tout de suite.

ϕ

– Je veux que nous contactions tous les chauffeurs de taxi de cette ville roulant avec des voitures de couleur claire, ordonna Dubon à Fritz et Ricaud.

– De couleur « claire », dites-vous ? s'étonna Ricaud. Vous n'avez pas plus précis comme signalement ?

– Vous êtes mal placé pour me faire cette réflexion, sergent, lui rétorqua l'inspecteur. Une « Golf 2 noire » est un signalement à peine plus précis, surtout lorsqu'elle s'avère au final être une Lancia Delta Intégrale vert foncé.

Et toc. Ricaud avait, certes, réalisé un beau lancer de boomerang, sauf que le retour avait été douloureux car il ne l'avait pas vraiment récupéré dans la main… Dubon enchaîna :

– Il nous faut surtout leurs coordonnées pour les contacter : nous ferons un premier tri par téléphone et le reste, nous le ferons sur le terrain directement. Nous commencerons par la gare et l'aéroport, lieux privilégiés de rencontre des taxis. Allez, au boulot !

À cet instant, une secrétaire entra dans le bureau et tendit un épais document à Fritz :

– Tenez, lieutenant Fritz, le listing que vous m'avez demandé : vous avez là-dessus le descriptif de tous les véhicules qui ont une licence de taxi à Genève. Y figurent également les noms des chauffeurs avec leurs coordonnées professionnelles ou personnelles.

– Remarquable ! Ça c'est du rapide, la complimenta Fritz.

Ce dernier parcourut rapidement le listing. Après un haussement de sourcil de mauvais augure, il releva la tête pour interroger ses deux collègues, avec un ton d'animateur de jeu télévisé :

– Question à mille euros : « La ville de Genève en Suisse compte environ mille taxis. Vrai ou faux ? »

Écœuré par l'ampleur de la tâche qui les attendait, Dubon fit la moue en tournant la tête ; il n'était pas d'humeur à lui répondre. Ricaud, quant à lui, tenta de dédramatiser la situation de manière ironique :

– Après tout, ça ne fait jamais que 1 euro par taxi…

VII
L'abbé Orion

18.

En sortant de la station-service, où j'ai pris le temps de faire une petite pause goûter, je vois passer une camionnette de police juste devant moi. Depuis que je suis parti de Genève, et surtout depuis ma frayeur en arrivant hier soir à Dinan, à chaque fois que j'aperçois des gendarmes ou des policiers, je ne peux m'empêcher de me mettre au garde-à-vous sous l'effet d'une décharge d'adrénaline qui me raidit la colonne vertébrale. Les deux agents de police me scrutent, moi et mon véhicule, certainement pour vérifier que j'ai ma ceinture, puis ils continuent leur route.

« Ouf, j'y réchappe une fois de plus ! » me dis-je comme si je venais d'échapper à la guillotine.

Soulagé, je m'engage sur la petite route qui monte en direction de Taurynia.

Après quelques virages, j'arrive à l'abbaye de Saint-Michel-de-Cuxa, imposante bâtisse romane en très bon état de conservation, plantée en pleine nature. Mon regard est de suite capté par son clocher massif qui se dresse impérieusement vers les cieux : le large soubassement sur lequel il repose et les créneaux qui ornent son sommet le font davantage ressembler à un donjon qu'un clocher. Cette impression est renforcée par ses quatre étages d'arcades, quasiment aussi étroites que des meurtrières, semblant dissimuler des archers plutôt que des cloches. J'apprécie la typicité des toits aux tuiles couleur terre cuite de la nef et de l'abside. C'est un ouvrage remarquable.

Je me gare sur le petit parking situé juste en face. De nombreuses voitures y sont garées, sans doute des touristes encore en visite. Dans un champ situé en contrebas, j'aperçois un groupe de personnes au comportement étrange : les unes en face des autres, elles cherchent je ne sais quoi d'invisible avec leurs mains, sous les instructions d'un formateur qui les oriente dans leur pratique. Curieux. Elles semblent travailler sur les énergies du corps. Je pense alors au yoga, au qi gong ou au tai-chi mais, en les regardant quelques instants, je me rends compte que la gestuelle n'a finalement rien à voir avec ces disciplines, ni même avec un quelconque art martial. Je n'avais jamais rien vu de tel. En tout cas, cela me paraît tout à fait sérieux et très précis. Les laissant à leurs occupations, je me dirige vers la petite boutique d'accueil située à l'entrée de l'abbaye. J'arrive à temps car une dame était justement en train de fermer la porte à clé. Je l'interpelle pour lui demander des indications :

– Bonjour, excusez-moi, je cherche l'abbé Orion, serait-il par là ?

– Ah non ! À cette heure-ci, vous le trouverez chez lui, dans le bâtiment situé de l'autre côté, là-bas, m'indique-t-elle en désignant de la main l'endroit où me rendre. Prenez à droite et montez l'escalier que vous verrez en face de vous. Mais je crois qu'il s'est absenté pour faire des courses ; il sera sans doute de retour d'ici peu. Allez-y quand même, vous trouverez certainement le père Riton qui doit être là.

– C'est très gentil, merci à vous.

Je repasse devant les hurluberlus qui sont maintenant autour d'un gros platane au large tronc : ils s'en éloignent puis s'en rapprochent doucement, toujours avec une main tendue devant eux, comme pour déceler quelque chose d'immatériel. C'est plutôt intriguant. Je les ignore pour ne pas les déranger et j'arrive en haut de l'escalier que la dame m'a indiqué.

La porte est ouverte et, avant même d'entrer, j'entends quelqu'un psalmodier des jurons d'un registre plutôt « poli » :

« Palsambleu ! Ce texte est un odieux blasphème, un infâme ramassis de sottises ! L'auteur de ces lignes méprisables dépasse les bornes ! Je lui tirerais bien les oreilles à ce coquin ! Comment peut-on oser manquer de respect à ce point à la religion catholique ! »

J'entre malgré tout et me dirige vers la provenance de ces mots doux. Dans une pièce proche de l'entrée, je trouve assis à une table un petit bonhomme aux bajoues bien en chair qui tombent sur un large cou grassouillet. Il affiche une moue de dégoût qui ne fait que renforcer les plis déjà marqués de sa peau grasse et luisante de sueur. Il est vêtu d'une soutane noire et son poitrail est orné d'une énorme croix reluisante pendue à son cou par un ruban coloré. Une large écharpe posée sur ses épaules tombe de chaque côté de sa personne. Avec la chaleur qu'il fait en ce moment, je me demande comment il peut supporter cet accoutrement.

Surpris de me voir entrer, il referme prestement le livre qu'il était en train de lire et, a priori, aussi en train d'insulter comme du poisson pourri. Le remarquant gêné de l'avoir surpris dans sa lecture, je lui adresse mes excuses :

– Bonjour, pardonnez-moi de vous interrompre, la porte était ouverte alors je me suis permis d'entrer. On m'a dit que j'y trouverais quelqu'un.

– Qu'est-ce que vous voulez ?

Le ton agressif qu'il prend en me posant cette question est plutôt surprenant pour un homme d'Église. Je m'attendais davantage à un accueillant « Vous avez bien fait, mon enfant, c'est ici la maison du Seigneur qui est toujours là pour vous accueillir et vous aider. Que puis-je faire pour vous, mon fils ? ». Au lieu de ça, j'ai l'impression de m'adresser à un concierge d'immeuble acariâtre. Il ne lui manque plus qu'un mégot de gitane maïs éteint au coin du bec et un œil à moitié fermé pour parfaire la caricature. Sa grosse paire de lunettes, fournie gratuitement par la Sécurité sociale, supporte deux épais culs de bouteille en guise de verres correcteurs. Ce pauvre homme doit vraiment être bigleux vu la taille de ses yeux au travers de ses verres. Ne me laissant pas pour autant intimider par l'énergumène au regard globuleux de mérou pas content, je lui réponds :

– Je suis venu rencontrer l'abbé Orion…

Avant que je puisse davantage m'expliquer, il me coupe la parole en adoptant un ton très sec :

– Il n'est pas là. Repassez une autre fois.

– Dans ce cas, puis-je me permettre de l'attendre à l'extérieur ? On m'a dit qu'il serait là d'une minute à l'autre.

– Ah! on vous a dit ça…

Déçu de ne pas avoir réussi à se débarrasser de moi si facilement, il hésite puis, d'un geste mollasson, me désigne une chaise autour de la table où il est lui-même installé :

– Alors dans ce cas asseyez-vous, me propose-t-il à contrecœur, en soufflant comme un buffle.

ϕ

Après quelques minutes, le silence commence à devenir pesant et je constate que cela finit par le mettre mal à l'aise. Il s'éclaircit la voix et se force alors à reprendre la parole :

– Hum… Vous venez pour une confession ?

– Non. Pour raisons personnelles.

– Ah ! Sinon, j'aurais pu moi-même vous confesser.

– C'est gentil, mais ce n'est pas l'objet de ma visite.

– N'oubliez pas que la confession est un acte de foi qui…

– Merci, mais je ne pratique pas la confession. Désolé, personne n'est parfait.

Ce curé commence à être quelque peu pénible. Par respect, je garde une attitude somme toute polie. Le fait de lui avoir coupé la parole ne l'empêche pas pour autant de la reprendre aussitôt :

– Je vous propose mes services juste comme ça car je ne sais pas si vous le savez, mais la réputation de l'abbé Orion n'est pas une des plus exemplaires de notre ordre.

Je suis étonné qu'il casse du sucre sur le dos de son collègue auprès du premier inconnu qu'il croise. Le père Riton doit vraiment lui en vouloir pour agir de la sorte. Il continue :

– Sachez qu'il est affecté à cette abbaye, mais il n'a d'un abbé que le titre. Il est d'ailleurs en phase de se faire excommunier de l'Église.

– Ah bon ? Pour quelle raison ?

– Son attitude et ses convictions ne sont pas celles que l'on peut attendre d'un homme d'Église digne de ce nom. Si vous venez le voir pour entendre la volonté de Dieu au travers de ses sermons, je vous conseille vivement de vous adresser à moi. Ses messes sont plus des discours profanateurs qu'autre chose, croyez-moi.

Afin de ménager sa susceptibilité, sans pour autant prendre parti sur ce qu'il m'avance, je lui précise poliment que je prends note de sa mise en garde.

Commençant à trouver le temps long, je consulte ma montre : j'espère que l'abbé Orion ne va plus trop tarder car la compagnie de son confrère ne m'enchante guère. Ce dernier reprend d'ailleurs de plus belle en continuant ses médisances :

– Voyez par exemple ce qu'il a osé me demander de lire : ce torchis ! s'exclame-t-il en me désignant la couverture du livre qu'il a devant lui.

Je reconnais instantanément ce roman mondialement

célèbre et qui a effectivement suscité bon nombre de polémiques auprès de l'Église catholique : le *Da Vinci Code*, de Dan Brown. Pas étonnant que ce prêtre se mette dans tous ses états en le lisant. Depuis le temps que c'est sorti, il doit d'ailleurs être le dernier lecteur sur terre à le découvrir. Je retiens un ricanement : mieux vaut ne pas davantage exciter le père sur le sujet.

– Vous connaissez ce roman ? me demande-t-il.

– Oui, je l'ai lu et j'ai également vu le film.

– Ah, parce qu'en plus cette fiction a été portée en images au cinéma ! Quelle honte ! Si vous êtes allé voir le film après avoir lu le roman c'est, je suppose, que cela a dû vous plaire ! renchérit-il en haussant le ton.

– Il faut reconnaître que le scénario est bien ficelé, avec une bonne intrigue et un rythme d'action soutenu.

– Mais les théories qu'il avance ne sont que blasphèmes !

– Je ne pense pas que l'auteur prétende dévoiler une quelconque vérité dans son œuvre, bien que bon nombre d'éléments qu'il utilise dans son histoire semblent crédibles. C'est ce qui d'ailleurs fait accrocher le lecteur.

– Mais ce Brown est un insouciant ! Il ne se rend pas compte de l'effet que peuvent avoir ses idées sur des gens qui croient tout ce qu'on leur raconte ! Surtout qu'elles sont totalement infondées et dénuées de réalité historique !

Je me retiens de lui rappeler que l'Église a procédé de la même manière pour faire avaler son discours aux masses et que le réalité historique du Christ est toujours un sujet de controverse sensible. Constatant qu'il part en vrille, je tente de le raisonner et de calmer son ardeur :

– Ce n'est qu'un roman, rien d'autre.

– Certes, mais le sujet abordé est sacré ; il n'a pas le droit de jouer avec la vie de Jésus-Christ comme il le fait. Avancer que le Sauveur aurait eu Marie-Madeleine en tant que compagne et qu'il aurait eu une descendance est une infâme hérésie ! C'est un manque de respect total envers notre culture religieuse qui a traversé des millénaires, alors que son éphémère jus de chaussette sera oublié aussi vite qu'il est apparu.

– Si c'est le cas, vous n'avez donc pas à vous en faire.

Ma seconde tentative pour l'apaiser semble vaine une fois de plus. Ce qu'il ne sait pas, c'est que ma patience a des limites et je crois bien qu'il les a atteintes : cette pie jacasseuse m'agace vraiment. Trop occuper à se plaindre, le bougre ne s'en rend pas compte car il continue à vociférer ses salades :

– L'abbé Orion s'est bien joué de moi en me conseillant de lire ce livre. Cela reflète bien son esprit machiavélique. Il prend un malin plaisir à se moquer de moi. Je m'en vais lui dire ce que j'en pense, moi, de son bouquin !

Lassé de l'entendre aboyer comme un roquet, je lui décroche une cartouche pour lui rabattre le caquet :

– C'est justement la réaction qu'il doit attendre de votre part ! Je ne serais pas surpris qu'il jubile rien qu'en voyant votre tête !

Ne s'attendant pas à une telle réflexion de ma part, il écarquille ses yeux tout ronds qui paraissent du coup encore plus énormes qu'auparavant :

– Comment osez-vous ! Vous m'insultez ?!

– Je ne vous ai pas insulté ; j'essaye simplement de comprendre ce qui a pu pousser l'abbé Orion à vous demander de lire ce livre. Je ne fais que constater votre réaction sans critiquer personne dans mes propos, contrairement à vous.

Oups : le « contrairement à vous » a été de trop. Son visage passe en un rien de temps de son teint naturel rose-cochon au rouge-écrevisse ; je crois que j'ai touché le point sensible :

– Mais qui êtes-vous pour me faire la morale ? me lâche-t-il. Et comment osez-vous remettre en question la vérité prodiguée par l'Église catholique sur la vie de Jésus ?!

C'en est de trop. Je ne me suis permis aucune réflexion

de ce genre et j'ai même tenté au départ de le raisonner poliment. Il m'accuse d'avoir dit des choses que je n'ai pas dites et il n'y a rien de tel qui m'énerve. Cette fois-ci, il ne me laisse pas d'autre choix que de sortir la kalachnikov :

– Premièrement, je ne vous ai rien dit de tel. Vous m'accusez délibérément d'avoir avancé des propos que je ne me suis en aucun cas permis d'avancer. Vous qui prônez le respect d'autrui comme règle fondamentale de vie, si c'est pour vous comporter ainsi, vous feriez mieux de changer de métier.

Il tente de m'interrompre pour m'en remettre une couche, mais je ne lui laisse pas ce plaisir :

– Deuxièmement, le fait que Dan Brown vous dérange avec sa version alternative de la vie de Jésus montre bien votre manque de recul : je ne vois pas en quoi c'est mal d'avancer par exemple que Jésus a eu une vie sentimentale avec Marie-Madeleine et qu'il était bien plus humain que la Bible le laisse prétendre. Ce qui est malheureux, c'est qu'il existe encore aujourd'hui des simples d'esprit comme vous qui croient dur comme fer ce que l'Église leur a mis dans le crâne. Finalement, peu importe qui détient la vérité et je crois que personne ne la détiendra vraiment un jour. Ce qui est en revanche frappant, c'est votre entêtement à affirmer que vous la détenez, tout ça pour une question d'image et de reconnaissance personnelle auprès de vos fidèles. Je trouve ça tout simplement navrant.

Pour terminer, je troque ma kalachnikov contre un lance-missile :

– S'il existe, que Dieu ait pitié de votre âme.

Ces mots ont pour effet de porter le coup fatal à la bête agonisante. Le ton posé que j'ai en plus employé pour lui dire ce que je pense semble l'irriter au plus haut point. À présent rouge écarlate, il explose littéralement :

– Sortez ! Sortez immédiatement d'ici !

– Non. Vous partez si vous voulez, mais moi, je reste.

Je le toise d'un regard neutre et imperturbable, ce qui l'incite à m'insulter encore plus :

– Vous n'êtes qu'un hérétique abject ! Vous…

– Eh bien, père Riton, que se passe-t-il ici ? surgit une voix derrière moi.

φ

Je me retourne et découvre un homme âgé d'une cinquantaine d'années en train de déposer ses commissions sur la table : j'en déduis que c'est l'abbé Orion qui revient de ses courses. On peut dire qu'il tombe à pic car on allait justement en venir aux mains !

Contrairement à la surcharge pondérale évidente de son collègue, l'abbé Orion semble plutôt svelte et en bonne forme. Son visage irradie une sympathie naturelle au travers d'un léger sourire compatissant et d'un regard soyeux. Il porte une chemise blanche à manches courtes, un pantalon à pinces noir impeccablement repassé, au pli central bien marqué, et des chaussures noires soigneusement cirées. Je ne distingue aucun signe religieux particulier sur sa personne.

Mon désagréable interlocuteur s'empresse de lui répondre aussitôt en le menaçant d'un doigt malveillant :

– Vous… Vous ! Votre esprit tordu vous perdra, abbé Orion, continuez comme ça et vous serez radié de l'Église !

Tout en continuant de parler à son confrère, il tourne la tête vers moi en me jetant un regard aussi malsain que son doigt qu'il brandit toujours comme une arme redoutable :

– Et je ne suis pas étonné de constater que vos fréquentations sont aussi effrontées que vous l'êtes. Je ne vous souhaite pas une bonne soirée, achève-t-il cette fois à l'attention de nous deux.

Puis il sort en claquant la porte. Je retiens mon envie de le rattraper pour lui signaler qu'il a oublié son livre sur la table et que ce serait dommage qu'il n'en connaisse pas la fin. Mais mieux vaut ne pas pousser le bonhomme à bout, on ne sait jamais, en plus d'être gras, bigleux, hautain, colérique et naïf, le pauvre pourrait être aussi cardiaque.

– Je ne sais pas ce que vous lui avez fait pour le mettre dans cet état, reprend l'abbé, mais vous n'y êtes certainement pas allé de main morte, jeune homme !

– Je suis navré, ce n'était pas du tout mon intention. Il faut dire que je n'ai pas apprécié son manque de respect. Quand on commence à me titiller injustement, je peux devenir très bête, c'est comme ça.

– Rassurez-vous, je ne vous en veux pas. Le père Riton est très susceptible et il se braque avec beaucoup de personnes de son entourage pour un oui ou pour un non ; vous ne pouviez pas le savoir. Je lui ai pourtant déjà dit que c'était mauvais pour sa tension de s'emporter ainsi, mais il ne m'écoute pas. Il croit que je me moque de lui à travers tout ce que je lui dis, alors que je ne lui veux que du bien, à ce pauvre homme. N'est-ce pas paradoxal ? Plus vous voulez le bien des autres, plus ils vous détestent et vous critiquent, comme s'ils étaient jaloux ou humiliés par l'aide qu'ils reçoivent. La nature humaine est vraiment compliquée !

Je souris en réponse à son raisonnement qui ne manque effectivement pas de bon sens. Puis je lui explique que le père Riton était déjà en colère avant que j'arrive, à cause du *Da Vinci Code* qu'il était en train de lire, et que cela faisait un quart d'heure que je servais de souffre-douleur. Il reconnaît alors que c'est de sa faute car c'est lui qui lui a conseillé de lire ce roman :

– Je suis désolé de vous avoir fait subir cela. Je ne m'attendais pas à ce qu'il réagisse si promptement auprès de quelqu'un d'autre que moi.

– Oublions ça. Au fait, je ne me suis pas présenté : Philippe Berger. J'attendais votre retour pour vous parler. Auriez-vous quelques instants à m'accorder ?

– Oui, bien sûr, j'ai tout le temps devant moi. Mais je vous signale que vous n'arriverez pas à me mettre aussi facilement en colère que vous avez pu le faire avec le père Riton !

Je suis rassuré de constater que l'abbé Orion est infiniment plus agréable que son collègue.

– De quoi vouliez-vous me parler, jeune homme ? reprend l'abbé Orion.

Comme je l'ai déjà fait pour Pascal Dracor et Anne-Lise Pinson, je lui résume mon périple et lui explique l'objet de ma venue.

ϕ

– Eh bien ! s'exclame-t-il à la fin de mon récit. Moi qui croyais que vous veniez pour la préparation d'un mariage, j'étais bien loin du compte ! Votre cas est plutôt atypique.

J'en viens rapidement au fait :

– Avez-vous eu un contact avec mon frère récemment ?

– Non. Notre rencontre remonte peut-être à un ou deux ans. De mémoire, il était venu passer un week-end dans le coin pour un stage de je ne sais quoi à Taurynia. Lors de sa visite à l'abbaye, il est venu à moi pour discuter. Je l'avais trouvé fort sympathique et plutôt éveillé comme garçon. Depuis je ne l'ai jamais revu.

Et voilà. Un de plus qui ne pourra rien m'apporter pour retrouver Max. Mon sentiment de déception n'échappe pas à mon interlocuteur :

– Navré de vous décevoir. Vous fondiez sans doute de gros espoirs sur moi, mais je ne vois pas comment je pourrais vous aider à retrouver votre frère. Je suis d'ailleurs surpris qu'il vous ait demandé de me rencontrer.

C'est la troisième réponse de ce genre que je suis obligé de subir. Si c'est encore pour entendre la même chose chez les deux autres personnes qu'il me reste à voir, inutile de continuer, autant remballer tout de suite. Cette chasse au trésor commence vraiment à me lasser. Après un physicien et une chanteuse, me voilà en face d'un abbé : c'est à n'y rien comprendre. Que cherche encore Max au travers de cette rencontre ? Que je me confesse de mes péchés ? Que j'apprenne à prier afin qu'un miracle survienne pour que je le retrouve ? C'est sans doute ça : un miracle. Il me faudrait un petit miracle car je n'ai toujours aucune piste valable. Avec un peu de chance, les dernières personnes de la liste auront quelque chose de plus à m'apprendre, souhaitons-le.

Une fois de plus, je ravale ma frustration. Avec tout ce que j'ai ravalé en deux jours, je vais finir par avoir une indigestion. J'aurais bien envie de me défouler sur un sac de sable comme celui que j'ai à mon club de karaté. À défaut d'autre chose, j'ai bien un abbé devant moi qui pourrait faire l'affaire, mais ce ne serait pas très moral. Je me calme et respire avant de reprendre :

– Quel genre de conversation avez-vous eue avec lui ?

– Je crois me souvenir d'avoir parlé de la religion dans son ensemble. Mais il m'avait beaucoup questionné sur le véritable sens spirituel de la religion, sur ce que je ressens et sur mes motivations profondes d'avoir choisi cette voie. N'imaginez pas que je lui ai fait un cours de catéchisme ou une messe en latin. Ce n'est pas mon genre du tout.

Vu sous cet angle, ça me paraît plus logique. Si logique il y a vraiment dans tout cela. Max a également questionné Anne-Lise Pinson sur son ressenti au travers du chant et de la musique. Ma conversation avec elle a beaucoup tourné autour de la spiritualité et la religion a souvent été évoquée. La rencontre avec l'abbé n'aurait donc d'autre motif que de poursuivre dans cette voie. Mais quel est l'intérêt de me mettre au fait de tout cela ?

L'abbé Orion me ramène dans la conversation : je raccroche les wagons car j'avais perdu le fil de ses propos :

– D'ailleurs, mon désintéressement des pratiques traditionnelles de l'Église catholique me vaut un certain nombre d'embêtements. Ma façon différente de voir la religion dérange les hauts dirigeants conservateurs de l'Église. Ils n'apprécient guère les messages que je passe dans mes messes et voient d'un mauvais œil les libertés que je prends dans ma vie quotidienne. C'est aussi de cela dont nous avons parlé avec votre frère.

Il m'explique que, depuis plusieurs années, il milite pour défendre le mariage des prêtres.

– Pourquoi doit-on vivre différemment des autres et s'interdire des relations sentimentales avec une femme ? me demande-t-il comme si j'étais Dieu et que je pouvais lui répondre. Si Dieu a bien créé la nature, alors en quoi serait-il opposé à ce que nous exprimions ce qu'il y a de plus naturel en nous ? Je ne parle évidemment pas uniquement de la relation physique entre l'homme et la femme : cette relation est, bien sûr, fondamentale mais elle n'est pas une finalité en soit. La femme a une influence considérable sur l'ouverture de l'homme à la spiritualité : elle le fait grandir et le rend sensible. Elle est la source même de son inspiration. Mais l'Église ne souhaite surtout pas avoir dans ses rangs des personnes inspirées, jouissant d'une spiritualité libérée et d'un esprit indépendant, ce qui les rendrait trop difficile à contrôler. Son objectif est en effet d'avoir en son sein des prêtres fidèles, obéissants, qui ne se posent pas de questions et qui appliquent sa doctrine à la lettre afin qu'ils fassent de même avec le peuple.

Eh bien ! Je me rends compte que le combat de l'abbé Orion va bien au-delà de la simple volonté de défendre le mariage des prêtres. C'est toute l'organisation, le comportement et la rigidité de l'Église catholique qu'il remet en cause. Je comprends un peu mieux pourquoi il est mal vu par ses pairs !

– En ce qui me concerne, continue-t-il, j'estime qu'être

marié ne signifie pas pour autant ne plus adorer le Christ ou faire une infidélité à Dieu. Ce motif, invoqué par l'Église pour justifier l'interdiction du mariage des prêtres, n'est que pur faux-semblant. Je souhaite simplement que les prêtres, qui sont citoyens autant que ministres de Dieu, ne soient plus astreints à former une classe à part dans la société par un célibat forcé. Je respecte le célibat ecclésiastique comme une exception légitime, mais à la condition qu'il soit libre.

Je ne m'étais jamais vraiment penché sur la question auparavant. En fait, il faut avouer que je n'y connais pas grand-chose en matière de religion et que je ne m'y suis jamais vraiment intéressé ; afin que l'abbé Orion sache à quel païen il a affaire, je lui fais part de mes lacunes :

– Vous savez, je suis baptisé, j'ai fait ma communion quand j'étais petit, mais au-delà de ça, je ne suis pas pratiquant et je ne me suis jamais vraiment senti concerné par la religion catholique.

– Rassurez-vous, je ne porterai aucun jugement de valeur sur vous là-dessus, me confie-t-il. Mais si vous êtes là aujourd'hui, c'est peut-être justement pour qu'on en discute ensemble. C'est probablement ce que souhaitait d'ailleurs votre frère dans notre rencontre, je ne vois pas d'autre motif.

Certes, cela me semble cohérent, même si pour l'instant je suis loin d'en saisir la finalité ! Mais bon, il faut laisser faire les choses et je verrai bien.

ϕ

L'abbé Orion reprend :

– J'espère que mon hostilité à l'égard de certaines règles de l'Église ne vous choque pas.

– Non, pas du tout. Mais j'en arrive à me demander pourquoi vous avez choisi cette vocation.

– En vérité, les valeurs que je défends sont celles du fondement du christianisme et de la Parole de Jésus.

– N'est-ce pas ce que fait l'Église aussi ?

– En apparence oui, mais certainement pas dans les faits ! s'insurge-t-il. Que faites-vous de toutes les atrocités qu'elle a pu faire subir à ceux qui n'adhéraient pas à sa doctrine ? Le sadisme religieux, ce n'est pas de la fiction ! Le symbole même du christianisme le montre ! Que le Vatican nous bénisse avec son slogan « Que la paix soit avec vous », mais il n'en reste pas moins qu'il fut lui-même le premier fournisseur d'armes pendant très longtemps, c'est bien connu ! Ce que je veux vous faire comprendre, c'est que d'une valeur à la base spirituelle, l'homme en a rapidement fait un instrument de pouvoir et de domination des peuples. C'est donc l'homme lui-même qui, par une interprétation détournée destinée à assouvir les pulsions incontrôlées de son ego, est responsable des actes odieux engendrés par sa croyance religieuse, et non les fondements de sa religion en tant que tels.

Inconsciemment dans ma réflexion, je recule en croisant les bras pour m'adosser au dossier de ma chaise, comme si cela me donnait un air plus intelligent.

Je n'avais jamais considéré la problématique religieuse sous cet angle. Jusque-là, j'avais mis tout dans le même sac. L'abbé Orion défend finalement les valeurs fondamentales du christianisme sans pour autant cautionner les utilisations perverses qui en ont été faites par les membres de l'Église.

Cela dit, j'ai d'autres interrogations qui ont toujours plané dans mon esprit, mais je n'ai jamais eu le courage de les soumettre à quiconque ; vu la trempe de cet abbé, je crois que c'est l'occasion ou jamais :

– Je comprends parfaitement votre point de vue. Mais au-delà de ça, que pensez-vous de tous ces dires concernant l'authenticité historique de l'existence de Jésus, de son éventuelle descendance, ou des relations qu'il aurait entretenues avec Marie-Madeleine ?

– Le Christ n'a certainement pas existé tel que l'Église nous le décrit dans le Nouveau Testament, c'est, en tout cas pour moi, une évidence. Cela n'empêche pas pour autant que sa Parole soit dénuée de sens et qu'elle ne soit pas bienveillante pour l'humanité. C'est cela que j'ai à cœur de défendre. Peu m'importe le reste.

– Oui mais, parmi les innombrables versions de sa vie qui nous parviennent, où est la vérité ? Qui croire ?

– Personne à part vous-même, me répond-il sans l'ombre d'une hésitation.

Curieusement, je m'attendais à ce genre de réponse qui ne m'éclaire pas davantage sur le sujet. N'aura-t-on donc jamais une réponse claire à ces questions que tout le monde se pose ?

Percevant ma frustration, l'abbé Orion marque un temps d'arrêt afin de faire retomber la tension de notre conversation. Puis, d'un ton calme, il reprend :

– Qu'est-ce que « croire » signifie au juste, pour vous ?

Déstabilisé par ce soudain changement de sujet, j'ai beau chercher quelque chose d'intelligent à répondre, mais rien ne me vient, à part un minable balbutiement :

– Ben, euh, c'est quand on…, euh…en fait…

Ayant certainement pitié de ma confusion, il abrège mes souffrances en répondant lui-même à sa question :

– Croire, c'est admettre ce que l'on n'a pas vu ou vécu, n'est-ce pas ?

– Oui, oui, c'est ça, bien sûr...

– Je ne vous choquerais pas en vous disant que cette faculté est très différente selon les personnes devant une même situation ou devant un récit à forte connotation symbolique.

– Ça me paraît évident.

– Nous ne pouvons donc croire qu'en ce que nous ressentons et non en ce que les autres racontent. En croyant en quelque chose que nous n'avons pas expérimenté, nous ne faisons que donner notre pouvoir à autrui. C'est comme croire en Dieu : ça ne sert à rien de le faire parce que l'on vous a appris à le faire ou parce que d'autres y croient. Croire ou ne pas croire, là n'est finalement pas la question ; l'important est de ressentir et de se poser de plus en plus de questions.

– Certes.

– Quant à la vérité concernant bon nombre d'événements religieux, sachez que probablement personne ne la détient, bien qu'un ego démesuré pousse beaucoup de personnes à prétendre la détenir. Et puis même si l'Église catholique ou d'autres religions la détenaient, cela ne changerait pas grand-chose, car la différence entre connaître le chemin et se décider à l'arpenter est de taille. Les dérives de l'Église en sont la preuve flagrante. Son dilemme est en fait très clair : elle soutient qu'il existe une connexion spirituelle avec le divin, mais en même temps, elle persécute ceux qui tentent réellement d'y parvenir et de l'enseigner, tout cela uniquement afin de protéger son autorité. Elle a donc la connaissance de la voie à suivre, mais son ego l'a empêchée de l'utiliser à bon escient, pour réellement avancer sur le chemin de l'élévation de la conscience spirituelle.

ϕ

Après quelques secondes de silence, dont j'ai d'ailleurs bien besoin pour me clarifier l'esprit, je tente de résumer ses propos :

– Ce n'est donc pas en lisant la Bible que nous pouvons découvrir la vérité.

– Je ne serais pas aussi radical que vous. Tout dépend de votre faculté à comprendre ses symboles et de la vérité que vous y cherchez. C'est dans cette optique que j'ai trouvé intéressant la manière dont le *Da Vinci Code* prend justement à contre-pied toute la symbolique du Graal. Même sans aller jusqu'à croire tout ce que l'auteur avance dans son roman, le simple exercice de considérer la religion d'un point de vue différent est en soi une bonne chose. L'intérêt de l'œuvre de Dan Brown est de pousser les gens à se poser des questions car, malheureusement, tout est fait dans le système actuel pour inhiber cette faculté. L'inconvénient, c'est que les lecteurs risquent de prendre tout ce que cet auteur raconte au pied de la lettre, même si des choses sont probablement vraies. Il le dit d'ailleurs lui-même : son espoir sincère est que son roman, au-delà d'être un divertissement pour les gens, serve de porte ouverte pour que chacun initie sa propre recherche sur un sujet religieux que nous avons perdu l'habitude de remettre en question. Il n'en reste pas moins que les romans de Dan Brown ont remporté un grand succès auprès des adeptes de la religion du nouvel âge.

N'ayant jamais entendu parler de cette religion du « nouvel âge » à laquelle il fait allusion, je lui demande de m'en dire plus à ce sujet :

– C'est un courant idéologique récent, me répond-il, qui aborde le divin avec une conception nouvelle. Il résulte en partie de l'émergence de l'esprit scientifique de notre époque qui ne reconnaît pas la possibilité que Dieu soit une conscience personnalisée à l'origine du Tout. Selon l'Église, les partisans de ce courant cherchent un divin immédiatement disponible, manipulable à souhait, dont ils puissent jouir sensiblement et qui donne sans tarder entière satisfaction à leurs exigences. Et surtout, un divin qui permettrait de faire l'économie de la foi, des dogmes, de la morale et de l'Église.

– Et quelle est au juste leur conception du divin ?

– Au dieu transcendant, personnifié et créateur du christianisme s'oppose leur dieu immanent impersonnel qui se manifeste dans la nature. Le nouvel âge conçoit Dieu comme la force ou l'énergie qui est présente en toute chose et tout être et qui fusionne les éléments de l'Univers en un Tout unique et indissociable.

Je marque un temps d'arrêt dans mes questions car l'abbé vient de toucher un de mes points sensibles : ce concept d'énergie universelle raisonne parfaitement avec mon propre ressenti, mis en exergue lors du concert d'Anne-Lise Pinson hier soir. Avide de développer ce sujet, je ne perds pas un seul instant pour reprendre le fil de la conversation :

– Et c'est de cette énergie que les partisans de ce courant prétendent pouvoir jouir à volonté ?

– Oui, me confirme l'abbé, ceci au travers de pratiques méditatives qui permettent de rentrer en connexion avec les énergies immatérielles de la nature. Cette vision naturaliste de la divinité est perçue par l'Église comme une orgueilleuse exaltation de l'individu qui prend la place du dieu chrétien qu'il a détrôné.

J'ai l'impression qu'à travers ses explications, l'abbé Orion ne semble pas partager l'avis de l'Église sur ce courant naturaliste moderne.

– Et vous-même, que pensez-vous de cette nouvelle vision du divin ?

– J'avoue que certains concepts ne me laissent pas indifférent.

ϕ

Je l'invite à continuer à se confier à moi, comme si les rôles entre le confesseur et le confessé s'étaient inversés :

– Pensez-vous que Dieu s'en réduise finalement à cette énergie omniprésente ?

– Non, mais j'avoue ressentir qu'une énergie existe effectivement en nous et partout autour de nous, une force à laquelle nous sommes tous capables d'avoir accès.

Ce qu'il m'annonce me fait comme un choc. À ma grande surprise, je me rends compte que son ressenti correspond exactement au mien. Qui l'eût cru ? Je reprends mes esprits pour rester concentré sur la suite de ses propos :

– Je ne pense pas que cette force soit Dieu en tant que tel, précise-t-il, mais plutôt qu'elle est une émanation de Dieu.

– Vous vous placez donc entre le christianisme et le nouvel âge : vous estimez que Dieu est une conscience personnalisée tout en ressentant que l'énergie qu'il a engendrée est directement accessible à l'homme.

– Exactement ! me répond-il avec un regard qui s'éclaire subitement. Je suis heureux que vous perceviez si précisément mon ressenti. D'ailleurs, je me souviens que votre frère partageait également ce sentiment. Est-ce également votre cas ?

– Oui, mais avec une petite réserve quant à l'existence d'une entité consciente qui serait à l'origine du Tout. Je n'arrive pas encore à avoir une position claire là-dessus.

– C'est parce que votre mental demeure fortement ancré à votre esprit, ce qui freine votre accès au ressenti. Je vous comprends car j'ai le même problème que vous, c'est humain. Même si je ressens des choses, j'ai du mal à faire le pas pour tenter de les comprendre. Mais déjà, si vous êtes sensible à l'aspect énergétique de l'Univers, vous êtes a priori en bonne voie ! Contrairement à ce que toutes les religions du monde cherchent à imposer, je ne pense pas qu'il soit, dans un premier temps, indispensable de croire en un dieu. C'est une recherche spirituelle qui, selon moi, présente davantage de sens une fois que l'individu a pris conscience qu'il faut d'abord croire en lui-même. S'il est en plus capable de ressentir les forces énergétiques qui l'entourent, sa marche vers la Source n'en sera que plus facile et agréable.

– Vous semblez parler non pas d'une seule énergie mais de plusieurs, lui fais-je remarquer intrigué.

L'abbé me répond que, dans cette force universelle, il ressent en fait une dualité qui s'affiche également à tous les niveaux de la matière et de la vie. Une dualité que l'être humain lui-même incarne dans le masculin et le féminin.

Cette dualité énergétique, l'homme à ses débuts la ressentait. Les premières indications archéologiques qui évoquent l'aspiration spirituelle du chasseur paléolithique remontent à l'art pariétal franco-cantabrique, environ 30 000 ans avant notre ère. Les peintures rupestres des « cathédrales préhistoriques », que représentent par exemple les grottes de Lascaux ou de Rouffignac, mettent en évidence la polarité masculin-féminin qui ressort dans l'ensemble de l'art paléolithique. On y retrouve une symbolique très riche, révélatrice du mystère, initiatrice à l'invisible et qui fait référence aux origines, au Cosmos et à la vie. À cette époque, la manière de vivre de l'être humain était encore suffisamment proche de celle de l'animal pour bénéficier du véritable ressenti de la nature et des forces profondes qui l'animent. Ses rites spirituels étaient donc en lien direct avec la dualité des forces du Cosmos et de la Terre qu'il sentait pulser au fond de lui.

Bien plus tard, entre 12 000 et 10 000 ans av. J.-C., la sédentarisation de l'homme engendra le développement de l'agriculture qui eut des conséquences déterminantes pour l'histoire religieuse de l'humanité. La fécondité de la terre fut directement mise en rapport avec la fécondité de la femme, conduisant ainsi à une sacralisation de la féminité. La complémentarité masculin-féminin des religions du paléolithique fut alors supplantée par la vénération des déesses mères.

Mais l'homme restait encore très attaché aux forces invisibles de la nature. Il avait un profond respect pour la Terre qui le porte, qui le nourrit et qui le fait grandir. La

Terre qui le reçoit. Comme une femme reçoit et porte la vie pour la perpétuer. La Terre-Mère, Gaïa, est le berceau de la vie. Et sa puissance n'a d'égale que celle du Cosmos souvent associée à une divinité céleste masculine, notamment vénérée au travers du Soleil, dans les cultes de nombreuses civilisations ; le feu et l'air en face de l'eau et la terre.

– Ne sentons-nous pas, au fond de chacun de nous, que tout n'est que dualité ? me demande l'abbé Orion, en portant la main sur son sternum. Qu'un père ne peut engendrer son enfant sans une mère ? L'un ne peut être dissocié de l'autre. Avec leur créature, les créateurs ne font qu'un. L'un est sous nos pieds pour nous porter, l'autre est au-dessus de notre tête pour nous protéger et nous guider dans notre évolution. Bien que matériellement distincts, nous sommes tous les trois imbriqués les uns dans les autres.

Avec une profonde intensité dans sa voix qui ne semble plus être la sienne, il ajoute :

– Si nous écoutons notre cœur, c'est le message que nous pouvons percevoir au fond de nous. Cette voix intérieure qui nous souffle que nous ne faisons qu'un avec cette famille.

– Le lien profond avec la nature et l'Univers que vous évoquez, je l'ai également toujours senti. Mais je n'avais jamais pensé à faire le rapprochement avec le symbolisme religieux. C'était en quelque sorte ma propre religion.

– Non, rectifie l'abbé, à ce stade ce n'est plus de la religion, mais de la spiritualité.

– Je n'ai jamais réellement fait la différence entre les deux.

– Elle est pourtant de taille, mon garçon ! s'exclame-t-il l'air outré. La religion, c'est du prêt-à-penser imposé à tout le monde alors que la spiritualité, c'est la perception élevée de ce qui peut-être au-dessus de soi. Et pour chacun, elle est différente.

Il me laisse quelques secondes pour bien saisir cette distinction fondamentale. Puis il reprend en me confiant qu'il trouve regrettable que l'Église ait écarté de son message biblique les aspects humains, charnels, matériels et terrestres de la vie de Jésus, pour se focaliser uniquement sur le divin. Elle fut attirée par la beauté et la puissance de Dieu, comme un papillon de nuit sur un réverbère ne pouvant plus s'en détourner et finissant par se brûler les ailes à son contact.

En refoulant le naturel et en rejetant la nécessité de s'ancrer à la vie terrestre, l'Église afficha, malgré ses fondements, son rejet de la femme et du péché charnel. Les religieux se donnent une image de pureté physique et intellectuelle qui, selon eux, les rapprochent de Dieu. L'abbé Orion m'avoue que pour lui ce comportement n'a aucun sens. Pour les ecclésiastiques, c'est un moyen détourné de se hisser au-dessus de l'humanité, qu'ils qualifient ainsi de pécheresse, afin de se mettre en position de lui dicter son attitude.

En fait, que l'on condamne le corps physique de l'homme pour ne vénérer que le divin, ou que l'on soit engagé trop fortement dans des démarches spirituelles quelles qu'elles soient, cela laisse toujours un grand vide dans l'âme qui se retrouve ainsi complètement déséquilibrée. Mais l'inverse est aussi vrai : un être qui n'est pas éveillé aux sphères supérieures de la conscience et qui se contente de rester ancré à des valeurs purement matérialistes, présentera inconsciemment le même déséquilibre. C'est le cas de beaucoup de personnes de notre époque qui vivent repliées sur elles-mêmes, loin de leur chemin spirituel mais aussi de la nature, avec qui le lien est également souvent rompu.

Le vide engendré dans les deux cas laisse alors place soit à la peur et l'angoisse, soit à l'expression souvent démesurée de l'ego, qui profite du déséquilibre pour s'installer et dominer l'individu. Un ego incontrôlé est d'ailleurs la plupart du temps étroitement lié à la peur.

La peur fondamentale de l'homme, au-delà de la peur de ce qu'il ne connaît pas, réside dans la crainte de perdre ce qu'il possède ou ce qu'il aime : le pouvoir, le confort, la sécurité, l'amour, la famille, la reconnaissance sont autant d'aspects qui le confrontent chaque jour à son ego. Tant qu'il n'aura pas remporté cette victoire sur lui-même, il sera toujours en proie à des comportements directement dérivés de sa peur : l'agressivité, l'hypocrisie, la jalousie, la malhonnêteté, la tristesse, la dépression et, bien sûr, la volonté de dominer.

C'est la peur qui forge les tyrans et les dictateurs. On dit d'eux qu'ils sont « méchants » ; mais ce n'est pas vrai car le fond du problème, c'est l'ignorance : ils sont ignorants, donc ils ont peur. Les méchants sont des peureux qui frappent de peur d'être frappés. La peur explique tout. On peut retourner dans tous les sens tous les problèmes de l'homme depuis ses débuts, on en reviendra toujours à sa peur qui est la cause première de ses tourments. Les méchants ont pour rôle de faire souffrir les autres. Ils sont en fait révélateurs de la lâcheté des autres. Ils n'existent que parce que le système dans lequel ils sévissent leur permet d'exister.

– Ne l'oublions jamais, insiste l'abbé Orion, l'enjeu n'est pas la gentillesse mais l'évolution du champ de conscience de l'humanité. Notre ennemie n'est pas la méchanceté, mais notre ignorance.

Pouf ! Depuis deux jours, j'en prends décidément plein la figure ! Et j'ai la vague impression que cela ne s'arrêtera pas là.

Cela dit, ce n'est pas non plus comme si je découvrais tout ce que l'on me raconte : avant de me lancer dans cette aventure, j'ai notamment pris conscience du pouvoir réducteur et paralysant de ma peur que j'ai justement dû surmonter pour me décider.

Il se lève et m'invite à me diriger dehors :

– Maintenant, si vous voulez bien me suivre, j'ai quelque chose à vous montrer…

ϕ

Alors que nous marchons en direction de l'abbaye, l'abbé Orion reprend :

– Si l'homme naît et vit sur terre, ce n'est pas pour passer tout son temps à chercher le divin. Certes, cette démarche est nécessaire pour évoluer, mais elle n'est pas suffisante. Pour équilibrer la balance, il est nécessaire de ressentir la Terre, la nature, son propre corps et de respecter profondément toute l'œuvre de la Création. Il tient à chacun de retrouver son propre souffle pour faire reprendre ces braises depuis trop longtemps étouffées.

– Comment retrouver ce souffle ?

Tout en ouvrant une petite porte qui accède à la crypte, il me répond, sûr de lui, avec un sourire confiant :

– Vous le savez très bien…

En m'invitant à entrer le premier, il me laisse le temps de répondre à ma propre question. Je suis obligé de me plier quasiment en deux pour passer mon mètre quatre-vingt cinq à travers cette porte minuscule. J'ai l'impression d'être un géant au pays des nains.

Une fois à l'intérieur, je me redresse et contemple toute la splendeur de la crypte circulaire, d'une dizaine de mètres de diamètre, sur environ deux mètres cinquante de haut. En son centre, un pilier massif aux extrémités évasées supporte la structure de la crypte. Le mur et le pilier, faits de petites briques aux joints parfaitement restaurés, se courbent progressivement vers le plafond lui-même arrondi : on se croirait dans un igloo, ou plus exactement à l'intérieur d'un énorme donut[9]. À l'opposé de l'entrée, un petit autel austère niche au fond d'un renfoncement dans le mur. La lueur orangée, diffusée par quelques halogènes muraux, baigne l'endroit dans une ambiance mystique.

Véritablement charmé, je ne perds pas pour autant l'intention de répondre à ma question. En m'approchant du pilier central, je ressens le long de mon échine comme des picotements qui remontent jusqu'au sommet de mon crâne. Un frisson ? Il ne fait pourtant pas si frais que cela. Puis, une forme de réponse à ma question se dessine dans mon esprit, se révélant progressivement, comme derrière une brume matinale qui se dissipe sous les premiers rayons du soleil. Sans laisser mon mental prendre le dessus, je lâche sans réfléchir :

– Nous pouvons retrouver ce souffle en se fiant à notre propre ressenti…

En posant la main sur le pilier d'un geste presque affectif, l'abbé approuve, avec le hochement de tête d'un sage qui semble satisfait de la réponse de son disciple.

– C'est effectivement en écoutant nos intuitions les plus profondes, sources de notre véritable pensée, que nous pouvons remettre le moteur en route. Et dans le monde d'aujourd'hui, ce moteur est grippé par un mental en suractivité. Les pensées qu'il génère, sous influence directe de notre environnement social, culturel ou éducatif, étouffent celles qui nous viennent des plans supérieurs de la conscience et ralentissent considérablement notre éveil. Mais, me direz-vous, à quoi bon avoir réparé le moteur, si nous ne sommes pas capables de générer l'étincelle qui le démarre et entretient son fonctionnement ?

Constatant par mon air intrigué à tendance abrutie que je n'ai pas saisi la subtilité de sa question, l'abbé Orion m'accorde une traduction en temps réel :

– En d'autres termes, ressentir ne suffit pas pour ouvrir

9 Beignet en forme de « O » avec un trou au milieu.

notre conscience.

– Et cette étincelle, quelle est-elle ?

Comme s'il s'attendait à ce que toute notre discussion converge finalement vers ce point, il écarte les bras avec un grand sourire et un regard lumineux :

– À cette question je ne peux vous répondre car c'est à chacun d'en découvrir la réponse au travers de sa propre recherche intérieure. Ce n'est pas quelque chose qui se dit simplement, ni qui s'enseigne, mais quelque chose que chacun doit aller chercher au plus profond de son être.

Ça, c'est bien une réponse de curé ! La note énigmatique de ses propos me laisse sur ma faim. Que dois-je découvrir de si subtilement caché en moi ? À quoi fait-il allusion ? Est-ce à Dieu le Père ? Le Fils ? Le Saint-Esprit ? Amen. Je n'en sais rien.

L'air dubitatif que je prends le pousse à m'accorder un petit message d'espoir : il tend ses bras vers moi et pose ses deux mains sur mes épaules, en me secouant quelque peu :

– Enfin, voyons ! Ne faites pas cette tête, mon garçon ! Ce que je peux juste vous dire, c'est que vous n'êtes pas loin de le découvrir. Vous en êtes même certainement très près… oui, très près…

Comme pour changer de sujet, il se retourne afin de contempler la crypte. Le torse bombé vers l'avant, en se tenant les deux mains dans le dos, il déclare avec fierté :

– Belle crypte, n'est-ce pas ?

– Oui, c'est très… puissant.

C'est le seul mot qui me soit venu à l'esprit pour décrire ce que je ressens. Soudainement très attentif, l'abbé tourne la tête vers moi en soulevant son sourcil gauche, comme pour permettre à son œil suspicieux de mieux m'étudier. Il relève immédiatement ma remarque :

– « Puissant », dites-vous ?

– Ce n'est peut-être pas le mot adéquat, mais…

– Si vous l'avez formulé ainsi, c'est, je présume, qu'il exprime votre ressenti.

Ne comprenant pas où il veut en venir, je lui réponds simplement :

– Sans doute.

Il plisse les yeux comme s'il venait de découvrir quelque chose en moi. Je le laisse m'observer en l'ignorant quelques secondes, même si j'ai l'impression d'être reluqué comme une curiosité de cirque.

Nous continuons la visite de l'abbaye et il m'emmène vers l'autel central. Là, il s'arrête et inspire profondément, puis il me fait remarquer :

– Je vous ai amené ici car j'aurais besoin de savoir ce que vous ressentez.

– Pardon ?

– Je conçois que cela peut vous paraître curieux, mais il semblerait que vous ayez senti quelque chose dans la crypte.

– Euh, peut-être.

– Cherchez bien…

– Je me souviens effectivement avoir senti un léger picotement sur le crâne, mais rien de…

– C'est effectivement de cela dont je vous parle, me coupe-t-il. Ça me le fait aussi à cet endroit, ajoute-t-il en tendant la main au-dessus de l'autel.

Je commence à croire que l'abbé a fondu les plombs. De quoi parle-t-il ? Ma curiosité l'emporte sur ma stupeur et je l'imite en tendant timidement ma propre main. À ma grande surprise, je sens comme une très légère décharge suivie d'un léger picotement au creux de ma main, qui cesse dès que je la retire.

– Vous l'avez aussi senti, n'est-ce pas ?

Comme pour m'en convaincre une seconde fois, je refais le même geste et je suis stupéfait de ressentir de nouveau la même chose. Ma nature butée m'oblige à même recommencer une troisième fois avant de répondre à l'abbé :

– Il faut bien avouer que oui…

– Je crois justement que c'est cette énergie dont nous parlions tout à l'heure. N'est-ce pas intriguant ?

J'hésite à répondre, encore sous l'effet de surprise d'avoir semble-t-il touché du doigt un phénomène qui m'était jusque-là inconnu. Je regarde ma main tel un enfant africain qui vient de toucher pour la première fois une chevelure blonde d'une Européenne qu'il n'avait jamais vue. Qu'est-ce que c'est que ce truc ?

– Je ne sais pas ce que c'est, continue l'abbé, mais je sais que cela existe bel et bien. Et dans la crypte, c'est pareil. Voilà ce que je voulais vous montrer. Je suis content que vous le sentiez également. Fascinant non ?

– Effectivement, je ne m'attendais pas à cela !

– Les églises datant du Moyen Âge n'étaient pas construites n'importe où, vous savez. Elles sont truffées de phénomènes que l'on qualifiait de divins ou de magiques mais qui, à mon sens, relèvent du pur naturel. Mais la nature renferme de nombreux secrets que nos chers scientifiques sont encore loin de découvrir.

Voilà autre chose : un abbé chaman qui nous ferait presque de la magie !

ϕ

Nous sortons de l'abbaye pour contempler un splendide coucher de soleil. L'abbé Orion inspire et expire profondément, comme s'il se nourrissait de ce spectacle coloré. J'ai l'impression de me voir lorsque que je me suis levé avant-hier matin chez moi, avant que toute cette histoire commence. J'en profite aussi pour entreprendre quelques respirations de relaxation. Mon épine dorsale en frétille de plaisir.

– Ne sentez-vous pas la force et la profondeur de l'univers en contemplant cette grandeur ?

– La contemplation de la nature est l'un de mes passe-temps favori. Je ne peux que comprendre votre ressenti, lui dis-je.

Il sort alors de sa poche une petite boîte de cigares, l'ouvre et m'en propose, tout en se servant lui-même :

– Tenez, si cela vous tente, rien de tel qu'un bon petit plaisir en face d'un spectacle pareil.

N'étant pas fumeur régulier mais plutôt crapoteur occasionnel de cigare, j'accepte volontiers son offre. Après les avoir allumés, il regarde son cigare de près en recrachant doucement la fumée pour prendre le temps d'en apprécier le goût.

– Vous voyez, ce genre de petit plaisir, dans la vie, il ne faut pas passer à côté. Ce n'est que pure folie que de s'interdire de se faire plaisir. Bien sûr, comme pour tout, il y a des limites. Mais ce que je veux vous faire comprendre, c'est que nous sommes là pour profiter de tous nos sens, de notre corps et de la nature quelle qu'en soit la manière. La nature nous a donné cette faculté, nous aurions tort de la rejeter pour ne poursuivre qu'une quête spirituelle aveugle ; tout est une question d'équilibre pour bien gérer les deux à la fois.

Il se laisse le temps de tirer sur son cigare avant d'achever ses propos :

– Et pour cela, nous pouvons dire merci. Merci à la Terre et au Cosmos de nous avoir engendrés dans la matière et de nous guider sur notre chemin de conscience.

Il s'arrête de parler pour tirer une autre taffe qu'il semble savourer à chaque instant. Je le sens complètement libéré, calme et en admiration devant… la vie. Je me rends compte que je ne suis finalement pas le seul à ressentir ces choses-là, surtout depuis que je suis parti de chez moi, il y a deux jours.

Nous laissons quelques secondes filer sans dire un mot ; le temps se dissipe comme les volutes de fumée que nous laissons échapper en fumant nos cigares. Sans même contrôler mon intention de parler, je laisse s'envoler ces quelques mots qui ne semblent pas venir de mon cerveau mais de bien plus loin :

– Merci. C'est un moment paisible et plein… plein… d'amour.

Oui, il n'y avait effectivement pas d'autre mot pour qualifier mon ressenti de l'instant présent. L'abbé tourne alors la tête vers moi. Ses yeux brillants et chargés d'émotion renferment quelque chose comme… une étincelle. Il me sourit d'un air comblé plein de complicité :

– Vous voyez que vous n'êtes pas si loin de la découvrir, cette étincelle…

ϕ

L'abbé Orion m'accompagne jusqu'au parking où je suis garé. En me serrant la main, il me précise :

– La conversation que j'avais eue avec votre frère fut sensiblement la même qu'avec vous. Je crois avoir abordé à peu près les mêmes sujets. De toute façon, les occasions de parler de ce genre de choses sont malheureusement très rares. Je ne vous cache pas qu'il y a très peu de personnes à qui j'ai pu confier mon véritable ressenti sur l'aspect spirituel de la religion. Mais même en essayant de le dissimuler en moi, cela transpire irrémédiablement dans ma vie et dans mon engagement auprès de l'Église. Nous ne pouvons pas vivre indéfiniment en cachant notre véritable nature, elle finit toujours par refaire surface d'une manière ou d'une autre.

– Sans vouloir vous offenser, lui fais-je remarquer, je comprends mieux à présent d'où peut provenir cette « mauvaise réputation » que m'évoquait le père Riton à votre égard, avant votre arrivée.

– Je ne suis pas surpris qu'il vous ait fait cette réflexion. Il dit cela à tous ceux qu'il croise pour me discréditer chaque jour davantage, dans le but de me voir exclu de l'Église. Sa seule ambition n'est autre que de prendre ma place pour devenir l'abbé en charge de cette abbaye.

L'abbé Orion reconnaît avoir tant bien que mal réussi pendant des années à résister aux critiques et aux assauts répétés de l'ordre religieux contre sa personne. Mais depuis qu'on lui a affecté le père Riton, dans le but évident de le surveiller et de le déstabiliser, il craint que l'Église finisse par parvenir malgré tout à ses fins.

Le sentant plein d'amertume et de doutes, je lui adresse à mon tour un message d'encouragement :

– Si demain vous êtes contraint de quitter l'Église, c'est sans doute que d'autres tâches vous attendent sous d'autres horizons pour continuer votre chemin. Qui sait ? Peut-être est-il temps pour vous de tourner la page et de partir à la découverte de ces énergies mystérieuses que nous avons ressenties dans l'abbaye ?

Quelque chose me revient alors à l'esprit :

– Maintenant que j'y pense… en arrivant, j'ai croisé un groupe de personnes qui avaient un comportement étrange. Je ne serais pas étonné que ce soit justement sur ce genre d'énergies qu'ils étaient en train de travailler.

– Oui, je les ai déjà aperçus à plusieurs reprises. Je connais le formateur, il habite juste au-dessus, à Taurinya. Il me demande souvent l'autorisation de venir avec des stagiaires pour semble-t-il se livrer à des expériences de ressenti. Il n'a jamais dérangé qui que ce soit, hormis le père Riton, évidemment. Alors je l'ai toujours laissé faire. En revanche, je n'ai jamais osé lui demander de m'expliquer précisément l'objet de ses activités.

– Peut-être est-il temps pour vous d'oser. Oser comme j'ai dû le faire avant de me lancer dans cette quête sans retour. N'ayez pas peur de l'inconnu car, en restant ainsi enchaîné à cette situation stérile, vous risquez de vous consumer à petit feu.

Je lui expose mon point de vue comme ça, sans trop réfléchir, comme un psychologue conseillerait son patient. Afin d'éviter tout malentendu, je me reprends :

– N'imaginez pas que je me permette de vous dicter ce que vous avez à faire…

– Non, pas du tout, me rassure-t-il. Au contraire, j'accueille avec beaucoup d'intérêt votre remarque : c'est bien ce que je me disais au fond de moi, ces derniers temps, sans avoir vraiment eu le courage de trancher la question. Mais votre venue ici n'est pas non plus un hasard pour moi, j'en suis sûr. Discuter avec vous m'a permis de remettre au clair ma propre vision des choses et de me recentrer sur mon ressenti.

– Si c'est effectivement le cas, alors vous m'en voyez ravi. Heureux d'avoir partagé ces précieux instants avec vous, abbé Orion. Et… qui sait ? Peut-être nous reverrons-nous ?

– Si cette idée ne vous est pas venue par simple politesse, alors il y a de grandes chances que ce soit le cas. Bonne route et bon vent, achève-t-il en me saluant. Vous retrouverez votre frère sain et sauf, j'en suis sûr. Et soyez prudent, car votre affaire semble plutôt périlleuse. Mais vous saurez vous en tirer, je n'en doute pas un seul instant. Au revoir.

– Au revoir.

21 h 15. Je démarre pour repartir sur la route de l'aventure… une aventure qui tourne d'ailleurs de plus en plus à une aventure intérieure, semble-t-il.

ϕ

En repassant par Prades pour reprendre la direction de l'autoroute A9, je tombe sur une voiture de légende, que je trouve garée en ville : une magnifique Subaru Impreza WRX gris métallisé ! Ça aussi, c'est un véritable avion de chasse ! 218 chevaux, 16 soupapes, moteur à cylindres à plat « Boxer », ce bolide monte de 0 à 100 km/h en 6,6 secondes !

Je ralentis à sa hauteur et, au travers des vitres teintées, je devine son conducteur sans en distinguer précisément le visage. Ce type doit être certainement heureux comme un pape de posséder une telle mécanique ! Mais pour rien au monde je ne lui échangerais ma Lancia Delta HF Intégrale Verde York, dont le profil est quand même beaucoup plus esthétique !

Cela me rappelle d'ailleurs un après-midi mythique que j'avais passé avec mon ami Jérémy qui avait une « Soub' »[10]. Nous avions fait trois séries d'une demi-heure d'essais libres sur le circuit de Lédenon, vers Nîmes. Juste avant la course, pour le chambrer, je lui avais lancé :

« Comment imagines-tu un seul instant gagner avec une caisse qui ne ressemble à rien ! »

Loin de se laisser déstabiliser par mon cynisme gratuit, il m'avait rétorqué :

« Une Soub', ce n'est pas fait pour être beau ; c'est fait pour être efficace ; tu ne verras que mes feux arrière ! »

Persuadés que chacune de nos montures était la plus performante, nous étions partis dans l'idée de mettre une sacrée rouste à l'autre. À la fin de la troisième série d'essais, nous avions été contraints d'abandonner tous les deux la course, sans avoir réussi à nous départager : lui avait explosé ses cardans et usé ses plaquettes de frein jusqu'au fer, moi, j'avais éclaté les durites hydrauliques de mon système de freinage. On s'en était vraiment mis pour très cher en réparations, mais qu'importe ! Le plaisir avait été si intense que cela n'avait pas de prix !

Le souvenir de ces bons moments me réchauffe le cœur.

---

10 Diminutif phonétique de « Subaru », en prononciation japonaise.

Je passe ma route pour sortir de Prades et gagner la nationale en direction de Perpignan. Cette fois, cap sur le CHU Lapeyronie de Montpellier pour rencontrer une certaine Gladys Gauss. Serait-elle infirmière, médecin ou chirurgien ? Non, encore mieux : une masseuse ! Peut-être que Max m'y envoie justement pour un entracte détente afin de ménager mon dos après toutes ces heures passées sur la route !

Je soupire ; qui sait ce qui m'attend encore là-bas ? En tout cas, pour une fois, je n'ai pas toute la France à traverser pour me rendre auprès de la prochaine personne de la liste.

19.
Genève - Gare ferroviaire.
20 h 55.

Le lieutenant Fritz s'approcha du taxi gris métallisé qui venait d'arriver sur l'aire de stationnement prévue à cet effet, devant la gare de Genève. Il toqua au carreau afin que le chauffeur descende sa vitre :

– Bonjour, police de Genève, se présenta-t-il en montrant son badge.

– Bonjour, répondit timidement le chauffeur.

Fritz rangea sa plaque et sortit la photo de Maxime Berger :

– Nous recherchons, pour un témoignage, le chauffeur de taxi qui aurait conduit cet homme il y a trois jours, le 17 août, vers 12 h 30.

Tout en regardant attentivement la photo, le chauffeur fit remarquer à Fritz :

– Ça ne me dit rien. Vous savez, on en voit beaucoup passer, il est impossible de retenir les visages de tous les clients. Surtout que la plupart du temps, on ne les entrevoit qu'à travers notre rétroviseur central…

– Avec la particularité que celui-ci, avant de monter dans le taxi, sortait tout droit d'un bac à herbe de tracteur-tondeuse de jardinier juste sous les yeux du chauffeur de taxi qui n'a donc pas pu le rater. Je pense que c'est suffisamment original pour s'en souvenir…

Le chauffeur ne trouva rien à redire, tant la description des circonstances était effectivement saugrenue. Il parvint malgré tout à balbutier une réponse :

– Ah non ! Désolé, je n'ai rien vu de tel.

– Puis-je noter votre nom, s'il vous plaît ?

En pointant sur la liste de son ordinateur de poche l'identité du chauffeur et le numéro de plaque de son taxi, Fritz le remercia et le salua.

C'est alors que son téléphone portable sonna : c'était le capitaine Dubon. Il prit immédiatement la ligne :

– Fritz j'écoute ?

– C'est Dubon, je viens aux nouvelles. Est-ce que ça avance de votre côté ?

– Toujours rien. Sur tous les chauffeurs de la liste à interroger, j'en ai passé seulement une quarantaine en revue. Le rythme des interrogatoires diminue ; j'en ai vu beaucoup la première heure, et maintenant ce sont souvent les mêmes qui reviennent. Un roulement se fait progressivement entre ceux qui finissent leur tournée et ceux qui la commencent.

– Continuez, on finira bien par trouver le bon, l'encouragea Dubon. Merci de mettre à jour votre liste de noms qu'il vous reste à interroger. Nous la recouperons avec celle de Ricaud et la mienne afin de savoir où nous en sommes. Je vous rappelle que nous nous mettons en conférence téléphonique dans cinq minutes, à 21 heures précises.

– Bien reçu, à tout de suite.

Cela faisait deux heures que Fritz interceptait tous les taxis de couleur claire qui passaient par la gare. Ses collègues et lui s'étaient partagé le travail : Ricaud avait pris en charge l'aéroport, Dubon, les sociétés de taxi de la ville, et lui-même, la gare.

Deux heures plus tôt, au bureau, ils avaient effectué un premier tri sur le listing du millier de taxis enregistrés à

Genève. Il en était ressorti une liste d'environ 550 véhicules correspondant à la description « claire » qu'en avait faite le jardinier, à savoir : blanc, gris métallisé, beige et couleurs pastel très claires.

Les trois policiers avaient d'abord tenté de contacter les chauffeurs par téléphone. Ils avaient abandonné cette voie très vite après s'être rendu compte que, par déontologie, la plupart refusaient de se confier : les chauffeurs ne pouvaient effectivement pas être sûrs qu'il s'agissait vraiment de la police ou de quelqu'un de mal intentionné se présentant comme tel.

La seule solution avait été de descendre directement sur le terrain les rencontrer un à un. Il ne restait plus qu'à trouver l'heureux élu qui gagnerait le droit de témoigner sur Maxime Berger.

ϕ

21 heures. Réunis en réunion téléphonique comme prévu, les trois policiers faisaient le point :

– En ce qui me concerne, expliqua Dubon, je me suis rendu auprès des principales compagnies de taxi de la ville pour y déposer le signalement de Maxime Berger. Les gérants ont accepté d'interroger leurs chauffeurs au fur et à mesure qu'ils les verront passer. Si l'un d'eux s'avérait être celui que nous cherchons, j'en serais immédiatement averti.

– Ces compagnies ont des chauffeurs sur la route 24 heures sur 24, fit remarquer Ricaud. Le temps que le roulement entre les différents chauffeurs se fasse, nous en avons encore pour un bon moment avant de les avoir tous passés en revue.

– Oui, continua Fritz, et si ça se trouve, notre lascar n'est pas actuellement au travail ; il se peut qu'il ne prenne son service que demain matin.

– C'est effectivement fort probable, reconnut Dubon. Étant dans l'incapacité de le savoir, nous sommes malgré tout obligés de continuer nos recherches.

Dubon pianota sur son ordinateur pour finaliser le croisement des listes reçues de ses deux collègues par mail. Il leur fit part du bilan :

– Donc, si on résume : en deux heures, nous avons 42 chauffeurs interrogés par le lieutenant Fritz, 35 par le sergent Ricaud et 18 par moi-même, ce qui nous fait un total de… 95. Il nous en reste donc 452 à passer en revue. Je vous renvoie la liste remise à jour. Je vous propose de continuer encore deux heures. Si, d'ici-là, nous n'avons pas levé notre lièvre, rendez-vous en réunion téléphonique à 23 heures précises pour faire un autre point. Des questions ?

– Non, répondirent-ils simultanément.

– Eh bien bon courage et à tout à l'heure.

20.
Autoroute A9.
Entre Perpignan et Montpellier.
22 h 15.

Mon estomac me demande, avec un gargouillis poli, de m'arrêter faire une pause repas, faveur que je lui accorde sans rechigner. Je fais halte dans une aire de service située entre Perpignan et Narbonne.

Comme à mon habitude, je m'ouvre une boîte de conserve que je fais réchauffer au butagaz. Une fois rassasié, je me rends dans la boutique de la station pour une pause aux sanitaires.

En ressortant, au moment où je me dirige vers ma voiture, j'aperçois une Subaru qui arrive en roulant presque au pas. Lorsqu'elle s'approche, je la reconnais instantanément : c'est celle que j'ai vu à Prades ! Cette personne a fait le même trajet que moi et elle fait sa pause au même endroit. Amusant. Discrètement, j'épie quelques secondes la bête qui passe doucement le poste d'essence sans s'y arrêter, avant d'aller se garer un peu plus loin.

Bon, ce n'est pas le tout, mais il faut que je continue ma route, il est déjà tard. Je remonte en voiture et me réengage sur l'autoroute A9.

ϕ

Après avoir passé Béziers, je commence à me poser la question de l'endroit où je vais dormir ce soir. Je repense alors à mon ami Jérémy qui habite vers Lodève, à une cinquantaine de kilomètres au-dessus de Béziers. La dernière fois que l'on s'est vu, il m'avait spécifié qu'il serait chez lui pendant mes congés et que je pouvais passer quand je voulais. Cela ne me fera pas un grand détour pour ensuite me rendre à Montpellier demain matin. Rien qu'à l'idée de voir sa tête quand je lui raconterai mon périple, j'en rigole d'avance !

En revanche, il faudrait quand même que je le prévienne, parce qu'il est déjà 23 heures. Évidemment, n'ayant pas de portable, il faut que je trouve une cabine.

« Il faudra que tu te décides à te munir d'un portable, Phil ! » me fais-je la leçon intérieurement. « Même si dans ta vie de tous les jours tu n'en as pas l'utilité, ça peut toujours te servir dans d'autres circonstances ! La preuve ! »

Je sors donc de l'autoroute. Après avoir encore lâché un billet au péage, je m'arrête sur l'aire de stationnement située juste après. J'aperçois une cabine ; en espérant qu'elle marche… J'ai de la chance, elle est en service, ce qui est de plus en plus rare de nos jours, il faut bien le reconnaître.

Jérémy décroche et je lui fais part de ma proposition. Il semble ravi de m'accueillir ce soir. Tant mieux. Nous ne nous étendons pas davantage et je raccroche.

Je me remets en route. En faisant mon contrôle sur ma gauche avant de m'engager sur la route, qu'est-ce que je vois au péage ? Encore la Subaru ! Une fois, ça va ; deux fois, je veux bien admettre la coïncidence ; mais trois fois, là, il y a de quoi se poser des questions !

Me vient alors un affreux pressentiment : serais-je suivi ? M'aurait-on repéré ? Un flash soudain me rappelle qu'il y a quelque temps, la Brigade rapide d'intervention de la gendarmerie s'était équipée de Subaru. Serait-ce un flic en Subaru banalisée ?

Malgré les gouttes de sueur froide qui commencent à perler sur mes tempes, je démarre, comme si de rien n'était, pour m'engager dans le rond-point, en roulant doucement. Je trouve louche que le conducteur s'attarde un peu trop pour payer, et encore plus le fait qu'il décide de se garer sur le petit parking comme je l'ai fait ! Bien que les phares s'éteignent, je ne vois personne sortir de la voiture pendant les quelques instants où je l'ai encore dans mon champ de vision. Puis, je sors du rond-point en direction de Pézenas. Pendant un bon moment, je scrute mon rétroviseur sans rien remarquer de particulièrement suspect.

Si cette personne m'a effectivement suivi, comment a-t-elle pu le faire avec de si grandes distances entre nous ? Car à la station-service, elle est arrivée un bon quart d'heure après moi et au péage, le temps que je téléphone à Jérémy, cinq bonnes minutes se sont écoulées avant qu'elle arrive à mon niveau.

Cela paraît invraisemblable. Peut-être suis-je en train purement et simplement de psychoter tout seul ! Non, c'est trop gros pour n'être que le fruit du hasard. Je me calme en respirant profondément. La meilleure chose à faire est de continuer jusqu'à Lodève ; j'aviserai une fois là-bas.

ϕ

Arrivé à hauteur de Lodève, toujours en proie à un gros doute, au lieu de me rendre directement chez mon ami, je décide de m'engager sur une petite route qui monte vers Saint-Privat. Je connais bien cet itinéraire pour y avoir fait une Spéciale avec ma Lancia, du temps où je faisais du rallye.

Après avoir grimpé un ou deux kilomètres, je me gare au bord de la route sur un endroit dégagé qui surplombe la vallée. D'ici, je peux voir les voitures monter dans ma direction : si la Subaru venait à me suivre jusque-là, je la repérerais immédiatement. Au moment où je formule cette pensée, j'aperçois les phares d'une voiture qui s'engage justement sur ma route !

Catastrophe ! Cette fois, c'est la bonne !

Je retourne en vitesse à ma voiture ; j'ouvre le coffre, sors mes bottines de pilote Sparco que j'enfile aussi vite que je peux. Si les choses tournent mal, elles pourront m'être très utiles. J'entrevois à présent la lumière des phares à travers les arbres, deux virages plus bas. Je distingue maintenant le bruit du moteur… c'est bien celui d'une Subaru ! Il est reconnaissable parmi tous, du fait de la disposition à plat de ses cylindres.

Mon cœur bat la chamade. Je me jette au volant de ma Lancia en me couchant sur le côté afin que l'on ne puisse pas voir ma silhouette de l'extérieur.

La Soub' arrive, je l'entends ralentir et approcher. J'ai l'impression d'être un mulot traqué par un redoutable oiseau de proie nocturne. En bougeant le moins possible, j'attrape ma paire de gants de conduite que j'enfile délicatement. Un faisceau de lampe de poche puissant vient alors balayer l'habitacle de ma voiture. J'entends une portière s'ouvrir.

« Phil ! » me dis-je paniqué, « si tu attends plus longtemps, tu vas te faire prendre comme un rat ! Bouge de là ! »

Sans plus me poser de questions, je tourne la clé du contact, me redresse et agrippe mon volant sport tulipé en enclenchant la première :

– Philou, mets les gaz ! m'écriai-je en enfonçant l'accélérateur.

Je démarre en trombe en soulevant un énorme nuage de poussière qui a le mérite d'aveugler mon poursuivant et de couvrir ma fuite pendant quelques secondes.

Malgré l'effet de surprise, il ne tarde pas à réagir en se lançant immédiatement à mes trousses. Et me voilà poursuivi par je ne sais quel flic semble-t-il aussi téméraire que moi ! En tout cas, ses intentions n'ont pas l'air des plus amicales !

Je le savais bien que ça finirait mal, cette histoire ! Et pourtant, je me suis jeté dans ce guêpier en toute connaissance de cause, ou plutôt de conséquence !

« Maintenant, il faut que tu assures, Phil ! Allez, au boulot ! Tu as une méchante Soub' à semer ! »

Me voilà lancé dans un affrontement mythique qui peut faire rêver tous les passionnés de voitures de sport :

« Lancia Delta HF Intégrale VS *Subaru Impreza WRX ! »*

Sauf que là, ce n'est pas un jeu de console vidéo : comme le dit si bien la publicité de la prévention routière, je n'ai qu'une seule vie !

Si dans deux virages je veux toujours être vivant, place à la concentration : je souffle un grand coup, fais le vide dans ma tête et focalise toute mon attention sur la route… et surtout, le bord de la route. Je suis en confiance car j'ai l'avantage de connaître assez bien le tracé de cet itinéraire, chose qui serait surprenante de la part de mon adversaire.

Après quelques virages de chauffe, tous mes réflexes de conduite sportive me sont revenus. Malgré cela, à ma grande stupeur, mon poursuivant est quand même parvenu à me rattraper ! Apparemment, lui n'a pas eu besoin de quelques virages pour retrouver ses automatismes. Je ne me laisse pas pour autant décontenancer. Je reste serein et confiant car, dans ce combat, je ne suis pas seul : j'ai entre les mains une excellente voiture que je connais sur le bout des doigts.

J'entre en osmose parfaite avec la mécanique de ma Lancia Delta. Je capte chaque vibration, chaque bruit, comme si nos systèmes nerveux étaient interconnectés et qu'elle était le prolongement de mon propre corps. Nous ne faisons qu'un. C'est ensemble que nous sortirons de cette épreuve, ou c'est ensemble que nous y resterons. Je suis dans ma bulle, plus rien n'existe autour de moi autre que mon volant, mon levier de vitesse, mes pédales et la route. Ce qui représente déjà beaucoup d'éléments à synchroniser.

Je n'autorise qu'une seule pensée à percer mon cocon de concentration : Maxime. Il est mon unique raison de m'accrocher pour me tirer de ce mauvais pas. La phrase de sa lettre raisonne alors en moi comme un murmure lointain soufflé par une sirène :

« Ne pense pas, fie-toi à ton instinct. »

Avant chaque virage, je laisse libre court à mon intuition pour décider de la manière dont l'aborder. Virage double gauche serré, virage à droite 45 degrés… je les enchaîne un à un jusque-là sans trop de fautes. Malgré mes efforts, je sens mon prédateur toujours à l'affût de la moindre erreur de conduite de ma part. Je ne parviens pas à prendre de l'avance, il s'accroche à mon pare-choc comme une tique à son chien. Impossible de m'en défaire.

Je me souviens alors d'un virage à droite en épingle très difficile à passer, un peu plus loin, à environ un kilomètre. De mémoire, le fait qu'il soit légèrement en descente rend la manœuvre encore plus délicate. C'est l'occasion ou jamais de tenter le tout pour le tout. Si j'entre assez vite dans la courbe et que j'opte pour un freinage tardif, mon assaillant se fera peut-être suffisamment surprendre pour ne pas pouvoir contre-braquer à temps, en espérant le voir finir dans le décor. Car l'objectif est bien là, sinon, je ne vois pas comment je peux m'en sortir autrement

L'important, c'est évidemment de ne pas finir avec lui sur le tas et de garder ma Lancia sur le bitume ! Sans quoi, mon coup d'audace n'aura servi à rien, sauf à nous tuer tous les deux. Vu le relief escarpé de l'endroit, une sortie de route ici serait en effet mortelle.

Durant la manœuvre, mes freins vont être mis à rude épreuve avec deux facteurs qui se cumuleront : la pente du virage et le freinage tardif puissant. Heureusement, j'ai deux atouts majeurs de mon côté : lorsque j'avais éclaté les durites de freinage après mon après-midi circuit avec mon ami, j'avais investi dans des durites d'aviation renforcées, gainées en aluminium. Leur grande résistance permettra de supporter la puissance du freinage. Le second atout, ce sont mes jantes Oz Super-Tourismo WRC qui permettent de mieux refroidir les freins.

Nous y sommes.

ϕ

Avant de rentrer dans le virage, je place la voiture avec un appel, coup de volant à l'opposé du sens du virage pour faire chasser l'arrière de la voiture. En même temps, j'effectue un « talon-pointe »[11] assez confortablement, grâce à mes bottes de pilote à semelles plates et souples. Je suis content d'avoir pensé à les mettre. Avec des chaussures de ville, j'aurais vite perdu les pédales !

Oulala ! Malgré mon freinage puissant, je suis rentré un peu trop vite dans la courbe ! J'ai peut-être eu les yeux plus gros que le ventre. Du fait de mon freinage tardif, je n'ai pas pensé à placer ma voiture différemment juste avant le virage. Je sors du coup de la trajectoire optimale. Tant pis, maintenant que j'y suis, j'y reste ! Contre-appel dans la courbe et je remets les pleins gaz. C'est bien ce que je craignais : à cause de mon mauvais placement de départ, je me

---

11 Technique de conduite consistant à freiner avec le talon tout en accélérant avec la pointe du même pied pour conserver le régime du moteur au moment du débrayage.

déporte à présent sur l'extérieur du virage. Je mords sur le bas-côté gauche ce qui me fait perdre l'adhérence quelques instants. Ça passe ou ça casse ! Et il va bien falloir que ça passe ! Les deux roues gauches labourent la terre quand soudain, le train avant percute violemment quelque chose qui vient ensuite cogner sous le châssis avec un « blong blong » inquiétant : certainement un caillou ou un gros bout de bois.

Pas le temps de songer aux dégâts car je ne suis pas encore tiré d'affaire : en effet, ma voiture chasse trop de l'arrière. Ma roue arrière gauche prend alors un gros trou, ce qui secoue toute la voiture. Vu la violence du choc, je ne serais pas étonné que mon triangle de suspension en ait pris un coup.

– Il faut que tu tiennes, bébé, il faut que tu tiennes ! fais-je à l'intention de ma voiture.

Si je n'arrive pas rapidement à reprendre le contrôle en remettant les quatre pneus sur le bitume, c'est la sortie de route assurée. Un léger coup de volant et un filet de gaz permettent de remettre la Lancia en ligne : je tiens le bon bout. Alors que je me croyais tiré d'affaire, j'aperçois sur la gauche un malheureux petit arbre qui a poussé un peu trop près de la route. Un réflexe de survie me fait faire au dernier moment un écart pour l'éviter… Ce rattrapage in extremis à la dernière seconde ne suffit pas, malgré tout, à sauver mon rétroviseur gauche qui explose à son contact ! Ouf ! C'était moins une ! J'étais à deux doigts de m'emplafonner sur un tronc !

À présent, les quatre roues étant revenues sur le bitume, je passe à la vitesse supérieure. Cela aurait pu être pire ! Je ne m'en sors pas si mal, certes avec quelques égratignures. À part le rétroviseur, j'ose espérer que ma brave bête n'a pas trop subi de dommages dans cette manœuvre téméraire.

Il est temps de faire le bilan du côté de mon adversaire : est-il toujours en course ? Mon rétroviseur central m'indique que oui ! Quelle plaie ! Il s'en est tiré sans trop perdre de terrain. En fait, le temps que j'ai gagné avec mon freinage tardif, je l'ai perdu en m'écartant de la trajectoire et en rognant le bas-côté. Mon coup d'audace n'a donc servi à rien, ne serait-ce qu'à endommager mon propre carrosse ! Quelle ironie ! Eh oui, quand on joue, il faut savoir accepter de ne pas gagner ! Mais en revanche, je refuse de perdre !

Pour me débarrasser de ce pot de colle, il va falloir être plus imaginatif que cela. Mais aucune idée lumineuse ne me vient. Je dirais même que l'horizon s'obscurcit lorsque j'entends un bruit désagréable provenant de mon train avant gauche : c'est le caractéristique « tac tac tac tac » du cardan à l'agonie ! Mauvaise nouvelle : je vais devoir prendre les virages à gauche avec beaucoup plus de précautions si je ne veux pas aller à la rupture. Voilà qui change considérablement la donne et qui diminue sensiblement mes capacités d'attaque dans les courbes.

Effectivement, mon poursuivant revient sur moi sans plus attendre, au point même qu'il me heurte l'arrière avec son tank ! Cette brute cherche à me pousser dans les décors ! Je ne vais pas me laisser faire si facilement ! Même si la bête est blessée, je vais lui montrer qu'elle en a encore dans le ventre !

Au virage suivant, rebelote ! Il percute de nouveau mon pare-chocs arrière, encore plus violemment. Cette fois, j'ai bien failli partir en tête-à-queue ! Il faut se rendre à l'évidence, je ne vais pas pouvoir tenir longtemps contre ses assauts répétés. Il finira bien par m'avoir. Le doute tente de m'envahir, mais je parviens à l'écarter de moi… pour combien de temps ?

La route s'élargit quelque peu ; la Soub' déboîte aussitôt pour me doubler afin de tenter de me pousser dans le fossé ou de me barrer la route. Mon accélération ne suffit pas à la garder derrière moi. Pour avoir plus de puissance que moi, les flics ont à coup sûr dû la débrider, en retirant les deux pots catalytiques et en modifiant les admissions d'air.

À présent,juste à mon niveau, je jette un coup d'œil furtif dans la Soub' : dans l'obscurité, je ne distingue que les dents blanches méchamment serrées de mon agresseur en pleine action.

Au moment où je m'attendais au coup de grâce, contre toute attente, la Subaru semble se mettre à hoqueter. Elle perd immédiatement de la vitesse et se retrouve rapidement derrière moi. Subjugué par ce retournement de situation, j'en profite pour prendre définitivement le large. Un coup d'œil dans mon rétroviseur m'apprend que la Soub' est à présent au ralenti loin derrière ! Je ne baisse pas de régime pour autant : plus je m'éloignerai de ce type, mieux je me porterai !

Tout excité d'y avoir réchappé par miracle, je me demande ce qui a bien pu lui arriver : aurait-il coulé une bielle ou carrément explosé son moteur ? Non, j'aurais vu de la fumée. Une explication folle me vient alors à l'esprit : le fait de hoqueter ainsi en pleine lancée est le symptôme caractéristique d'une… panne d'essence ! Je suis sûr que c'est ça : il est tombé en panne d'essence, le bougre !

Les Subaru sont en effet réputées pour être très gourmandes en essence, surtout en plein effort, où leur consommation peut dépasser les 25 L/100 km ! Et lorsque j'ai vu la Soub' dans l'air de service de l'autoroute, je crois me souvenir qu'elle ne s'était pas arrêtée à la pompe : erreur fatale ! Comme quoi, tout ne se joue pas seulement sur les compétences de conduite des pilotes.

Ah ! Ah ! J'éclate de rire tout seul ; un rire plus nerveux qu'autre chose, qui me permet d'évacuer toute la tension accumulée au cours du dernier quart d'heure. Quel soulagement ! Mais je ne suis pas tiré d'affaire pour autant : ma voiture est souffrante et si mon poursuivant a réussi à me retrouver jusqu'ici, c'est qu'il est encore capable de recommencer ! D'ailleurs, je ne vois toujours pas comment il a pu s'y prendre. Il va vite falloir que je trouve car sinon, je me traînerai cette sangsue jusqu'à la fin des temps !

ϕ

Dans l'immédiat, c'est plutôt l'état de santé de ma voiture qui m'inquiète. Afin de constater l'ampleur des dégâts, je décide de m'arrêter pour un check-up rapide.

La lumière de ma lampe de poche me révèle un soufflet de cardan avant gauche fissuré par où la graisse a coulé. Je ne pourrai pas rouler longtemps dans ces conditions. Je m'allonge par terre sur le dos afin d'inspecter le dessous de caisse. Rien à signaler mis à part ce que je craignais fortement : le triangle de suspension arrière gauche s'est tordu sous le choc violent que la voiture a subi lors de mon écart de trajectoire, sur le bas-côté de la route. Toujours dans la même position, je constate également que les pattes de fixation de mon pare-chocs arrière sont complètement enfoncées. Pas étonnant, avec ce qu'il m'a mis à deux ou trois reprises !

Les yeux rivés sur l'intérieur de mon pare-chocs, je tombe par hasard sur un minuscule boîtier noir collé dans un renfoncement. Tiens ? Je connais parfaitement tous les recoins de ma Lancia et je suis sûr que ce truc ne lui appartient pas… mais alors, quelqu'un l'aurait fixé à mon insu ! Quelqu'un qui voudrait par exemple me suivre…

Un émetteur, c'est un émetteur ! Comment n'y ai-je pas pensé plus tôt ? C'est sans doute un traceur GPS qui a permis à mon poursuivant de me suivre à distance ! Sans plus attendre, je l'arrache de là. Non mais ! De quel droit peut-on toucher à mon bébé !

Je me redresse en contemplant cette si petite chose à l'origine de tous mes tourments. Je fixerais bien cette balise sur un autre véhicule pour faire une belle diversion. Mais comme il n'y a pas l'ombre d'un pèlerin à la ronde, cette idée semble vouée à l'échec. Pourtant, il est dangereux de la conserver avec moi plus longtemps. Je décide donc de la laisser simplement par terre.

Fier de moi d'avoir déjoué les plans de mon agresseur, je ne peux résister à l'envie de lui laisser un petit mot gentil qu'il trouvera en remontant le signal jusqu'ici. J'attrape alors un stylo et un post-it sur lequel j'inscris en rigolant :

« *Eh oui ! On ne peut pas gagner à tous les coups !* »

Je jubile en glissant le message sous un caillou que je place juste à côté de l'émetteur. Cela le rendra à coup sûr fou furieux ! Il a joué avec mes nerfs, à moi de jouer avec les siens !

Puis je remonte en voiture sans plus tarder car les patrouilles locales de police ont certainement déjà été prévenues. Je redescends sur Lodève par une toute petite route en espérant ne rencontrer personne. Je me rends enfin directement chez mon ami.

ɸ

L'ancienne cour de ferme de Jérémy m'accueille chaleureusement. Soulagé d'être enfin arrivé à bon port, je me gare dans sa grange afin de mettre ma voiture à l'abri des regards indiscrets. La photo de ma Lancia Delta risque en effet d'être placardée dans tous les commissariats des environs ! Mieux vaut ne plus la sortir d'ici pendant un moment.

En coupant le moteur, je sens comme un soulagement de la mécanique. Ma Lancia semble heureuse de finir sa dure journée et de se retrouver dans les bonnes mains de son ancien propriétaire. C'est effectivement Jérémy qui me l'avait vendue. C'est d'ailleurs de cette manière que nous nous sommes rencontrés. Nous avions ensuite gardé le contact et étions devenus amis. Quand je pense que cette voiture vient de me sauver la vie !

Je lui adresse ces petits mots de réconfort pour la rassurer :

– Ne t'inquiète pas, ma cocotte, tonton Jérémy s'occupera bien de toi. Le temps que j'en finisse avec cette histoire, tu seras en sécurité ici. Désolé de te faire une infidélité, mais je vais devoir changer de monture : tu t'es suffisamment faite remarquer comme ça par les flics, ce serait trop dangereux de continuer ensemble.

Une voix surgit derrière moi et me fait sursauter :

– Eh bien ! Fais-lui une déclaration d'amour, pendant que tu y es !

Je me retourne pour saluer Jérémy, n'hésitant pas à le serrer chaleureusement dans mes bras :

– Salut ! Content d'être enfin arrivé !

Surpris par mon élan affectif soudain, il s'étonne :

– Oh là ! Qu'est-ce qui me vaut une telle tendresse ?

En me regardant plus attentivement, il voit que je porte mes bottes de conduite et il ajoute :

– Tu sors d'une Spéciale nocturne, ou tu te rends à un bal costumé ? Et puis, tu en fais une tête ! On dirait un petit cochon qui vient d'échapper au grand méchant loup !

– Tu ne crois pas si bien dire…

– À t'entendre parler, j'ai cru comprendre que tu as des ennuis avec la Lancia ?

– Un peu de casse et quelques soucis mécaniques…

Dans le but évident de me charrier, il prend un ton sévère en mettant les mains sur ses hanches :

– Qu'est-ce que tu as fait à ma voiture ?

– « Ta » voiture ? Eh, je te rappelle que je te l'ai achetée proprement et dans les règles, non mais !

– Mmmh… passons.

Il reprend immédiatement son air naturel joyeux :

– Tu sais, cette voiture est l'avion de chasse le plus robuste de l'Aveyron ! Elle m'a sauvé la vie plus d'une fois !

– À qui le dis-tu ! Si tu savais ce qui vient de m'arriver !

– Tu vas me raconter tout ça autour d'un verre : rien de tel qu'une bonne gnôle pour te remettre d'aplomb. Tu veux manger un morceau ?

Nous sortons de la grange que nous refermons soigneusement. Il s'absente quelques secondes avant de revenir avec sa bouteille de mirabelle, deux petits verres et un saucisson. Une fois installés à la table de jardin de sa terrasse éclairée par deux lampadaires, il nous sert et me demande :

– Bon, alors, qu'est-ce qu'il t'arrive ?

Avant de me lancer dans ma longue histoire, je souris car je me sens rassuré d'être ici : cet arrêt au stand chez Jérémy me réconforte. En cas de coup dur, c'est toujours bon d'avoir un ami sur qui compter.

Entre ma rencontre avec l'abbé Orion et la dégustation de cette délicieuse eau-de-vie, je ne peux que finir croyant ! La mirabelle est en effet la preuve même que Dieu existe et qu'il nous aime !

21.
Genève.
Réunion téléphonique Dubon/Fritz/Ricaud.
23 h.

– N'ayant pas reçu de nouvelles de votre part au cours de ces deux dernières heures, commença Dubon, j'en déduis que nous n'avons toujours pas identifié notre témoin.

Fritz et Ricaud approuvèrent par la négative.

– Voyons ce que nous avons de plus : Fritz, 29 noms ; Ricaud, 32 ; et moi-même, 26. Restent donc 365 chauffeurs à interroger. Je vous renvoie la liste à jour.

L'inspecteur soupira. Ils n'avaient passé que le tiers de la liste en revue. Sentant ses collègues découragés et fatigués, il leur adressa un message d'encouragement :

– Vous avez fait du très bon travail et je vous en remercie. Nous en avons assez fait pour aujourd'hui, laissons passer la nuit. Nous continuerons demain matin. Il est prévu que je contacte les compagnies de taxi à partir de 8 h 30 pour faire un point. Espérons que l'une d'elles soit parvenue à identifier notre homme. Le cas échéant, nous pourrons au moins éclaircir encore la liste. Bonne nuit à tous les deux.

– Avec tous les taxis que nous avons comptés aujourd'hui, je ne pense pas que nous aurons besoin de compter les moutons pour nous endormir… acheva Fritz en bâillant.

VIII
Gladys Gauss

22.
4e jour.

7 h 30, je suis sur le départ.

Je finis de transvaser mes affaires de ma Lancia à la Polo que Caroline, la femme de Jérémy, m'a aimablement prêtée.

En jetant un dernier coup d'œil au pied de la banquette arrière, je remarque un objet coincé sous l'un des deux tapis. Je le soulève et découvre un vieux CD de Francis Cabrel que je pensais avoir perdu depuis des années. Voilà ce que c'est d'avoir la flemme de sortir les tapis quand je passe l'aspirateur !

Une fois aux commandes de mon nouveau carrosse, Jérémy se penche vers moi en s'appuyant sur le rebord de la fenêtre :

– Et qui vas-tu rencontrer à Montpellier ? me demande-t-il.

– Une certaine Gladys Gauss, à l'hôpital Lapeyronie.

– Tiens, tiens… peut-être un médecin. C'est le genre de femme qu'il te faudrait, ça, mon ami !

Je souris car Jérémy a toujours aimé me taquiner sur mon célibat.

– Tu me vois, moi, avec une femme médecin ?

– Je te vois surtout avec « sédecin » ! me lance-t-il avec son rire aussi gras que son humour. Bon, plus sérieusement, tu es sûr que tu ne veux pas prendre mon Alpine ?

– Je te remercie, mais ce serait trop voyant et je crois que je me suis suffisamment fait remarquer comme ça. La Polo de Caro m'ira très bien. C'est déjà très gentil de me prêter une voiture.

– Elle s'appelle « reviens sans une égratignure », me rappelle-t-elle au passage.

– Très joli nom, un peu à rallonge, mais très joli ! Promis, j'en prendrai soin.

– Et prends aussi soin de toi, Phil, ajoute Jérémy cette fois très sérieux. Ton périple semble plutôt dangereux, ce serait dommage qu'il t'arrive quelque chose.

– Comme diraient les *Blues Brothers* dans leur film : « Je suis en mission pour le Seigneur » ! Maxime a besoin de moi, je ferai tout pour le retrouver.

– Tu le retrouveras, j'en suis sûr, m'encourage-t-il. Allez, bonne route.

En sortant de chez eux, je les salue du bras par la fenêtre puis je m'engage sur la route. Le temps est splendide ; j'enfile mes lunettes noires et insère le CD de Cabrel dans le poste. C'est reparti.

Juste avant de prendre l'autoroute, je vois une patrouille de policiers au rond-point. Gloups ! Ils scrutent chaque voiture qui passe avant de s'engager sur l'autoroute.

Je garde mon calme car il n'y a pas de raison de s'affoler ; j'ai une voiture passe-partout immatriculée dans le département et, à part un délit de fuite hier soir, je n'ai rien à me reprocher !

Je les vois mains sur les hanches, jambes écartées, lunettes noires, bottes noires reluisantes, gants noirs prêts à dégainer leur pistolet… noir, le tout sous un casque… blanc. On dirait les motards de *Chips*, la célèbre série américaine des années 80. Ils me regardent passer avec un mouvement de tête synchronisé, tels deux automates programmés ou plutôt… deux terminators à la recherche de leur cible.

Cet instant oppressant semble durer une éternité. Je passe mon chemin. Ils ne m'ont pas fait signe de m'arrêter. Tant mieux ! Je m'engage sur l'autoroute sans plus attendre. Ouf ! La journée commence bien ! Et comme toujours, je ne sais pas comment elle se terminera…

ϕ

Sur le trajet pour me rendre à Montpellier, je prends le temps de repenser à mon entretien avec l'abbé Orion.

Cette conversation m'a apporté davantage de discernement quant à la différence entre la religion et la spiritualité. D'un côté, la religion se base sur le mécanisme artificiel et destructeur de la croyance, qui enferme la conscience humaine dans l'ignorance et la recherche incessante du pouvoir. À l'opposé, la spiritualité cultive le ressenti propre à chaque individu, permettant d'ouvrir puis d'élever sa conscience dans la paix et l'harmonie.

Concernant le bien-être de l'homme, l'abbé Orion considère que tout réside dans la manière dont il se positionne entre sa quête du divin et son chemin sur terre. Un équilibre entre les deux est nécessaire afin de comprendre le sens de notre existence, d'où nous venons et vers où nous nous dirigeons. Tout déséquilibre, conscient ou inconscient, laisse place à l'expression incontrôlée de l'ego et engendre la peur.

Le moyen de rétablir la balance ne peut en aucun cas se trouver au travers des croyances et des convictions des autres, mais seulement par un cheminement intérieur propre à chacun. Ceux qui proclament haut et fort détenir la vérité et qui invitent les autres à les suivre sont généralement des leurres. Ces meneurs de foules, charismatiques, en apparence pleins de bonnes intentions, cachent souvent un sombre jeu arbitré par leur avidité de pouvoir et de reconnaissance. L'histoire regorge de ce genre de profils qui ont toujours entraîné l'humanité dans la souffrance et l'esclavage. Or,personne ne peut prétendre détenir la vérité profonde de la vie et de l'Univers. En revanche, il revient à chacun d'œuvrer pour tendre vers elle. C'est cette démarche intérieure qui fait grandir l'homme et le fait avancer sur le chemin de son évolution.

L'abbé pense que c'est en faisant avant tout resurgir notre capacité primaire à ressentir les forces invisibles de la nature et du Cosmos, que l'humanité pourra se réengager sur le droit chemin. Mais cette démarche est à double tranchant : si elle est entreprise sous l'emprise d'un ego incontrôlé, elle peut conduire à la catastrophe, la souffrance et le chaos. L'abbé a fait alors allusion à une « étincelle » qui permettrait justement d'éviter cette fatalité. Quelle est cette « étincelle » ? D'après les derniers propos qu'il m'a tenus, il semblerait que je n'étais pas si loin de la découvrir lorsque j'évoquais… l'amour absolu.

Mon attention est à cet instant attirée par les paroles de la chanson *Je t'aimais, je t'aime et je t'aimerai* du CD de Francis Cabrel, qui tourne en fond depuis mon départ de Lodève :

« Et quoi que tu fasses
L'amour est partout où tu regardes
Dans les moindres recoins de l'espace
Dans les moindres rêves où tu t'attardes
L'amour comme s'il en pleuvait… »

Eh bien ! C'est à croire qu'une sorte d'ange gardien disc-jockey m'accompagne depuis le début de cette aventure et qu'il cherche à me faire comprendre quelque chose ! Plutôt étrange comme sensation.

J'en reviens à ma réflexion : oui, l'amour, c'est peut-être

cela la clé. C'est peut-être lui qui permet de reconnecter notre Moi intérieur au Tout. Mes pensées restent en suspens comme figées par cette révélation. J'ai l'impression que les pièces d'un vaste puzzle sont en train de se mettre en place dans mon esprit.

Un flash me vient alors : je farfouille dans ma banque musicale pour trouver l'album *300 Lésions* du groupe Kyo et sélectionner le refrain du deuxième titre, *Dans ma chair* :

« C'est par amour pour Toi
C'est par amour pour Elle
C'est par amour pour moi
Celui qui donne des ailes
Qui ne laisse pas le choix
Et qui en nous sommeille
Et qui en nous est roi
C'est par amour pour Elle
C'est par amour pour Toi »

J'ai écouté cette chanson peut-être une centaine de fois sans jamais pour autant y avoir attribué une signification particulière. À présent, le sens de ces paroles se révèle à moi comme une évidence : elles font clairement référence à cet amour absolu sur lequel je cogite depuis un moment. Cet amour « roi » qui en chacun de nous « sommeille » et qui nous relie au royaume de la Création. Je réalise seulement maintenant que cette chanson est un hymne de gratitude envers la famille que chacun de nous - « Moi » - formons avec le Créateur - « Toi » - et la Terre Mère - « Elle ». C'est si évident que je suis passé à côté pendant des années !

J'ai l'étrange sensation que ma perception des choses est en train de changer et qu'un voile se lève dans mon esprit. Ce sentiment de clarté s'accompagne d'un sentiment de bien-être et de joie. Je souris en formulant à haute voix le seul mot qui me vienne à l'esprit en cet instant de plénitude :

– Merci…

ϕ

8 h 20. J'arrive à l'hôpital Lapeyronie situé au nord-ouest de Montpellier. En entrant dans le hall d'accueil, je me demande si Gladys Gauss sera là :

– Bonjour, Madame, je souhaiterais rencontrer Gladys Gauss, s'il vous plaît.

– Le Docteur Gauss ? La spécialiste en neurologie ?

– Euh… oui.

Elle m'indique alors le chemin à suivre.

Arrivé à bon port, je repose la même question à la jeune personne qui accueille les visiteurs et les patients.

– Ah désolée ! elle est actuellement en congé jusqu'à fin août, me répond-elle.

– Pourriez-vous, s'il vous plaît, me donner ses coordonnées afin que je puisse la contacter ?

– Je crains que ce soit impossible ; nous ne sommes pas en mesure de fournir les coordonnées personnelles des membres de l'hôpital.

Ah ! Il ne manquait plus que ça. Je sentais bien que cela n'allait pas être si simple. Bon, il faut que je trouve le moyen de la convaincre. Ce serait trop bête d'en rester là. Une idée ridicule me vient à l'esprit ; après tout, qui ne tente rien n'a rien :

– Écoutez, je suis très embêté de vous dire ça, mais je souffre de maux de tête aigus qui sont insupportables. Une de mes connaissances m'a conseillé de la rencontrer car il semblerait qu'elle soit très compétente en la matière. Vous savez, je viens de très loin pour la voir…

Je prends mon air de chien battu pour renforcer les chances que mon baratin fonctionne. Soudainement mal à l'aise, la jeune fille hésite quelques instants avant de me répondre :

– Je suis navrée, monsieur. Je ne peux enfreindre le règlement sous peine de m'exposer à des réprimandes. Cela dit, si vous êtes souffrant, je veux bien vous prendre un rendez-vous en urgence avec un autre neurologue, le Dr Knockenstein, propose-t-elle.

Rien qu'à entendre le nom de ce docteur, pour rien au monde je ne lui confierais le moindre morceau de ma cervelle si je souffrais effectivement d'une tumeur au cerveau !

La réceptionniste saisit un agenda sur lequel est inscrit le nom effrayant de ce médecin et l'ouvre. Appuyé sur le comptoir qui nous sépare et quelque peu penché en avant, j'entrevois furtivement la première page. Avant qu'elle se mette à tourner les autres, j'aperçois des coordonnées téléphoniques précédées de la mention « Domicile ». Intéressant… En jetant un œil sur la pile des autres agendas où elle a pris celui du Dr Knockenstein, je discerne le nom du Dr Gauss sur la tranche de la couverture de l'un d'eux.

Deux options s'offrent à moi. Première option : méthode Jean-Claude Van Damme : je décroche un puissant coup de boule à la dame qui s'effondre assommée dans un discret vacarme. Je m'empare de l'agenda de Gladys Gauss et m'évade de l'hôpital ni vu ni connu. Rapide et efficace.

Seconde option : je trouve un moyen de la faire quitter son poste quelques instants afin de consulter discrètement l'agenda. Cette solution semble à l'évidence plus raisonnable car avec la première, je risquerais de me faire maladroitement mal au front.

Mais comment vais-je réussir à la faire bouger de là ? Ce n'est certainement pas en lui chantant la chanson *Bouge de là* de MC Solaar que j'y parviendrai. La menacer avec un 45 Magnum ? Non plus ; si j'ai rejeté la méthode Van Damme, ce n'est pas pour adopter la stratégie, pourtant élégante, de l'inspecteur Harry.

– Que décidez-vous, monsieur ? me tire-t-elle de mes divagations.

« Il faut vite que tu trouves une solution, Phil », me dis-je intérieurement.

Dans l'hésitation, je me redresse et m'accoude au comptoir tout en levant les yeux au plafond, comme si ça pouvait m'aider à trouver une idée. Dans ce mouvement, mon coude droit bouscule de manière non intentionnelle le vase qui se trouvait juste là. Celui-ci bascule sur le côté et vient s'éclater par terre en mille morceaux, projetant de l'eau partout à la ronde.

Embarrassé par ma maladresse, je m'exclame :

– Oups ! Veuillez me pardonner. Je suis confus ! Je vais nettoyer ça tout de suite.

Après une moue de désespoir qui veut tout dire, la dame soupire et me propose aimablement :

– Ce n'est pas grave, je vais chercher un balai et une serpillière, ne vous dérangez pas.

Elle se lève de sa chaise et s'engage dans un couloir. Me retrouvant seul, mon sang ne fait qu'un tour ; je saisis cette occasion inespérée pour consulter la première page de l'emploi du temps de Gladys Gauss :

– Bingo !

Je trouve ses numéros personnels de téléphones portable et fixe, ainsi que son adresse. Je griffonne rapidement ces informations sur un bloc-notes posé sur le bureau. Les pas de la réceptionniste qui revient résonnent dans le couloir. Je m'empresse d'empocher le papier, de remettre l'agenda à sa place et de revenir de l'autre côté du comptoir d'accueil juste à temps.

En reprenant mon air confus, je lui propose :

– Donnez, après tout, c'est à moi de le faire.

J'attrape le balai qu'elle me tend, ramasse les morceaux de verre ainsi que les trois roses qui gisent au sol comme trois poissons en péril sortis de leur bocal. Elle finit d'éponger l'eau et me remercie de l'avoir aidée à nettoyer.

Pour conclure, je lui fais part de ma décision :

– Pour le Dr Gauss, ce n'est pas grave, je reviendrai une autre fois.

– C'est comme vous voulez.

Redevable envers les trois roses qui m'ont indirectement permis d'obtenir l'information que je souhaitais malgré la réticence de la réceptionniste, je les lui tends en guise de remerciement :

– Tenez, je vous les confie afin que vous les remettiez dans un autre vase au même endroit. Ça pourra toujours servir à quelqu'un d'autre qui chercherait aussi les coordonnées personnelles d'un médecin !

Ne saisissant pas au premier abord le sens de ma remarque ironique, elle reste plantée là, debout derrière son comptoir, d'un air interrogateur en me regardant partir vers l'ascenseur. Juste avant que les portes se referment, je la vois regarder la pile d'agendas et, à sa réaction offusquée, je devine qu'elle vient seulement de comprendre. Dans l'entrebâillement des portes qui coulissent, je lui adresse un dernier petit coucou de la main avec un sourire compatissant, tout en appuyant de l'autre main sur le bouton « Rez-de-chaussée ». Une fois les portes closes, j'entends un lointain « Oh ! Monsieur ! » qui m'interpelle. Mais je n'ai aucun scrupule à abandonner la pauvre dame seule avec sa stupéfaction.

ϕ

À la cabine téléphonique située au rez-de-chaussée de l'hôpital, je prends le temps d'appeler au domicile de Gladys Gauss. En espérant qu'elle ne soit pas partie en voyage à l'autre bout du monde pendant trois semaines… Mais quelque chose me dit qu'elle est chez elle et que je vais pouvoir la rencontrer ce matin.

Ça sonne… et quelqu'un décroche :

– Gladys, j'écoute ?

« Yes ! » me dis-je. « Elle est bien chez elle ! »

– Bonjour, je suis Philippe Berger, le frère de Maxime Berger.

– Ah, bonjour ! Enchantée.

– J'espère que je ne vous dérange pas à cette heure matinale ?

– Non, non, pas du tout.

– Très bien. Mon frère m'a suggéré de vous rencontrer. A priori, vous devez le connaître.

– Oui en effet, nous avons fait connaissance il y a quelque temps et nous échangeons régulièrement par téléphone. Il va bien ?

– Figurez-vous que je n'en sais justement rien…

Je lui explique la situation en deux mots.

– Effectivement, réagit-elle à mes propos, il semble être plutôt dans de sales draps.

Jamais je ne saurais être plus direct pour proposer à une femme de me recevoir chez elle :

– Seriez-vous à même de me recevoir ce matin, que nous puissions en parler en tête-à-tête ?

– Oui, certainement. J'ai tout mon temps, je suis en congé. Vous êtes sur Montpellier ? Vous savez comment vous rendre chez moi ?

– Oui, j'ai votre adresse : à Castelnau-le-Lez, c'est bien ça ?

– Tout à fait.

– Je serai chez vous dans un quart d'heure. Merci beaucoup, à tout de suite.

Puis nous raccrochons. Et voilà, en route ! L'aventure continue !

ϕ

Gladys Gauss m'accueille dans son appartement situé

dans le centre de Castelnau-le-Lez, au nord-est de Montpellier. C'est une femme d'un bon mètre soixante-dix qui semble avoir entre trente et trente-cinq ans, au premier abord sympathique et… plutôt jolie.

Ses cheveux châtains sont arrangés en une sorte de chignon improvisé, tenu par un pic à cheveux planté de travers. Les quelques mèches qui dépassent ici et là ne manquent pas de me faire sourire. Cette coiffure un peu fouillis lui donne un côté naturel plaisant. L'expression de ses grands yeux couleur lagon renforce cette impression. Sa tenue décontractée, que je ne saurais distinguer d'un pyjama ou d'une tenue de plage, se résume à un t-shirt blanc cassé, un bermuda bleu marine et des tongs roses ornées d'une grosse fleur en plastique jaune. En y regardant de plus près, je distingue au travers de son t-shirt un haut de maillot de bain deux pièces, tenu par deux bretelles nouées derrière la nuque. Il s'agit donc bien d'une tenue de plage, ce qu'elle me confirme en réponse à mon regard sans doute trop déshabilleur :

– Désolée pour la tenue, dit-elle en se regardant elle-même. J'allais partir à la plage pour profiter de la fraîcheur matinale, avant qu'il fasse trop chaud et qu'il y ait trop de monde.

– Je ne voulais pas compromettre vos projets…

– Ne vous en faites pas, je peux y aller quand je veux.

Elle m'invite à venir m'asseoir dans son salon. J'accepte avec plaisir le thé qu'elle me propose : cela fera certainement du bien au mal de tête qui se réveille au fond de mon crâne ; je crois que Jérémy a eu la main un peu lourde, hier soir…

Avant même d'engager la conversation, elle suggère que l'on se tutoie, ce que j'accepte très volontiers.

Je commence par lui faire lire la lettre de Max qu'elle parcourt très attentivement avant de me faire part de sa réaction :

– Le fait que Maxime prenne autant de précautions pour te demander de lui venir en aide témoigne effectivement de la gravité de sa situation.

– Ce que j'ai vécu en sortant de son appartement à Genève et, hier soir, en revenant de Prades, le confirme également.

Je lui raconte tout depuis le début afin qu'elle prenne connaissance de mon périple. Tout en m'écoutant, elle consulte la liste des cinq noms de personnes que Max m'a demandé de rencontrer.

– Je ne connais pas les trois premiers noms. En revanche, le dernier, Yann Cardin, me dit quelque chose. Je crois que c'est la personne que Maxime souhaitait justement me présenter prochainement.

Pour la quatrième fois, je repose la question fatidique :

– Aurais-tu une idée de l'endroit où Max pourrait se cacher actuellement ?

– Non, désolée, je n'en ai malheureusement pas la moindre.

Bon ! Eh bien, il ne me reste plus qu'une seule chance : Yann Cardin sera mon ultime joker !

– Et à quand remonte ton dernier contact avec lui ?

– Le mois dernier, par téléphone.

Elle m'apprend qu'ils se sont rencontrés, il y a un peu plus d'un an, à l'occasion d'une conférence à Lyon et que depuis, ils ont gardé contact par mail et par téléphone. Lors de sa dernière conversation avec lui, elle l'avait trouvé très enthousiaste : il semblait être sur le point d'aboutir dans son projet de recherche.

– Nous avions justement convenu de nous revoir dans le courant du mois de septembre avec Yann Cardin, précise-t-elle.

– T'a-t-il parlé de l'objet de ses recherches ?

– Non, il ne m'a jamais dévoilé quoi que ce soit là-dessus.

Elle fait une courte pause avant de me demander :

– Et que t'ont apporté les rencontres avec les trois premières personnes ?

– C'est plutôt bizarre. Au même titre que toi, aucune n'avait idée de l'endroit où Max pourrait se cacher aujourd'hui. Son but n'est donc à l'évidence pas celui-là. J'ai plutôt l'impression qu'il cherche à me faire comprendre quelque chose ou à m'apporter une certaine connaissance sur des sujets très variés. J'en ignore encore la finalité, mais il se pourrait bien que ces rencontres fassent l'objet d'une préparation nécessaire à la compréhension de sa découverte. C'est en tout cas ce que je pense à la vue des éléments que j'ai aujourd'hui.

Je lui résume rapidement le contenu des conversations que j'ai eues avec Pascal Dracor, Anne-Lise Pinson et l'abbé Orion, ainsi que l'analyse que j'ai pu en faire.

– Un périple effectivement riche en sujets des plus variés ! s'exclame-t-elle. Et ce n'est pas fini car s'il t'a fait venir ici, c'est aussi pour que je te parle de mon activité. Ce que j'ai à te raconter est d'ailleurs en continuité plus ou moins directe avec certains aspects que tu as abordés lors de tes dernières rencontres.

– Ça ne me surprendrait pas. Tu sais, maintenant, je m'attends à tout…

ϕ

Pour rentrer dans le vif du sujet, je lui demande :

– D'après ce que j'ai compris, tu es médecin en neurologie, c'est bien ça ?

– Oui. Et disons que je m'intéresse à d'autres rayons que la médecine classique. Ma formation de médecine n'a été pour moi qu'un moyen de m'ouvrir à d'autres voies bien plus passionnantes.

– Quoi par exemple ?

– Quand je te disais qu'avec Maxime nous nous sommes rencontrés à un congrès à Lyon, ce congrès portait précisément sur le biomagnétisme dans son ensemble.

– Le biomagnétisme ? Celui des magnétiseurs et des guérisseurs ?

– Celui-là même, approuve-t-elle en me souriant chaleureusement. Je pratique moi-même ce genre de médecine énergétique pour accompagner les soins chirurgicaux sur mes patients. D'une manière plus générale, je m'intéresse à tout ce qui est en rapport avec la sensibilité magnétique du corps humain et à ses capacités bioénergétiques.

Décidément, j'en aurai vu de toutes les couleurs : me voilà en face d'une guérisseuse ! Je savais bien que je n'étais pas encore au bout de mes surprises !

– Je t'avoue que je ne connais pas grand-chose sur le sujet : je sais simplement que bon nombre de personnes parviennent à guérir de maladies grâce aux médecines énergétiques, là où la médecine classique s'est montrée inefficace. J'ai toujours été intrigué par ce genre de pratique sans vraiment en connaître davantage, ni même en avoir eu personnellement recours.

– Tant mieux si tu n'en as pas eu besoin ! C'est que tu es en bonne santé ! Quel métier fais-tu ?

– Je suis mécanicien dans les machines agricoles, à Millau. Je m'occupe également d'une petite ferme dans le causse Noir où j'élève une cinquantaine de moutons.

– Donc je suppose que tu dois passer beaucoup de temps au grand air, au contact de la nature : il n'est pas surprenant que tu sois en bonne santé. Même si ce n'est pas une condition suffisante, ça y participe de manière sensible. Pas de pollution électromagnétique ni chimique, une alimentation sans doute saine, des conditions de vie non stressantes : rien qu'avec tout ça, on diminue déjà par mille les risques de développer des maladies graves. En général, les gens en sont conscients, mais peu en tiennent vraiment compte dans leur mode de vie quotidien.

Certes, il n'y a pas besoin d'être magnétiseur pour comprendre cela. Afin d'éviter toute ambiguïté de vocabulaire, je lui demande :

– Le biomagnétisme, qu'est-ce que c'est au juste ?

– Les termes « biomagnétisme » ou « bioénergétique » sont souvent utilisés de façon très large pour désigner des capacités humaines que la science rationnelle ne s'explique pas, ou ne cherche pas à vouloir expliquer. Ce terme se retrouve le plus souvent associé à certaines pratiques de médecines dites « douces » ou « parallèles » ; certains pensent que les vertus thérapeutiques des magnétiseurs sont un don, mais en ce qui me concerne, je suis persuadée que tout le monde est plus ou moins capable de pratiquer cette médecine, moyennant un apprentissage précis des techniques. Les termes « magnétiseur » ou « radiesthésiste » s'apparentent également parfois à des facultés d'hypnose, de voyance, d'hypersensibilité ou de sourcier. Ce qui est certain, c'est que depuis tout temps, les facultés bioénergétiques de l'homme existent, qu'elles ont été et sont encore utilisées dans divers domaines, toujours de manière empirique, ce que condamne d'ailleurs la science qui ne lui reconnaît aujourd'hui aucun crédit.

– Et Max s'est donc récemment intéressé à la bioénergétique ?

– Oui, nous avons longuement débattu ensemble sur le sujet. Tu sais, beaucoup de monde s'y intéresse de nos jours, je dirais même de plus en plus, aussi bien en nombre de patients qu'en nombre de guérisseurs.

– Alors pourquoi la science ne s'y investit-elle pas ? Il est surprenant qu'elle reste si frileuse.

– Frileuse ?! Je dirais plutôt... hypocrite : de nombreux travaux ont été entrepris dans ces domaines avec des démarches scientifiques très rigoureuses. Les résultats n'ont en revanche jamais été reconnus par la communauté scientifique qui refuse d'admettre leur fiabilité, en invoquant toujours des alibis grotesques.

Je trouve les propos de Gladys plutôt en contradiction avec le principe fondamental de la science : d'après ce que j'en sais, sa volonté première est justement de chercher à expliquer l'inexplicable, en repoussant toujours plus loin les frontières de l'ignorance sur l'univers dans lequel nous vivons.

Après lui avoir fait part de mon incompréhension vis-à-vis de ses propos, elle me répond :

– La communauté scientifique n'est pas aussi objective ni aussi attachée à ses valeurs fondamentales qu'elle n'y paraît. Pour t'illustrer cela, je vais te raconter l'histoire d'un éminent physicien reconnu comme tel qui, du jour au lendemain, fut littéralement désapprouvé par ses propres confrères.

– Pour quelle raison ?

– Parce qu'il s'était lancé dans l'exploration d'un continent que la science avait jusque-là toujours rejeté : le continent du sixième sens.

ϕ

– De qui s'agit-il ?

– Du professeur Yves Rocard, me répond Gladys, physicien français reconnu pour ses travaux en physique nucléaire après la Seconde Guerre mondiale. Il est aussi le père de Michel Rocard, l'ancien Premier ministre Français.

– À quand cela remonte-t-il ?

– Aux années 80. Mais ses premiers travaux datent des années 60 : intrigué par le pouvoir des sourciers qui détectent les sources d'eau, il entreprit, à titre personnel, une approche scientifique de ces phénomènes, jusque-là relégués au rang de la magie et de l'ésotérisme. Il fut alors amené à se pencher sur l'influence de l'énergie magnétique sur le corps humain ; l'énergie magnétique « physique » telle que la science la conçoit.

– Le magnétisme des métaux et des aimants ?

– Celui-là même. Tu vois que ce sixième sens n'a rien de paranormal ! Mais ça l'est suffisamment pour que les scientifiques refusent cette découverte par principe. Dès qu'Yves Rocard publia ouvertement les résultats de ses travaux, sa crédibilité fondit comme neige au soleil. Cela illustre bien le comportement sectaire et prétentieux de la communauté scientifique face à tout ce qui pourrait la contraindre un jour d'admettre qu'elle a eu tort.

– Pourquoi la science a-t-elle ignoré ses travaux s'ils présentaient une réelle valeur scientifique ?

– Parce que c'est le domaine des sourciers, des adeptes des pendules et des baguettes ! Et que la science a toujours considéré ces pratiques comme irrationnelles et dénuées de toute crédibilité scientifique ! Du coup, si la communauté scientifique devait reconnaître le bien-fondé de ces pratiques, elle devrait par conséquent reconnaître qu'elle a eu tort de les dénigrer pendant des siècles ! Et ça, les pontes de la science en proie à leur ego ne sont certainement pas prêts à l'accepter. On en revient toujours au même mécanisme de pouvoir et de reconnaissance qui aliène l'humanité depuis tout temps : cela la pousse à des comportements aberrants qui la limitent elle-même dans son évolution et dans la compréhension de son univers. Tout cela pour préserver des intérêts matériels purement personnels et éphémères de certaines personnes.

– La science fonctionne finalement comme la politique, dis-je, avec les mêmes intérêts détournés et les mêmes défauts.

– Oui, et ce type de comportement se retrouve d'une manière générale dans tous les métiers, à tous les niveaux : là où des individus vivent ou travaillent en groupe, il semble inévitable d'en trouver certains qui ne cherchent qu'à se hisser au-dessus des autres, au détriment des intérêts du groupe. Ce schéma s'exprime également dans les familles, les entreprises, le fonctionnariat, partout. C'est le véritable virus dont l'humanité ne peut se débarrasser, infectant ses semblables par mimétisme, l'entretenant de génération en génération. Et c'est bien ce virus qui la ronge de l'intérieur et qui la pousse même à négliger les principes nécessaires à sa propre survie. Tant que l'être humain ne sortira pas de ce schéma, il sera condamné à engendrer sa propre extinction, c'est une évidence. Mais…, fait-elle en s'emparant de sa tasse, ne nous éloignons pas du sujet.

Après une courte pause qui nous permet de nous abreuver de quelques gorgées de thé, ma curiosité m'incite à en apprendre davantage sur la nature des découvertes de ce Rocard :

– En quoi ont consisté les travaux de ce physicien ?

– De multiples instruments sont utilisés dans les pratiques biomagnétiques : parmi eux, l'usage du pendule semble être un moyen fiable d'apporter des résultats nets, reproductibles et comparables entre différents sujets. Le protocole précis que le professeur Rocard a justement mis en place a permis, pour la première fois, de donner une valeur scientifique à ces pratiques. Un individu peu sérieux ou mauvais observateur pourrait ne rien en tirer de fiable. C'est ce qui fait d'ailleurs le scepticisme de l'opinion générale à l'égard de ce type d'outil jugé contrôlé par l'autosuggestion du manipulateur.

Cependant, elle m'explique que le professeur Rocard démontra, par de nombreux tests menés en aveugle, que le passage d'un balancement linéaire à un mouvement circulaire du pendule était bien un moyen fiable de mettre en évidence la sensibilité d'un individu à un phénomène magnétique. Différentes circonstances montrent que la rotation du pendule, tenu par un sujet, est provoquée par de petites perturbations locales du champ magnétique. Pour simplifier, Yves Rocard nomma ce phénomène « le réflexe du sourcier »[12].

---

12 Les éléments cités concernant les travaux du professeur Rocard sont tirés de l'ouvrage *La Science & les Sourciers. Baguettes, pendules, biomagnétisme*, Y.Rocard, Éditions Dunod, 1991.

– Comment la rotation du pendule peut-elle être liée à une stimulation magnétique ? demandai-je.

– Des petits centres récepteurs magnétiques, reliés au système nerveux, ont été identifiés chez l'homme, me répond-elle. Le professeur anglais Baker a découvert, en 1983, un véritable cristal de magnétite logé en lamelle dans l'os de l'arcade sourcilière humaine. Les biologistes américains Dr Gould et Kirschvink en ont également trouvé chez d'autres vertébrés, comme le pigeon voyageur, le saumon, le thon, les mammifères marins, mais aussi chez les bactéries sous forme de plusieurs petits cubes de magnétite disposés en chaîne.

– La magnétite, qu'est-ce que c'est, au juste ?

– Un oxyde naturel de fer magnétique qui est de lui-même aimanté.

Cela ne m'éclaire pas plus, mais bon : on dira que c'est comme un aimant…

Elle me précise que la magnétite est l'élément qui constitue la brique de base de l'organe sensible : cette brique, appelée « domaine de Weiss », est de la taille d'un virus. Ces domaines de Weiss s'écrasent sous l'effet d'un champ magnétique. Un signal nerveux est alors émis en direction du cerveau qui le retranscrit inconsciemment aux muscles. Ceux-ci modifient imperceptiblement leur état de tension musculaire, ce qui explique que la fourche du sourcier « plonge » vers le bas ou que le pendule passe d'un mouvement linéaire à un mouvement circulaire. Le réflexe du sourcier n'est en aucun cas une réaction volontaire, comme peuvent le penser beaucoup de sceptiques.

Gladys ajoute que la magnétite présente dans le corps humain n'est active que si elle est concentrée en des points particuliers reliés au système nerveux. Yves Rocard identifia ces différents points toujours disposés de manière bilatérale : dans les arcades sourcilières ; derrière la tête, au niveau des cervicales ; au creux des coudes, aux insertions des biceps ; au niveau des omoplates, aux insertions des muscles dorsaux lombaires ; derrière les genoux, aux insertions des muscles jambiers ; sous la plante des pieds ; et enfin, pour certains individus seulement, dans les doigts des mains.

Elle me fait remarquer que ces centres sont étroitement liés aux muscles réglant la posture et qu'ils correspondent d'ailleurs aux points stratégiques sur lesquels les kinésithérapeutes travaillent au cours de leurs massages. Il est à supposer que la sensibilité magnétique humaine a une fonction dans l'équilibration posturale, dans l'orientation et dans la détection de tensions internes.

– Dans la matière vivante, résume Gladys, on a donc pu identifier l'existence d'un ferromagnétisme inconnu jusqu'ici, qui concerne cet ensemble de magnétite entouré de tissu organique. Il répond tout de même aux lois connues du ferromagnétisme minéral, mais avec des paramètres très différents et des facteurs nouveaux qui y sont associés, comme l'influx nerveux et la circulation du sang.

ϕ

Afin de vérifier si j'ai bien compris, je reformule à ma façon le contenu de ses explications :

– Ces centres sensibles au magnétisme, composés de magnétite, constituent donc les récepteurs de ce qu'on peut appeler notre « sixième sens ».

– Exactement : comme le sont nos tympans pour l'ouïe ou la rétine de l'œil pour la vue.

– Et c'est donc grâce à ces centres que les sourciers sont capables de détecter l'eau…

– En fait, rectifie-t-elle, ce n'est généralement pas l'eau elle-même que les sourciers détectent, mais d'autres facteurs qui y sont associés.

Elle m'apprend en effet qu'une source d'eau peut colporter des sels ferreux qui, lorsqu'ils sont en contact avec l'oxygène de l'air, s'oxydent et se déposent ensuite sur les graviers d'un ruisseau. Un éclair d'orage tombant à dix ou cent mètres de là peut produire un courant et un champ magnétique suffisamment forts, en mesure d'aimanter définitivement les dépôts ferreux qui deviennent de la magnétite. Ces dépôts créent alors une petite anomalie magnétique détectable par les centres réceptifs du talon d'un sourcier.

De même, les sourciers sont capables de repérer facilement une conduite d'eau enterrée dans un jardin. Qu'elle soit pleine ou vide, ils la trouvent quand même. Dans ce cas, ce n'est pas l'eau qui est détectée, mais la discontinuité entre un espace vide en élément magnétique et une roche ou une terre magnétique, comme le granit, le gneiss ou le schiste. C'est pour cette raison que les sourciers parviennent aussi à localiser les failles, à condition que les roches situées de part et d'autre de celles-ci présentent un magnétisme différent. Les frottements de l'eau sur la roche dans des rivières souterraines sont également à même de déclencher le réflexe sourcier : le champ magnétique terrestre est en effet localement altéré par ces turbulences. Dans ce cas, c'est bien l'eau elle-même qui est détectée dans la faille.

– C'est vraiment surprenant ! Mais si nous sommes tous naturellement pourvus de centres récepteurs, nous sommes donc tous capables d'être sourcier ! lui fais-je remarquer plein d'espoir.

– Potentiellement oui. Il n'en reste pas moins que la sensibilité diffère selon les individus. Un magnétiseur ou un radiesthésiste est capable de détecter des anomalies de très faible intensité, comme celle générée par un clou planté à son insu dans la terre d'un jardin. Une autre personne moins sensible ne peut en revanche pas y parvenir.

Gladys suppose que le magnétiseur serait né différent des autres non pas par un organe spécifique, mais par une distribution améliorée de la même composante physiologique, la magnétite, qui serait beaucoup mieux couplée à son système nerveux que la moyenne.

– Je serais curieux de connaître la proportion relative de ces gens très sensibles dans la population, dis-je ensuite.

– D'après les études du professeur menées sur un large spectre de personnes, on pourrait estimer au minimum à 3/1000 le nombre de personnes très sensibles, sachant qu'un gradient de sensibilité s'établit pour les autres jusqu'au moins sensible, voire totalement insensible. D'une manière générale, une personne sur deux est capable de faire tourner un pendule avec une stimulation sur l'un de ses centres récepteurs.

Elle précise qu'il est fort possible qu'à un stade antérieur de l'évolution humaine, tout le monde ait été plus ou moins magnétiseur et que ce soit la civilisation du fer, les armures des chevaliers, les ascenseurs, les voitures, les courants électriques, les ordinateurs, qui, par des agressions répétées des centres récepteurs, détruisent le pouvoir magnétique des humains. On peut aussi émettre l'hypothèse que la sensibilité magnétique des humains soit à peu près uniforme à leur naissance et que d'importantes variations individuelles, dépendantes de l'histoire propre de chacun, seraient à l'origine de la disparité des sensibilités constatées. Il est fort à parier que les deux hypothèses soient valables et que la dégradation de ces facultés se soit faite sur les échelles de l'évolution et de celle de la vie de l'individu.

Gladys prend le temps de boire une gorgée de thé avant de reprendre :

– Il existe aussi des situations où Yves Rocard a pu observer qu'un pendule tenu à la main se mettait à tourner sans cause magnétique. Des facteurs autres que le magnétisme pur entrent donc dans ce cas en jeu : c'est le domaine des énergies dites « subtiles », auxquelles sont associés tous les phénomènes non expliqués par la science, qui sont le plus souvent classés dans le rayon ésotérique ou paranormal. Les phénomènes en jeu pourraient être d'une nature électromagnétique encore non identifiée, voire d'une tout autre nature indétectable par nos moyens actuels. On peut très bien imaginer que les mêmes centres récepteurs aient une fonction de sensibilité supplémentaire différente de celle du simple magnétisme, mais déclenchant le même type de réflexe. Ou bien il s'agit d'un organe sensible autre que les centres de magnétite identifiés ; nous aurions donc affaire à un « septième sens ».

ϕ

Fasciné par la découverte de toute cette nouvelle information et avec tout l'enthousiasme d'un enfant qui vient d'être lâché dans sa cour de récréation, je m'écrie :

– Tout cela est passionnant ! Et toi, as-tu mesuré ta sensibilité ?

– Oui, me sourit-elle en réaction à mon comportement puéril. En mettant en œuvre le protocole du professeur Rocard, j'ai pu qualifier ma sensibilité comme étant celle d'un magnétiseur.

– Extra ! Tiens, je me demande à quel niveau se situe la mienne ?

– Eh bien faisons un test, me propose-t-elle en se levant.

Elle se dirige vers son buffet de salon, ouvre un tiroir et se met à farfouiller. Elle m'explique en même temps qu'un bon sourcier magnétiseur est capable de détecter une petite clé plate posée à plat, au ras de son talon, à condition qu'elle soit en métal magnétique. Beaucoup de sujets incapables de détecter une seule clé, obtiendront en revanche un signal avec trois ou quatre clés empilées. Il est facile de réaliser ce test en aveugle, en glissant à l'insu du sujet testé, une ou plusieurs clés près du talon.

Elle me demande de me placer à un endroit de son salon

qui, selon ses mesures préalables, ne présente pas de perturbation magnétique particulière risquant de fausser le test. Elle me tourne vers le mur et me conseille de me tenir bien droit, de manière décontractée. Elle me tend un pendule de 200 ou 300 grammes accroché à une ficelle d'environ un mètre de long. Elle me dit de glisser mon index dans la boucle de la ficelle, de plier mon bras en angle droit, de retourner ma main paume vers le haut et de pointer l'index vers l'avant. Puis elle m'explique comment procéder :

– Donne une impulsion de départ afin de lancer le pendule dans un mouvement linéaire d'avant en arrière. Quand je te le dirai, compte le nombre d'allers et de retours que fera le pendule jusqu'à ce qu'il passe du mouvement linéaire à un mouvement circulaire. Ne t'occupe pas de ce que je fais. Reste immobile, droit et relâché. OK ?

– Oui, grand maître… lui fais-je en plaisantant.

Je lance le pendule. Après quelques secondes, elle me lance un « top » pour que je commence à compter. Au bout de trente secondes, le pendule balance toujours d'avant en arrière. Elle me demande alors de stopper le pendule et de le relancer. Seconde tentative : idem, rien n'a changé. Nous recommençons la manipulation une troisième fois. Après une vingtaine d'oscillations, le pendule commence à tourner en mouvement circulaire : je ne lui ai pourtant rien demandé !

– C'est bon, tu peux t'arrêter, finit-elle par dire. Alors combien d'oscillations avant que le pendule tourne ?

– Environ une vingtaine.

– Mmmh… Disons que tu es un individu de bonne sensibilité. J'ai dû empiler trois clés pour déclencher ta réaction sourcière.

– Et tu me disais qu'un magnétiseur réagit avec seulement une seule clé ?

– Oui et avec un temps de réponse bien plus court, de l'ordre de quelques secondes.

Impossible de m'empêcher de faire le pitre :

– Bou ! Je ne suis pas sourcier ! Si je ne peux pas détecter de source, je vais finir par mourir de soif ! En revanche, je suis sûr que je suis capable de détecter une source de vin, autrement dit… une cave !

Nous rions de bon cœur ensemble, après quoi, je lui propose de faire le même test en aveugle sur elle, ce qu'elle accepte volontiers.

Elle prend ma place, se munit du pendule et lance le mouvement.

Je m'accroupis puis attends avant de poser la clé à côté de son talon… et je suis subitement heureux que ce soit l'été : sans même l'avoir cherché, je me retrouve nez à nez avec les formes sveltes de ses jambes bronzées qui sortent de leur short long. Mon regard glisse sur le toboggan formé par ses tibias et atterrit sur ses chevilles fines, qui me présentent à la beauté de ses petits pieds confortablement installés dans leurs tongs.

Je secoue imperceptiblement la tête pour m'extraire de cet enchantement et revenir à l'objet de l'expérience.

Je pousse le challenge jusqu'à simuler mon geste de placement de la clé, sans véritablement la déposer, afin d'écarter toute interférence de son mental sur le test. Je jette alors un œil sur le pendule : il bat la mesure toujours d'avant en arrière.

Très discrètement, je place alors la clé à côté de son talon. Il est peu probable qu'elle m'ait vu ou entendu.

Quelques secondes après, le pendule commence à changer de mouvement. Au bout seulement de cinq ou six secondes, celui-ci est devenu circulaire ! Je me redresse pour lui faire part de ma réaction :

– Effectivement, une seule clé te suffit, avec en plus un temps de réponse quatre fois moins long que moi ! Surprenant !

En guise de réponse, elle m'adresse un humble sourire que je trouve plutôt… touchant. Mon visage se trouve à trente centimètres du sien ; pour la première fois nos regards se croisent vraiment. Au fond de ses yeux, je découvre que cette femme dégage quelque chose de profondément agréable et réconfortant. Je perçois même une chaleur qui émane d'elle bien que je sois trop éloigné pour sentir sa chaleur corporelle : sensation étrange et nouvelle. Tout semble en cet instant figé dans l'espace et le temps. Nous sommes pétrifiés par le regard de l'autre en deux statues d'ornementation dans son salon.

Nous sortons de cette furtive contemplation lorsque nous remarquons en même temps que son bras plié en équerre tenait toujours le pendule, à présent immobile, entre elle et moi. Nous sourions, quelque peu embarrassés par l'intimité inattendue de la situation. Elle remonte son pendule et nous allons nous rasseoir dans le salon.

– Euhm… finis-je par reprendre. C'est une expérience tout à fait surprenante et nouvelle pour moi… enfin, je parle du pendule, évidemment…

Je me suis rendu compte trop tard de l'ambiguïté de mes propos. Même si j'ai quand même tenté de rattraper le coup, elle n'est évidemment pas dupe ; elle me sourit, les joues quelque peu rougissantes :

– Oui, je comprends ta surprise. Il n'y a qu'en expérimentant soi-même ce genre de chose, enfin je veux dire le pendule, qu'on peut se rendre compte de la réalité de ce sixième sens.

Je suis rassuré de constater qu'elle n'est pas plus habile que moi pour éviter les sous-entendus involontaires !

ϕ

Je rattrape en vol ma concentration afin de revenir plus sérieusement à l'objet de notre conversation :

– Mais comment les preuves expérimentales d'Yves Rocard n'ont pas pu au moins éveiller l'intérêt des scientifiques sur le sujet ?

– Tout au long de l'histoire, il est facile de constater qu'il existe une forme de censure de la connaissance. Quand il s'agit de biomagnétisme, si par hasard un travail est entrepris dans ce domaine, il est impossible de le faire connaître dans le milieu scientifique conventionnel.

Gladys me précise qu'il existe bien sûr des raisons à cette pénible situation : lors de la Renaissance, ou à l'époque de Newton, la production scientifique était peu abondante, et les journaux qui commençaient à se créer n'étaient pas submergés de nouvelles actualités. Si quelque progrès scientifique conduisait à des résultats tangibles, c'était du pain bénit pour les éditeurs, leur diffusion ne tardait pas. Les savants échangeaient également de nombreux courriers entre eux ; l'information savante circulait rapidement, non entravée par de multiples intermédiaires.

Il n'en va plus de même aujourd'hui. Les scientifiques sont infiniment plus nombreux, ainsi que le nombre des résultats qui sont à publier. En outre, ils publient trop souvent pour des raisons subjectives : se forger une réputation, faire avancer leur carrière. Le grand public n'étant pas particulièrement friand de ce genre d'information, du coup les journalistes ne le sont pas non plus. La revue scientifique moyenne est obligée de restreindre les publications : elle le fait en voulant sélectionner la qualité, mais le jugement à cet égard repose sur la multiplication des parrainages et des cautions, qui enveniment le système et conduisent à refouler la plupart des textes proposés, qui n'auraient plus le droit de se faire connaître.

Je réagis immédiatement aux propos de Gladys :

– Mais le professeur Rocard n'a-t-il pas rencontré des biologistes en mesure de comprendre ses travaux et de l'aider à les diffuser ?

– Bien sûr que si, me confirme Gladys avec une moue. Il participa à un congrès de biologistes ayant fait des découvertes dans le domaine du biomagnétisme et ayant pu observer au microscope électronique certains des récepteurs magnétiques en question. Il fit lui-même des démonstrations qui ne suscitèrent aucune objection. Mais le compte-rendu du congrès occulta complètement son intervention devant toute l'assistance ; il a complètement disparu avec ses travaux.

Gladys regrette amèrement que ce type de comportement ralentisse considérablement la propagation de l'information dans le milieu scientifique qui n'est plus au courant des travaux novateurs. Par conséquent, c'est la communauté scientifique elle-même qui stérilise sa propre évolution. Sa position dite « rationaliste » à l'égard des sourciers est en vérité bien irrationnelle et sous l'influence des préjugés qu'elle prétend pourtant combattre.

– À travers ses travaux, achève-t-elle, Yves Rocard a véritablement mis en évidence, de manière scientifique, l'existence d'un sixième sens chez l'homme. Le terme « sixième sens » pourrait donc sortir des considérations ésotériques qui lui étaient jusque-là associées. Ce sens fait partie des multiples mécanismes ayant trait à la bioénergétique, mais il reste encore beaucoup à explorer, surtout pour expliquer les effets curatifs du biomagnétisme.

Gladys me précise que le professeur mit en évidence la capacité du magnétiseur à développer, avec ses mains, un champ magnétique qu'il concentre et oriente vers un point particulier à guérir. Ce même phénomène fut également mis en évidence au début du xxe siècle par des procédés photographiques hautes fréquences. Les travaux réalisés par le Dr Bartholet ou un couple de Soviétiques, Semione et Valentina Kirlian, révélèrent des efflorescences lumineuses apparaissant sur le contour des corps vivants. Certains clichés montrent que ces efflorescences, partant des mains d'un magnétiseur jusqu'au corps de son patient, sont plus intenses lors d'une séance de magnétisme.

Les zones endommagées ou douloureuses du patient sont ainsi apaisées et aptes à se régénérer sous l'action d'un tel champ. La concentration volontaire du thérapeute agit donc par le biais des nerfs et des muscles qui entourent la magnétite de ses doigts. Cela donne notamment une justification à l'utilisation d'aimants en magnétothérapie pour soulager des douleurs dues à des tensions musculaires.

Mais les travaux du professeur Rocard s'arrêtèrent là ; aucune autre étude, qui aurait été publiée dans le monde scientifique, n'a pu prendre le relais pour tenter de comprendre le fonctionnement curatif du magnétisme émis par le magnétiseur. Si la science était capable d'accepter qu'elle a eu tort de condamner depuis toujours le biomagnétisme, aussi bien que tous les travaux scientifiques entrepris à son sujet, cela lancerait d'autres chercheurs sur la voie ouverte par Yves Rocard. Davantage d'études seraient menées dans ce domaine qui mérite autant d'investigations qu'un autre. Mais ce jour est encore loin, car les membres influents de la communauté scientifique sont plus occupés à défendre leurs intérêts personnels et leur image, qu'à véritablement faire progresser la connaissance scientifique.

Jamais je n'aurais imaginé que la communauté scientifique soit à ce point habitée par l'orgueil et la mauvaise foi. L'histoire de ce physicien en est effectivement très révélatrice.

ϕ

– Selon le principe évident qu'il existe d'autres phénomènes sans rapport avec le magnétisme que nous pouvons détecter, poursuit Gladys, nous sommes au même titre capables de générer des énergies ou des ondes subtiles d'une nature autre que purement magnétique. Le magnétisme, au sens physique du terme, ne représente donc qu'un aspect du bioénergétisme « émetteur » ou « curatif » que l'homme est en mesure d'émettre.

Je préfère m'assurer que j'ai bien compris en reformulant différemment le sens de ses propos :

– Le fluide du guérisseur agirait donc par l'action simultanée de son magnétisme « physique » et de son magnétisme « subtil ».

– En résumé, oui.

– Puisque beaucoup de personnes se soignent par le biomagnétisme et que l'opinion publique semble favorable à ce type de pratique, pourquoi la médecine n'en crée-t-elle pas une branche à part entière ?

– Pour la médecine classique, toute thérapie non explicable scientifiquement est condamnable. Il faut savoir que la loi interdit d'exercer toute activité médicale, quelle qu'elle soit, sans diplôme de médecine. Or l'efficacité des soins bioénergétiques n'a pas encore été démontrée par la science. Tous ceux qui guérissent par-delà des normes définies par la médecine conventionnelle, grâce à un pouvoir dépassant ses connaissances actuelles, devraient cependant être pris en considération. Si la science rejette systématiquement tout ce qu'elle ne comprend pas, elle ne pourra jamais progresser.

Gladys me fait constater à regret que les rapports entre médecins et guérisseurs sont litigieux. Force est d'ajouter que cette confrontation nuit à la santé publique, alors qu'une complémentarité, souhaitée par la majorité des Français, serait certainement fort bénéfique. Certains médecins reconnaissent les bienfaits de la bioénergétique, d'autres la condamnent ouvertement.

Fort heureusement, de plus en plus de membres du corps médical acceptent les méthodes non traditionnelles. Le nombre d'acupuncteurs, d'homéopathes, de phytothérapeutes ou de kinésiologues s'accroît d'année en année. Beaucoup de médecins n'hésitent plus à envoyer leurs patients chez un magnétiseur, quand la médecine classique est inefficace devant le mal.

– Pour ma part, m'illustre Gladys, j'ai de la chance de

travailler dans un CHU où les membres sont assez ouverts à la bioénergétique. Avec un confrère, nous avons développé une pratique chirurgicale qui permet d'opérer les patients sans anesthésie générale, là où la médecine conventionnelle n'hésiterait pas à le faire.

Mais elle m'avoue qu'elle n'a rien inventé : depuis longtemps les Chinois opèrent sans anesthésie, sans que les patients en souffrent pour autant. Au-delà de la France, les hôpitaux de certains pays savent également allier intelligemment médecines classique et énergétique.

D'une manière générale, on peut espérer que plus il y aura d'adeptes à la bioénergétique, plus l'étau se resserrera sur la science, qui sera contrainte tôt ou tard de consacrer des études approfondies sur la bioénergétique. Serge-Léon Alalouf, célèbre guérisseur français, déclara un jour :

« *De même qu'il existe des radiations ultraviolettes, infrarouges, hertziennes, cosmiques, qui ne nous sont révélées que par des instruments appropriés, il est permis de supposer, qu'il est d'autres radiations, d'autres ondes que la science de demain découvrira et étudiera.* »[13]

Les scientifiques se doivent d'éprouver toutes les méthodes susceptibles de soulager l'humanité, en lui évitant un maximum de recourir aux médicaments, dont les effets secondaires sont inévitables. Le bioénergéticien peut, dans certains cas, se substituer aux médecins. C'est peut-être ce qui inquiète le corps médical qui souhaite préserver son activité à tout prix. Mais cette crainte est injustifiée car jamais la bioénergétique ne pourra remplacer complètement la médecine.

13 *Alalouf le cœur sur les mains*, V. Legovic, Les Meilleures Éditions, p 217. De ce même ouvrage sont tirés certains éléments évoqués sur la magnétisme curatif dans ce chapitre.

Les économies d'argent malgré tout engendrées pour la société pourraient être énormes. Malheureusement, le désir de vouloir préserver l'image du corps médical, ainsi que les intérêts économiques des grands groupes de la chimie et de la pharmaceutique, est plus fort que celui de vouloir guérir des personnes souffrantes.

ϕ

Gladys fait une petite pause en se reversant une tasse de thé. Pendant ce temps, je me dis que si je possédais moi-même la faculté de guérir, même sans être un sourcier ultrasensible au magnétisme, ça m'aiderait à me débarrasser de mon mal de tête qui continue de me tirailler le cerveau. Je demande alors :

– J'admets qu'un sujet normal puisse être sensible aux forces magnétiques avec son sixième sens. Mais ce même individu sera-t-il également en mesure de guérir ? Ça, je n'en suis pas si sûr.

– Tout un chacun possède le réflexe automatique de poser sa main sur la partie de son corps qui est douloureuse. Mais malheureusement, pour la plupart d'entre nous, ce geste est effectivement impuissant à soulager. Comme pour notre sixième sens, chacun détient plus ou moins intensément le pouvoir de guérir. Mais cela ne dépend plus seulement de l'efficacité du couplage entre des centres récepteurs et le système nerveux. Contrairement à la guérison purement magnétique, la guérison qui emploie les énergies subtiles dépend avant tout de notre niveau d'énergie interne, de notre niveau de conscience spirituelle, et de notre état d'esprit en général, facteurs qui sont d'ailleurs étroitement liés entre eux.

Toujours poussé par ma curiosité, je lui demande :

– Qu'entends-tu par un niveau d'énergie interne ?

– Depuis toujours, les bioénergéticiens emploient la notion d'énergie « vibratoire » ou de « vibration » pour décrire les phénomènes énergétiques. Des travaux scientifiques récents ont permis de confirmer cette notion : les sciences physiques sont enfin à même de reconnaître la nature vibratoire de notre univers. C'est en grande partie l'état vibratoire de notre corps qui conditionne notre capacité à élever notre niveau d'énergie subtile. En apparence nous semblons faits de matière, de chair et de sang mais en réalité, nous sommes des atomes qui sont eux-mêmes de l'énergie pure vibrant à un certain niveau. Si nous réfléchissons à notre alimentation selon cette perspective, nous découvrons que tout ce que nous absorbons affecte l'état vibrationnel de notre corps. Notre hygiène alimentaire représente donc un premier moyen d'élever notre potentiel énergétique : pour une même valeur nutritionnelle, certains aliments augmentent notre longévité et conservent notre énergie à un niveau élevé, tandis que d'autres finissent par nous épuiser totalement.

Gladys ajoute que des consommations excessives de tabac et d'alcool réduisent aussi nos capacités énergétiques. Il en va de même du stress, de la pollution de l'air dans les villes ainsi que des nuisances électromagnétiques engendrées par la technologie moderne des ordinateurs, des téléviseurs, des téléphones portables, des micro-ondes… À l'inverse, la pratique régulière d'une activité sportive permet de conserver un état vibratoire interne à un bon niveau. Malheureusement, le mode de vie actuel fait qu'une bonne habitude en neutralise souvent une mauvaise ce qui, au global, empêche notre niveau d'énergie de progresser.

De manière générale, toute maladie résulte d'une baisse de l'énergie vibratoire de notre organisme. Cela laisse ainsi la porte ouverte aux virus, bactéries et champignons dont la fonction naturelle est de détruire les corps affaiblis. Pourquoi certaines personnes, exposées aux mêmes microbes que d'autres, ne tombent-elles pas malades ? Parce que souvent leur état intérieur, du fait d'une bonne hygiène de vie, est prédisposé à les éviter, grâce à un champ vibratoire les empêchant de pénétrer le corps ou de s'y développer.

– La seconde chose qui permet d'élever notre potentiel énergétique interne, poursuit Gladys, est le degré de beauté avec lequel nous percevons les êtres vivants, l'art et la nature qui nous entoure. Les êtres humains vivent dans un monde dont les couleurs et les formes sont d'une immense beauté. Le paradis se trouve ici même, mais encore faut-il être un minimum ouvert à notre énergie intérieure pour nous en rendre compte.

Ses propos me rappellent ceux d'Anne-Lise Pinson sur l'art : elle aussi avait évoqué le fait que l'art permette de révéler la beauté qui se cache en toute chose. Gladys continue :

– Cette notion de perception de la beauté est étroitement liée à la plus belle chose qui nous ait été donnée de ressentir : l'amour, bien sûr débarrassé de son contexte affectif qui lui est communément associé. L'amour en toute chose et en tout être, y compris en soi-même.

Elle s'arrête pour laisser place à ma réaction.

Je crois rêver. Ses paroles résonnent en moi comme un écho. Un écho de ma conversation avec l'abbé Orion, un écho de mes propres pensées que j'ai eues sur le trajet en venant. Une fois encore, je retrouve ce fameux amour sur mon chemin, comme un compagnon qui ne quitte plus celui qui l'a adopté.

– À ta réaction, je devine que tu saisis le sens de mes propos, reprend-elle avec une voix douce. Sache que je ne parle jamais ainsi avec mon entourage et encore moins avec des personnes que je ne connais pas. Mais lorsque tu m'as fait part, tout à l'heure, de ton ressenti à l'issue de ton entretien avec l'abbé, lorsque je t'ai entendu évoquer des notions relatives à l'amour absolu, alors j'ai compris que tu étais en mesure de comprendre ce que j'avais à te dire.

– Depuis deux jours, j'ai en effet progressivement été

amené à me pencher sur la question. Et je commence à me rendre compte de beaucoup de choses.

– C'est tout ce que l'on peut souhaiter à toutes les âmes qui peuplent cette planète : qu'elles prennent d'elles-mêmes un jour conscience de la puissance bénéfique de cette force, par leur propre recherche intérieure et non pas par celle des autres. Cet amour ne peut s'enseigner mais uniquement se ressentir. Tant que nous ne l'avons pas nous-mêmes expérimenté, il est difficile d'en saisir la nature profonde. C'est d'ailleurs pour cette raison qu'il est si compliqué d'en parler ouvertement et que ceux qui tentent courageusement de le faire sont souvent incompris et catalogués de spirituels idéalistes. L'amour, c'est la vie en action. La guérison énergétique, c'est l'amour en action.

Ses yeux embués traduisent l'émotion qui accompagne ses propos qu'elle laisse sortir avec son cœur. Je reçois ses paroles comme une flèche qui transperce le mien. Il y a encore à peine une heure, je n'avais jamais vu cette femme, et là, cela fait deux fois que nous partageons ensemble des moments forts.

– Sans l'amour, ajoute-t-elle, le guérisseur n'est rien ou pas grand-chose. Sans l'amour, toute personne qui tente sa propre expérience dans la bioénergétique prend le risque de succomber à son ego et de sombrer dans le pouvoir : recherche de reconnaissance et de domination, volonté de faire de l'argent en profitant des faiblesses physiques ou psychologiques des autres… bref, tout ce qui peut être reproché aux sectes et aux charlatans qui malheureusement dénaturent complètement l'image de la bioénergétique. C'est pour cela que l'opinion générale reste très méfiante à l'égard de ce milieu. Les médias en sont aussi en grande partie responsables : au lieu de nous informer correctement sur les côtés positifs de la bioénergétique, ils jouent plus volontiers sur nos peurs et nos angoisses. Il est alors plus difficile pour les gens de faire la part des choses.

Effectivement interpellé par cet aspect rebutant de ce milieu, je lui demande de m'éclairer davantage sur ce sujet :

– Mais comment éviter le piège des sectes et des charlatans ?

– Tout est une question de discernement et de bon sens. Un thérapeute qui demande des honoraires exorbitants, en s'arrangeant pour faire revenir ses patients le plus souvent possible, sera effectivement à éviter. Les guérisseurs reconnus pour leurs compétences indiscutables sont souvent ceux qui en demandent le moins et qui laissent les gens donner ce qu'ils veulent. Un stage d'initiation aux pratiques bioénergétiques qui dépasse les cent euros par jour, ça commence à faire cher !

Gladys m'avertit aussi sur le fait qu'il faut évidemment se méfier d'une personne qui souhaite vous inviter à des réunions pour partager avec d'autres votre engouement aux énergies subtiles.

Mais d'une manière générale, la meilleure façon d'éviter les problèmes, c'est de se fier à son propre ressenti. Évidemment, des individus déprimés ou un peu perdus auront du mal à discerner les bonnes intentions des mauvaises. C'est pour cela qu'avant même de chercher à trouver des réponses auprès des autres, il faut d'abord faire sa propre recherche. Cela permet d'avoir plus de recul et de se centrer sur sa propre intuition, au lieu de la déléguer à d'autres. Les personnes qui tombent dans les sectes sont souvent celles qui, dans la vie, n'ont jamais su s'assumer ou qui développent des comportements de pouvoir, attirant inconsciemment des personnes fonctionnant avec les mêmes mécanismes qu'elles. Il ne faut pas oublier que tout ce qui nous arrive n'est que le reflet extérieur de notre propre conscience.

– Tout est une question d'état d'esprit de la personne qui cherche à pratiquer ou enseigner la bioénergétique, finit-elle par dire. Si deux valeurs sont bien à cultiver dans ce genre de métier, c'est l'humilité et la gratitude.

– La gratitude ?

– Oui, c'est la faculté de penser sincèrement à remercier les autres et plus globalement la nature et la vie pour sa contribution à notre épanouissement. Cela peut paraître idéaliste, mais beaucoup d'autres valeurs en sont directement associées comme le respect, la serviabilité ou la compassion.

Je constate que pour se lancer sérieusement dans la bioénergétique, il faut déjà avoir balayé devant sa porte avant de chercher à balayer devant celle des autres.

φ

– Comment le guérisseur met-il alors en action la guérison ? lui demandai-je.

– Depuis un demi-siècle, me répond Gladys, s'est développée la médecine anti-symptomatique qui, comme son nom l'indique, combat le symptôme, c'est-à-dire la manifestation du mal, sans tenir compte de la cause. Fort heureusement, la médecine évolue rapidement de nos jours : nous ne considérons plus le corps comme une machine dont les pièces usées pourraient être réparées ou remplacées. Notre santé est déterminée par nos processus mentaux, ce que nous pensons de la vie et spécialement de nous-mêmes, à la fois consciemment et inconsciemment. Dans notre vie, nous attirons en effet deux types d'évènements particuliers : ceux auxquels nous croyons et ceux que nous craignons, mais nous le faisons inconsciemment.

Elle explique que nos peurs inexprimées ou refoulées diminuent notre niveau vibratoire. Cela crée des blocages dans le flux énergétique de notre corps, ce qui finit par causer des problèmes. Nos peurs se manifestent toujours de façon plus intense jusqu'à ce que nous décidions de les affronter. Les problèmes physiques viennent en dernier : l'idéal serait de traiter ces blocages bien plus tôt, de façon préventive, avant que la maladie se développe.

Si la maladie ou la blessure est déjà déclarée, nous devons commencer par examiner sa signification pour identifier à laquelle de nos peurs elle se réfère. Ce n'est pas toujours facile de le trouver tout seul ; avoir recours à une personne expérimentée peut s'avérer dans ce cas utile. Lorsque le blocage causé par la peur est dénoué, la guérison par visualisation peut alors entrer en action.

– Par « visualisation » ? lui fais-je surpris par ce terme dont je cerne mal le sens.

– Oui. C'est une technique parmi d'autres qui est, selon moi, la plus simple et la plus accessible à tous. Elle consiste à se représenter le processus de guérison à l'aide de notre imagination. On peut mettre facilement en œuvre la visualisation sur soi pour se rendre compte de son efficacité. Si on a mal quelque part, le principe consiste à se servir de la douleur comme un signal lumineux pour concentrer notre attention et focaliser notre énergie exactement au bon endroit. On ressent rapidement que douleur et attention concentrée ne peuvent coexister dans le même espace.

Gladys précise que guérir par visualisation, c'est s'imaginer l'endroit précis du muscle, os ou tendon concerné, et projeter consciemment jusqu'aux cellules malades ou abîmées, de l'énergie spirituelle qui va les régénérer. Pour cela, il suffit de leur envoyer tout notre amour, en entrant dans un état de contemplation de leur beauté et de profond respect pour leurs fonctions si fascinantes qu'elles remplissent dans notre corps. Cela se traduit rapidement par une sensation de réchauffement intense sur l'endroit ciblé, voire de picotement. Nous avons tous en nous cette force mentale capable de guérir notre corps et celui des autres. À chacun de trouver le chemin intérieur pour y parvenir et de s'ouvrir à l'amour universel, car seul l'amour de soi-même et des autres permet de guérir.

Cette méthode de guérison va au-delà de l'aspect physique d'une blessure ou d'une maladie car le corps et l'esprit sont étroitement liés. Pour être efficace, la guérison énergétique doit prendre en compte le patient dans sa globalité. Plus nous cherchons à débloquer nos peurs, mieux nous comprenons qui nous sommes, quel travail nous avons à faire sur nous-mêmes ainsi qu'auprès des autres et, plus largement, quel est l'objectif de notre vie présente sur terre. La véritable guérison intervient quand nous pouvons visualiser un nouvel avenir enthousiasmant car seule l'inspiration nous maintient en bonne santé.

C'est donc à soi-même d'assumer la responsabilité de sa propre guérison sans se contenter de s'en décharger sur les autres même si, bien sûr, ils peuvent nous y aider.

– La guérison consiste fondamentalement à surmonter les peurs que nous ne voulons pas affronter et qui dominent notre vie, insiste-t-elle, ainsi qu'à trouver notre propre inspiration, notre propre vision de l'avenir à la création duquel nous contribuons.

– Je constate que la guérison s'inscrit dans une démarche psychologique bien plus large que la simple volonté de vaincre la douleur, fais-je remarquer.

– En fait, les attentes conscientes ou inconscientes qui émanent de chacun de nous, quelles qu'elles soient, sont comme des prières constantes. Au terme « prière », j'associe non pas sa connotation religieuse usuelle, mais l'action de visualiser la réalisation d'un de nos souhaits. Ce pouvoir est bien plus fort que ce que nos préjugés nous laissent croire. Il nous faut apprendre à le maîtriser afin de commencer à l'utiliser à bon escient.

Pour illustrer ses propos, elle ajoute que de nombreuses études scientifiques, qui se sont penchées sur l'influence de la visualisation, ont mis en évidence la portée de ce pouvoir que nous avons tous en nous. Des patients pour lesquels on prie régulièrement souffrent moins de complications et récupèrent plus rapidement, même lorsqu'ils ignorent que l'on prie pour eux.

La force de la visualisation est en fait une émanation de notre cerveau. Certes, la médecine connaît la fonction électrique de ce dernier, qui assure le fonctionnement du corps physique via notre système nerveux. En revanche, bon nombre d'expériences montrent qu'il est aussi capable de générer et diffuser des ondes cérébrales basses fréquences. Leur influence sur d'autres personnes a été prouvée. L'être humain serait une antenne organique émettrice et réceptrice d'ondes basses fréquences. Le signal émit par un sujet à l'issue d'une pensée peut être capté par un autre qui est en mesure de le décoder, le tout pouvant se dérouler même inconsciemment. L'homme a déjà inventé de tels procédés : sa technologie de communication est en effet basée sur des systèmes d'émission-réception de signaux analogiques et numériques.

Il semblerait que les ondes cérébrales, capables d'interagir avec l'extérieur, puissent être amplifiées par notre cœur et notre amour pour autrui, sentiments également issus des profondeurs de notre être. Sans entraînement ni éveil spirituel, ces ondes sont cependant émises de manière inconsciente et non maîtrisée. Il apparaît alors évident que la continuité de notre évolution passera inévitablement par une utilisation consciente et maîtrisée de cette capacité que nous avons tous en nous d'émettre de telles ondes.

– Il paraît que nous n'utilisons que 5 ou 10 % de notre cerveau, lui fais-je remarquer. Peut-être que tout ce que nous n'utilisons pas permettrait justement de générer des ondes plus puissantes.

– En fait, nous utilisons bien tout notre cerveau, ou pratiquement, mais à très bas régime. C'est comme si tu roulais à 30 km/h avec une Porsche en pensant que c'est la seule utilisation que tu peux en faire. Tous les éléments sont là pour aller plus vite, mais soit tu n'as pas encore trouvé la pédale d'accélérateur ou compris le système de vitesses, soit tu sais comment tout cela fonctionne, mais tu n'as pas suffisamment confiance en toi pour appuyer sur le champignon car la vitesse te fait peur.

Gladys ne peut choisir un meilleur exemple pour illustrer ses propos auprès d'un passionné de voiture.

– L'accomplissement d'une visualisation, conclut-elle, dépend donc en grande partie de notre foi en cet accomplissement, de notre certitude et notre conviction absolue. C'est l'élément indispensable à l'amplification cérébrale de la visualisation qui peut alors rayonner autour de nous et influer sur les autres, sur notre environnement et, plus largement, sur le cours de notre vie.

ϕ

Gladys me fait au passage remarquer que ce n'est pas un hasard si les générations d'aujourd'hui sont de plus en plus réceptives à toutes les fictions qui portent sur le sujet des pouvoirs de l'esprit, les plus éloquentes en étant la saga de *Star Wars* et les aventures des *X-Men*. Contrairement à ce que croient les parents qui s'étonnent de l'engouement de leurs enfants pour ces fictions, il ne s'agit pas simplement d'une identification d'un fan à un héros capable de choses extraordinaires, comme un adolescent s'identifierait à sa star musicale préférée. Ce sentiment est réel et inconsciemment ancré dans les intuitions. Il s'agit d'un véritable ressenti intérieur que des ondes subtiles existent vraiment et non d'une simple croyance enseignée, ou à laquelle on s'identifierait de manière puérile et passagère.

Le but de la nouvelle génération est de comprendre et de faire comprendre qu'en nous existe un grand pouvoir qui peut être cultivé et étendu, une énergie mentale depuis toujours appelée la prière. Chez certains individus, qui accomplissent beaucoup de choses au cours de leur existence, qui sont très créatifs, et remportent de nombreux succès, ce champ d'énergie est puissant, bien qu'ils n'en soient généralement pas conscients.

Si la prière est une affirmation fondée sur nos attentes, bonnes ou mauvaises, alors toutes nos attentes peuvent avoir l'effet d'une prière. D'une certaine manière, nous sommes perpétuellement en train de prier pour notre avenir et celui d'autres personnes, mais nous n'en avons pas vraiment conscience. Pour continuer d'évoluer, il faut à présent le faire consciemment. Notre visualisation peut agir très rapidement et provoquer exactement ce que nous attendons.

Il faut être cependant vigilant car si nous avons peur, nous susciterons ce que nous craignons. Si nous haïssons quelqu'un, alors nous attirerons à nous d'autres personnes que nous détesterons. Si nous conservons trop longtemps en nous une image négative, elle pourra finir par se réaliser. En ce qui concerne notre énergie de visualisation, une attente est une attente, qu'elle soit en effet fondée sur la peur ou sur la foi. La plupart des êtres humains sont habités par un mélange d'images où coexistent la peur et le désir de succès ; ces attentes tendent donc à s'annuler mutuellement, affaiblissant l'effet de leur visualisation.

– C'est pour éviter cela, achève Gladys, que nous devons nous assurer que notre esprit est toujours focalisé sur le chemin positif de notre vie, et non sur des attentes pleines d'appréhensions. Il faut sans cesse garder à l'esprit que la pensée est créatrice. Faisons aux autres ce que nous aimerions qu'ils nous fassent, parce que la façon dont nous les traitons, ou dont nous pensons à eux, reflète exactement la façon dont ils nous traiteront. Mais pour l'instant, nombreux sont encore ceux qui laissent leurs pensées renforcer le mal, en s'imaginant que leur haine, leurs idées ou leurs prières négatives, n'ont pas d'impact. Il y a déjà suffisamment de mal dans le monde sans en ajouter inconsciemment. Telle est la grande vérité qui fonde d'ailleurs le code tibétain de la compassion. Abandonnons toutes nos pensées d'échec. Croyons avec toute notre foi que nous réussirons nos projets. Nous décuplerons ainsi notre pouvoir et sentirons, au fond de notre être, que « la Force est avec nous ».

Elle s'interrompt en me souriant suite à sa dernière réflexion qui fait évidemment référence à la saga de *Star Wars*. En tout cas, elle a bien cerné ce à quoi je suis sensible depuis tout petit !

– Je me suis quelque peu éloigné du sujet de la guérison, mais comme tu as pu le constater, pour comprendre certaines choses, il est indispensable de raisonner de manière globale.

– C'est surprenant de constater que tout est finalement lié. Le pouvoir de visualisation n'aurait donc aucune limite ?

– La seule limite, c'est notre propre imagination. Si celle-ci est enfermée dans un mental plein de certitudes, de préjugés et de craintes, alors elle ne pourra pas mettre efficacement en œuvre la visualisation.

Gladys me rappelle que nous ne percevons le monde et les autres qu'à travers nos a priori et nos préjugés. Selon elle, tout est une question de repères : si l'homme était en mesure de balayer toutes les certitudes qu'il s'est lui-même créées, il serait capable d'accomplir, dans le domaine des énergies subtiles, des prouesses « inimaginables », ou plutôt qu'il n'a même pas idée d'imaginer !

Ce n'est pas comme apprendre à conduire une voiture où il suffit de mettre en pratique les cours d'un instructeur. Pour développer notre sensibilité et nos capacités énergétiques, il est avant tout nécessaire de se débarrasser de nombreuses certitudes que notre éducation, notre vie familiale, sociale, culturelle et religieuse nous ont fabriquées de toutes pièces.

Il faut malheureusement reconnaître que les sociétés modernes font tout, volontairement ou involontairement, pour standardiser les populations en imposant une façon de penser et de vivre identique pour tous, comme les religions ont pu d'ailleurs le faire au cours de l'histoire. Cela crée des certitudes tellement ancrées dans notre mental et qui nous semblent tellement naturelles, que nous ne les remettons même plus en question. Ce sont pourtant celles-ci qui nous limitent et inhibent l'expression de notre potentiel énergétique réel.

Gladys prend un air soudainement plus profond :

– En d'autres termes, nous devons désapprendre tout ce que nous avons appris.

Je médite quelques instants sa remarque qui ne me laisse pas insensible. Ce n'est pas la première fois, surtout depuis trois jours, que je suis justement obligé de remettre en question mes certitudes et mes préjugés.

φ

Je me rends compte que mon mal de tête n'est toujours pas passé. Au moment où j'allais demander un cachet d'aspirine à Gladys, elle me regarde en fronçant les sourcils puis m'interroge :

– Aurais-tu un mal de crâne ?

Surpris qu'elle ait perçu mon trouble, je marmonne :

– Euh… oui, je le traîne depuis ce matin. Comment l'as-tu deviné ?

– Comme ça, en te regardant. Il est assez fréquent que je perçoive les douleurs des autres.

– Tu n'aurais pas un cachet d'aspirine, s'il te plaît ?

Elle soupire, comme déçue par ma question :

– N'as-tu donc pas écouté tout ce que je t'ai expliqué ?

– Si bien sûr, mais…

– Mais tu demeures encore accroché à tes certitudes, me coupe-t-elle sèchement en secouant son index.

Évidemment, je suis tombé dans le panneau ! Mes réflexes habituels sont revenus au galop : quelle idée de demander un cachet d'aspirine à une guérisseuse ! Je lui fais part de mon indélicatesse :

– Désolé, je n'y avais pas pensé…

– C'est bien ça le problème, le tout est d'y penser et d'être conscient…

Gladys se lève, me fait signe de rester à ma place, puis elle vient se placer derrière le canapé. Elle appose ses deux mains sur ma tête. À son contact, je sens comme un picotement le long de ma colonne vertébrale ainsi qu'une chaleur réconfortante qui m'envahit. Je l'entends inspirer et expirer profondément, son souffle venant délicatement balayer mes cheveux. Elle promène ses mains jusqu'à mes yeux qu'elle couvre quelques secondes avec le bout de ses doigts. Puis elle repasse par mes tempes avant de revenir sur le haut de mon crâne. Elle retire ses mains d'un geste vif accompagné d'un claquement de doigt.

– Voilà, ça devrait aller mieux, dit-elle en revenant en face de moi.

– Merci.

– On dirait que tu as un peu trop abusé de certaines choses, hier soir chez ton ami, non ? me lance-t-elle avec un air de remontrance taquin.

Comment a-t-elle pu deviner ? Je ne lui ai rien dit à ce sujet ! J'ai l'impression d'être un adolescent qui a fumé en cachette et qui vient de se faire attraper par sa mère. Je lui avoue ouvertement :

– Effectivement…

Je ne sais que dire de plus. Surtout que mon mal de tête semble avoir… disparu. Ça alors ! Je lui fais part de ma surprise :

– Incroyable ! Je n'ai plus mal à la tête !

Elle soupire de nouveau :

– Que tu trouves cela « incroyable » traduit justement qu'il te reste encore beaucoup à désapprendre…

Je ne trouve rien à répondre non plus à cette réflexion

Mon regard croise alors l'horloge murale située sur le mur en face de moi : déjà 11 h 45 ! Je n'ai pas vu le temps passer ! L'intuition que le temps m'est compté me vient subitement. Il faut que je m'active car j'ai encore une personne à rencontrer. Pour me rendre en Suisse, il me faudra bien cinq heures, ce qui me fera arriver en fin d'après-midi.

Au moment où j'allais reprendre la parole, Gladys devance mes propos comme si elle avait perçu mes pensées :

– Oui, il est temps que tu partes. Ce n'est pas que je veuille te mettre dehors, bien au contraire, c'est un plaisir de discuter avec toi. Mais j'ai la vague impression que la fin de ton parcours sera une course contre la montre pour retrouver Maxime.

– Oui, c'est aussi mon avis… fais-je hésitant, encore étonné par sa faculté de deviner ce que je pense.

En me levant pour me diriger vers l'entrée, je la remercie pour le temps qu'elle m'a accordé, ainsi que pour tout ce qu'elle a pu m'apprendre ce matin.

Cependant, je pars avec un vague sentiment d'inachevé. Je ne sais pas, comme si nous devions continuer notre conversation. En fait, je n'ai pas envie de partir… ou plutôt de la laisser. Sur le seuil de la porte, je me retourne car une idée farfelue me vient à l'esprit : et si elle venait avec moi ? Je me lance :

– Est-ce que…

Puis, finalement, je me ravise car c'est complètement idiot. On se connaît à peine ! Je ne vais tout de même pas lui proposer si vite de partir en vacances avec moi !

– Oui ? me fait-elle dans l'attente que je m'exprime.

– Non, rien… je… j'espère qu'on se reverra.
– Je l'espère aussi.
Je lis également de l'hésitation dans son regard comme si, elle non plus, n'osait pas me dire quelque chose. Aucun de nous deux ne prenant la parole, la seule bonne idée que je trouve, c'est de lui faire la bise pour la saluer.
– Au revoir, lui fais-je en même temps.
– Au revoir, me répond-elle, quelque peu surprise et intimidée.
Je m'éloigne vers la cage d'escalier en ayant la vague impression que je fais une bêtise de ne pas lui avoir proposé de venir.
« Mais non, Phil, que penses-tu là ! » finis-je par me convaincre intérieurement. « Tes histoires ne la concernent pas et ce serait bien trop dangereux de l'emmener avec toi ! »
Je poursuis donc ma descente sans me retourner. Quand j'y repense, cette femme a vraiment quelque chose de spécial. Ne serais-je pas en train de…
« Mais non, Phil. Allez, oublie cela et reconcentre-toi sur ta mission. »

23.
Genève - Poste de Police.
Bureau de l'inspecteur Dubon.
8 h 30.

Dubon venait d'arriver au bureau. Il vérifia ses mails pour savoir s'il y avait du nouveau concernant l'enquête « Berger ».

Comme d'habitude depuis plusieurs jours, aucun signe de vie de Maxime Berger : pas de retrait bancaire ni même un seul coup de fil avec son portable. Toujours rien. Silence radio.

Du côté de son frère, outre le signalement du retrait bancaire de la veille, rien de neuf à l'horizon non plus. Dubon se demanda si l'agent des renseignements français avait réussi à mettre la main dessus. À cette heure-ci, il se pouvait que Philippe Berger soit en garde-à-vue quelque part vers Perpignan. Dubon eut l'envie d'appeler le commissariat de la ville, mais il se ravisa : cela ne servait à rien de se mettre encore plus à découvert auprès de la DST. Sa visite au Cern avait déjà suffi.

L'inspecteur était d'ailleurs étonné que l'agent ne l'ait pas appelé depuis. Si le Dr Becket s'avérait bien être le rapporteur escompté de la DST infiltré au Cern, ce dont Dubon était certain, le boomerang aurait déjà dû lui revenir. Mais non. Calme plat à ce niveau-là aussi. Cependant, Dubon ne s'y laissait pas méprendre car ce coup de fil était inévitable. Ce n'était qu'une question d'heures. L'agent spécial devait être très occupé pour ne pas avoir encore pris le temps de penser à lui.

Dubon appela une à une les quatre compagnies de taxi de Genève. Les gérants avaient, comme convenu, interrogé les chauffeurs qu'ils avaient vus passer à leur centrale. Sur l'ensemble, cela représentait en tout 93 personnes sondées. Mais toujours rien. Le témoin qu'il cherchait ne s'était pas encore montré. Il en restait donc 272 à voir, soit environ la moitié du fichier.

L'inspecteur convoqua ses deux acolytes pour faire le point sur l'avancée de l'enquête. Il leur fournit la liste mise à jour et chacun repartit au front à son poste respectif : Fritz à la gare et Ricaud à l'aéroport. Quant à Dubon, il se posta en plein centre-ville pour intercepter les taxis qui y fourmillaient.

Les trois policiers poursuivirent ainsi leur besogne rébarbative toute la matinée en faisant un point toutes les heures. À 13 heures, toujours bredouilles, ils se retrouvèrent au bureau de Dubon pour faire une pause et casser la croûte.

Après avoir rappelé une nouvelle fois les compagnies de taxi et recoupé le tout avec les listes de ses collègues, Dubon identifia 110 noms restants.

– On n'a quand même pas de bol, râla Ricaud. On a réalisé les quatre cinquièmes du travail sans avoir été fichus de tomber dessus !

– J'ai comme l'impression que depuis hier, renchérit Fritz, notre bonhomme n'est pas au travail ou, en tout cas, pas dans cette ville.

– Oui, continua Ricaud affolé, et il se peut que ce soit un taxi venu amener un client de très loin, d'un autre canton, voire d'un autre pays, qui sait ! Si c'est le cas, nous ne le trouverons jamais !

– Du calme, messieurs, du calme, tempéra Dubon. Ne nous emportons pas. Il finira bien par pointer son nez tôt ou tard, j'en suis sûr.

Ses deux collègues ne semblaient pas partager son optimisme.

– Des nouvelles de l'agent de la DST sur Philippe Berger ? demanda Fritz.

Le regard perdu par-delà la fenêtre de son bureau, Dubon ne fit que dire la vérité à ce sujet :

– Non, pas la moindre.

– C'est que Philippe Berger est encore en cavale, en déduisit Ricaud, sinon la DST vous aurait prévenu.

Dubon n'ajouta aucun commentaire à cette remarque. Il savait en effet que s'il recevait un coup de fil de la part de l'agent des renseignements français, ce ne serait certainement pas pour lui donner des nouvelles de Philippe Berger.

Lassés par la lourdeur de leur enquête, le silence finit par tomber dans le bureau ; on n'entendait plus que le bruit de la mastication de leur sandwich jambon, fromage, salade.

ϕ

Alors que le moral était au plus bas, la sonnerie du portable de Dubon retentit. L'ambiance de mort qui régnait dans le bureau se dissipa en une seconde, remplacée par un regain d'espoir de la part des trois policiers.

L'inspecteur avala tout rond sans mâcher ce qu'il avait dans la bouche, puis il s'empressa de prendre la ligne :

– Capitaine Dubon, j'écoute ?

– Inspecteur, c'est la compagnie Taxi-Phone.

Dubon se redressa d'un coup, comme soudainement

branché à du 220 Volts. Il n'interrompit pas son interlocuteur qui poursuivit :

– J'ai trouvé votre homme, il vient d'arriver à la centrale.

– Très bien, merci de votre aide. Pouvez-vous le faire patienter ? J'arrive dans un quart d'heure.

– Entendu.

– À tout de suite, acheva Dubon avant de raccrocher.

– Cette fois, on le tient ! s'écria l'inspecteur.

– Décidément, ça fait deux fois que la situation se débloque au moment où nous sommes en train de manger nos sandwiches ! fit remarquer Ricaud en souriant, des morceaux de salade encore collés sur les dents.

– Si on avait su, ajouta Fritz, on se serait donné rendez-vous pour manger un sandwich ensemble hier soir à 19 heures ! Notre chauffeur nous serait tombé tout droit du ciel et nous aurions évité toute cette galère !

Ils rirent tous les trois de bon cœur, soulagés d'être enfin parvenus au bout de leur peine.

Dubon finit gloutonnement son sandwich et, sans perdre un seul instant, il leva le camp pour partir rencontrer le témoin.

ϕ

L'inspecteur entra dans l'immeuble où siégeait, au premier étage, la centrale de Taxi-Phone. Ce n'était pas la première fois qu'il avait recours à cette compagnie pour des enquêtes ; elle gérait en effet plus de la moitié des taxis genevois. Ses équipements en matière de traçabilité de l'information étaient remarquables : déplacements des taxis mémorisés sur les trois derniers jours grâce aux balises GPS, enregistrement des conversations téléphoniques lors des réservations, fichier descriptif des véhicules, mémorisation des adresses de destination de chaque course… bref, tout ce qu'il fallait pour retrouver un fugitif. En revanche, tout cela n'avait cette fois pas permis de mettre plus vite la main sur le chauffeur ayant aperçu Maxime Berger. Mais mieux valait tard que jamais.

Dubon entra dans la salle de pause où il trouva deux hommes accoudés au bar en train de boire un café.

– Bonjour. Inspecteur Dubon, se présenta le policier en montrant sa plaque.

– Bonjour, Yves Corneille, c'est moi que vous avez eu au téléphone, précisa l'un d'eux. Voici Frédéric Horn, le chauffeur qui a vu votre homme, fit-il en désignant son voisin de la main. Je vous offre un café ? proposa-t-il aimablement.

– Avec plaisir, je vous remercie, accepta Dubon avant de se tourner vers le chauffeur. Merci de m'avoir attendu. Donc, il semblerait que vous ayez conduit l'homme que nous cherchons.

– Vu les circonstances qui m'ont été rapportées, c'est certain. Qui est cet homme ? Un dangereux criminel évadé de prison ?

– Non. C'est un physicien du Cern qui s'est attiré malgré lui quelques ennuis, mais a priori rien d'illégal, je vous rassure.

Frédéric Horn confirma donc qu'il avait vu Maxime Berger sortir juste sous ses yeux d'un tracteur-tondeuse. Avant de monter dans son taxi, le chauffeur précisa que le scientifique avait adressé un rapide remerciement au jardinier qu'il semblait connaître.

« Les témoignages concordent parfaitement », pensa Dubon. « Je sens que je tiens le bon bout. »

Maxime Berger lui avait ensuite demandé de le conduire dans le centre-ville, à l'adresse qui correspondait bien à celle de son domicile. Pendant tout le trajet, il n'avait pas prononcé un seul mot car il s'était lancé dans la rédaction d'une longue lettre de plusieurs pages. Une fois arrivé à destination, il avait souhaité passer au ralenti devant l'immeuble sans s'arrêter. Discrètement à travers les vitres, il semblait chercher quelqu'un ou quelque chose dans les parages. Puis il s'était abaissé d'un coup pour ne pas être vu de l'extérieur.

– On aurait dit un évadé de prison qui venait de voir la police ! s'exclama Frédéric Horn.

« Tu ne crois pas si bien dire », pensa Dubon. « Maxime Berger a dû effectivement apercevoir Fritz en train de monter la garde devant l'immeuble. J'avais pourtant bien dit à cet animal de rester discret ! »

Frédéric Horn le tira de ses pensées en continuant de lui exposer son témoignage :

– Avec un ton directif mais chargé de crainte, il m'ordonna alors de continuer, ce que je fis sans broncher. J'avoue qu'au premier abord je n'étais pas rassuré, mais cet homme semblait plus sur la défensive que dangereux. Quelque chose me disait que je n'avais rien à craindre de lui et, au contraire, qu'il fallait que je l'aide. Une simple intuition. J'ai donc pris le parti de le laisser faire.

– Et après cela, où vous a-t-il demandé de le conduire ? le coupa Dubon, impatient de savoir la suite.

– Dans la rue parallèle à celle où nous étions. Il me guida jusqu'à une petite cour intérieure d'immeuble où il descendit et me fit patienter. Je ne sais pas où est-ce qu'il est allé, ni même ce qu'il a bricolé pendant ce temps-là, mais il est revenu très essoufflé au bout d'une dizaine de minutes. Ensuite, nous nous sommes rendus au bureau de poste le plus proche. Il prit quelques minutes pour achever sa rédaction, sortit du taxi et pénétra dans le bureau de poste afin, je présume, d'y poster directement sa lettre.

Toutes les pièces du puzzle trouvaient à présent leur place : cette lettre arriva le lendemain dans la boîte aux lettres de Philippe Berger, après quoi celui-ci se rendit à Genève où Dubon et Ricaud le surprirent dans l'appartement de Maxime.

L'inspecteur s'empressa de connaître la suite :

– Et pour finir, où l'avez-vous emmené ?

– À Vich, une bourgade située en bordure d'autoroute entre Genève et Lausanne, au nord de Nyon.

Cela concordait avec le témoignage du Dr Quark. À la grande satisfaction de Dubon, cette information était en revanche beaucoup plus précise.

– Où l'avez-vous déposé exactement, à Vich ? demanda le policier.

– Dans le centre du bourg, sur la place de l'église. Il m'a remercié d'avoir eu la patience de le conduire pendant plus de deux heures.

« Maxime Berger a décidément été très prévoyant », pensa Dubon. « Il n'a pas pris le risque de se faire déposer chez lui afin de limiter au maximum les chances de se faire pister. Ce type m'étonnera jusqu'au bout. »

– Comment vous a-t-il payé ? demanda l'inspecteur.

– En espèce.

– Je m'en doutais… Une dernière question qui n'a rien à voir, mais… où étiez-vous depuis hier soir 19 heures ?

– J'ai fini ma journée vers 18 heures et je suis rentré chez moi. Ce matin, j'ai décollé à 6 heures pour emmener un petit groupe de personnes à Turin : le temps de faire l'aller-retour, je suis arrivé à la centrale vers 13 heures.

– Merci, ça soulagera mes collègues avec qui je vous ai cherché sans relâche depuis hier soir. Au moins, ils seront en partie consolés de ne pas vous avoir manqué, puisque vous n'étiez pas au travail sur Genève.

– Ah ! désolé de vous avoir donné tant de mal, je ne pouvais pas savoir que vous me cherchiez.

– Non, bien sûr. Avez-vous d'autres choses à rajouter ?

– Non, je crois vous avoir tout dit. Une question, cependant…

– Oui, allez-y.

– Quand vous l'aurez retrouvé, que lui ferez-vous ?

Dubon soupira en refusant d'imaginer le pire quant au sort du malheureux scientifique :

– Peut-être lui sauver la vie. Si j'arrive à temps…

IX
Yann Cardin

24.

15 heures. Après trois heures de route, je m'arrête dans une station-service pour faire le plein et prendre un bon café, car je commençais à m'endormir au volant.

Dans l'espace détente de la boutique, mes pensées vagabondent pendant que je sirote le noir breuvage aux vertus stimulantes.

Depuis que je suis parti de Montpellier, je n'arrête pas de penser à ma conversation avec Gladys Gauss. Est-ce d'ailleurs à la conversation que je pense ou à Gladys elle-même ? Les deux. En dehors de l'émotion inattendue que j'ai éprouvée pour cette femme, c'est le fait que Max me demande de la rencontrer qui me surprend encore. Cette quête prend réellement une tournure surnaturelle.

Si Gladys m'entendait penser cela, elle me reprocherait encore d'avoir employé le mot « surnaturel » pour qualifier quelque chose qui n'est autre que purement « naturel ». Et elle aurait raison. En fait, l'esprit cartésien de notre époque qualifie de « surnaturel » tout ce qui n'a pas encore été expliqué ou observé par la science mais que l'homme parvient à ressentir.

Le sixième sens de l'être humain, qui lui permet d'être sensible au magnétisme, aurait déjà dû passer dans le rayon « naturel ». Cependant, l'immobilisme et la mauvaise foi de la communauté scientifique en ont pour l'instant décidé autrement. Mais je suis certain que ce n'est qu'une question de temps car elle sera obligée d'y venir tôt ou tard.

De même, j'ai pu comprendre que la guérison bioénergétique n'est pas un pouvoir surnaturel non plus, contrairement à ce que je croyais jusque-là, comme d'ailleurs la majorité des gens. Cette aptitude dépend davantage de notre degré d'éveil spirituel, de notre niveau d'énergie interne et de notre sensibilité à l'amour. Ces facultés ne peuvent se comprendre et se développer qu'au travers d'une démarche intérieure personnelle, que tout le monde peut choisir d'initier un jour ou l'autre de sa vie.

Je repense alors à l'histoire de la grenouille de Pascal Dracor. Plus j'avance, plus je prends conscience que ce n'est pas la grenouille qui a poussé sur la tête du bonhomme mais bien le bonhomme qui a poussé sous la patte de la grenouille. Au fur et à mesure que mes préjugés et mes fausses certitudes s'abattent, mes repères changent, ainsi que ma perception du monde et de la vie.

Puis, je songe à Max. Un flot de questions inonde les méandres de mon cerveau : qu'a-t-il découvert de si important pour que le gouvernement le traque ainsi ? Arriverai-je à le retrouver à temps ? A-t-il déjà été retrouvé et capturé ?

Cette éventualité résonne comme un glas lugubre dans mon esprit qui se met à douter. Le café prend soudainement un goût âcre et râpeux qui me fait grimacer.

Puis, dans le brouhaha de la boutique, je discerne une musique de fond et reconnais les paroles de la chanson d'Hervé Cristiani :

« *Il est libre Max, il est libre Max*
Y en a même qui disent qu'ils l'ont vu voler »

Et voilà de nouveau mon DJ mystérieux qui fait des

siennes ! Comme s'il avait perçu ma détresse et qu'il s'empressait de me rassurer ! Instinctivement, je me retourne pour regarder par-dessus mon épaule, sentant comme une présence en train de m'observer. Il n'y a évidement personne d'autre que la machine à café qui me reluque avec ses diodes éclairées. Il ne faudrait pas non plus que je finisse paranoïaque !

Cette chanson a au moins le mérite de me détendre un peu : le doute et la crainte de ne jamais revoir mon frère se dissipent peu à peu, remplacés par l'espoir et la volonté de persévérer.

« *Il regarde autour de lui avec les yeux de l'amour*
Avant qu't'aies rien pu dire il t'aime déjà au départ
Il fait pas d'bruit il joue pas du tambour
Mais la statue de marbre lui sourit dans la cour
Il est libre Max, il est libre Max, Y en a même qui disent qu'ils l'ont vu voler »

Une fois encore, ces paroles évoquent l'amour. Celui qui rend humble, compatissant et… libre.

Je secoue la tête pour redescendre sur terre et je finis mon café d'un seul trait. Il est temps de me remettre en route. Je sors de la boutique ; cette fois, pas de Subaru en vue, la voie semble être libre.

Comme Gladys m'a appris à le faire, je visualise alors très fort que je retrouverai très bientôt Max sain et sauf.

ϕ

17 h 05. Je quitte l'autoroute Genève-Lausanne à la sortie « Gland ». Ce nom de commune fait démarrer ma bêtise au quart de tour. Je n'ose même pas imaginer comment ses habitants se prénomment…

Je traverse donc cette commune de Gland, puis je longe le lac Léman sur deux kilomètres. J'arrive enfin à Bursinel, là où Yann Cardin doit habiter, d'après les indications de Max. Ce petit village surplombe des coteaux dont l'exposition plein sud profite à la vigne ; celle-ci s'étend jusqu'au bord du lac où elle semble y plonger. Avec le massif des Alpes juste en face, le cadre est d'autant plus exceptionnel.

Dans le milieu du village, je m'arrête demander mon chemin à un vigneron que j'intercepte devant sa cave. Vu la taille de ce bled, tout le monde doit se connaître. Il me répond effectivement :

– Ah oui ! Yann Cardin, le géobiologue ?

– Euh… oui.

« Un géobiologue ? Qu'est-ce que c'est encore que cette bête-là ? » me dis-je intrigué.

Il m'indique alors aimablement le chemin pour m'y rendre. Je le remercie et continue ma route vers l'ultime étape de mon périple… enfin presque : j'espère que la dernière sera celle de mes retrouvailles avec Max, en priant que ce « géobiologue » sache où il se cache, sans quoi ce sera la fin des haricots !

ϕ

Je sonne à la porte d'une petite maison de campagne plutôt accueillante. Un homme à la quarantaine m'ouvre, je lui demande :

– Bonjour. Monsieur Yann Cardin ?

– Oui, lui-même.

Nous nous serrons la main en même temps que je me présente :

– Philippe Berger, le frère de Maxime Berger. Je crois que vous vous connaissez.

– En effet, oui.

– Il m'a demandé de vous rencontrer. Vous avez quelques instants à m'accorder ?

– Oui, accepte-t-il en souriant.

J'ignore ce qui peut l'amuser ainsi, mais passons.

– Désolé de ne pas avoir pu vous prévenir car la situation est disons… plutôt inhabituelle.

Il m'invite avec un sourire généreux à le suivre vers sa terrasse, située du côté jardin. C'est un homme de taille moyenne, aux cheveux châtains très courts, presque à la brosse. Une certaine innocence émane de sa personne et son visage dégage une gaieté naturelle. Cette impression me vient sans doute de son regard vif, qui me fait penser à celui d'un chat dont tous les sens sont en éveil pour sonder les alentours. Sa tenue ne manque pas de m'interpeller : chemise beige à manches courtes, short marron clair à multiples poches latérales, chaussettes montantes blanc cassé, plongeant dans une paire de Pataugas fatiguée. Il ne lui manque plus qu'un chapeau rond en osier et de longues moustaches enroulées pour parfaire son look d'explorateur anglais. Peut-être revient-il d'une expédition en montagne, qui sait ?

Pendant que je traverse la maison, je lui demande :

– Max et vous êtes amis ?

– On peut dire ça, oui, me répond-il avec un fort accent suisse. Quand vous dites que la situation est « inhabituelle », j'espère au moins qu'il ne lui est rien arrivé de grave ?

– Le plus frustrant, c'est justement que je n'en sache rien. Vous aurait-il contacté, ces derniers jours ?

– Non. Mais il n'est pas chez lui, à Genève ?

– Eh bien, non ! Regardez plutôt ce que j'ai reçu de sa part, il y a quatre jours…

Tout en prenant place avec lui à sa table de jardin, je lui sors la lettre de mon frère et lui résume rapidement son contenu. La manière dont Yann Cardin fronce les sourcils laisse transparaître son inquiétude pour Max.

J'enchaîne directement sur mon histoire qui, évidemment, s'est allongée au fur et à mesure de mes rencontres. Heureusement que je n'ai pas dix personnes à rencontrer car cela deviendrait vite ingérable !

Yann Cardin m'écoute attentivement sans m'interrompre. Une fois mon résumé achevé, je lui pose l'ultime question qui me taraude depuis que je suis parti de chez moi :

– Savez-vous où mon frère pourrait se trouver ?

– Malheureusement non.

Sa réponse tombe comme un couperet qui me fauche les jambes. Heureusement que je suis assis car sinon je crois que je serais tombé à la renverse !

Que vais-je faire à présent ? Je n'ai plus aucune chance de retrouver la trace de Max… c'est fichu. Je n'ai plus qu'à rentrer chez moi. Je savais bien que je n'étais pas à la hauteur pour cette mission.

Sentant tout mon désarroi, Yann reprend en me tutoyant directement, se débarrassant ainsi de toute règle de politesse superflue :

– Attends. Ne désespère pas si vite. Comme tu me l'as toi-même précisé dans ton histoire, au travers de ces cinq rencontres, Maxime semble aussi vouloir t'enseigner certaines choses, non ?

– Oui, mais à quoi ça sert si je ne peux pas ensuite le retrouver pour l'aider ? C'est pourtant bien ce qu'il me demande dans sa lettre !

– Peut-être n'a-t-il finalement pas besoin d'aide. Rencontrer ces cinq personnes aurait alors un intérêt uniquement pour toi.

Se pourrait-il que Yann Cardin ait raison ? Je lui fais part de mon intuition :

– Non, j'ai plutôt l'impression qu'il souhaite me faire passer par ces étapes avant de le revoir. Peut-être est-ce nécessaire à la compréhension de sa découverte et de ses problèmes.

– C'est tout à fait probable, acquiesce-t-il. Cela voudrait donc dire que notre rencontre est prioritaire sur l'aide qu'il te demande de lui apporter.

Je n'avais pas considéré la situation sous cet angle : son raisonnement me semble logique. Il a au moins le mérite d'apaiser mon désarroi et ma frustration.

Ayant retrouvé un minimum de sang- froid, je lui demande :

– Comment vous êtes-vous rencontrés ?

– À un Salon d'innovation scientifique, il y a deux ou trois ans. Il faisait partie d'un groupe de physiciens venus du Cern présenter leur dernier joujou en matière d'innovation technologique. Dans la même allée qu'eux, je tenais moi-même un petit stand pour présenter mes propres travaux. Maxime et ses collègues étaient venus assister à l'une de mes démonstrations. Très intéressé, Maxime resta ensuite discuter avec moi un bon moment. Nous avons par la suite toujours gardé contact. Il est d'ailleurs devenu l'un de mes élèves.

ϕ

– Un de vos élèves ? Qu'enseignez-vous ?

– La géobiologie.

Je me souviens en effet des propos du vigneron me signalant que Yann Cardin était un géobiologue. N'ayant aucune idée de ce que peut être la géobiologie, je lui demande de m'en dire plus et il me répond :

– C'est la science de l'environnement qui étudie les phénomènes vibratoires physiques et subtils influençant la santé des êtres vivants, hommes, animaux et plantes.

Je me doutais bien que cette conversation allait être en ligne directe avec celle de Gladys ce matin. Elle m'a effectivement parlé de la nature vibratoire de notre être et des énergies subtiles. Je me souviens aussi que Pascal Dracor avait fait allusion à la composante vibratoire de l'Univers. Cette notion de vibration portant à confusion, je demande à Yann sa propre définition du terme :

– Cette notion de vibration, m'explique-t-il, est depuis tout temps reconnue par les sciences méditatives, la bioénergétique et la spiritualité en général. Le plus remarquable, c'est que les physiciens ont, plus récemment, aussi adopté cette façon d'appréhender et d'expliquer l'Univers. Toutes leurs découvertes et leurs observations actuelles corroborent la théorie dite « ondulatoire » appelée aussi théorie quantique.

Tiens, tiens, revoilà la bonne vieille théorie quantique qui faisait tant frémir Pascal Dracor. Nous parlons donc bien de la même chose. Soudain, je sursaute car un chat, que je n'avais absolument pas vu arriver, vient d'atterrir sur mes genoux ; l'air calme, il s'assied confortablement sur moi en ronronnant. En voyant ma surprise, le géobiologue me dit :

– Ah ! C'est Osiris, notre chat. Excuse-le pour son manque de politesse, il fait ce coup-là à tous nos visiteurs, du moins ceux qu'il sent bien. Ne t'en fais pas, il est très affectueux. Pour en revenir à ce que je disais, enchaîne-t-il, selon les principes de la théorie quantique, on peut qualifier la matière comme étant une concentration d'ondes de forme. Einstein l'avançait déjà en son temps : « Ce que nous désignons par une substance physique est en réalité une concentration intangible d'ondes de forme ». La matière n'est en quelque sorte que du son cristallisé.

– Pouvons-nous être sûrs que la notion de vibration évoquée par la spiritualité corresponde à celle que la science a mise en évidence ?

Yann est convaincu que cela ne peut pas être qu'une simple coïncidence de vocabulaire. Selon, lui, il y a deux manières d'accéder aux lois régissant les phénomènes qui nous entourent : la première est la voie expérimentale, la voie de l'intellect. Les maîtres mots en sont : observation, déduction, modélisation, vérification et prévision. Cette démarche, utilisée par les sciences actuelles, prend beaucoup de temps, mais les résultats sont tangibles sur le plan matériel. La deuxième est la voie méditative, la voie du cœur. Elle consiste à se mettre en résonance avec le phénomène. Alors la loi nous apparaît sous la forme d'une intuition, d'une image ou d'une pensée. Ces deux méthodes sont complémentaires, même si la science actuelle ne conçoit la fiabilité que de la première.

Les sciences physiques sont donc en train de redécouvrir ce que les sciences méditatives connaissent de manière empirique depuis très longtemps. Bien sûr, les esprits grincheux objecteront que c'est un domaine où les expériences ne sont pas reproductibles en laboratoire, avec des mesures de paramètres physiques et objectifs des phénomènes. On peut leur rétorquer que des pans entiers de la science ont été bâtis sans expérience reproductible en laboratoire, par exemple l'astronomie, ou qu'ils ont été bâtis avec le seul outil des statistiques, comme la psychologie, la sociologie, voire la psychanalyse. Cela n'a pas pour autant empêché la connaissance humaine de progresser dans ces domaines.

– De nos jours, souligne Yann, nous constatons que science et spiritualité se rejoignent, même si les scientifiques le nient par orgueil. Il est évident qu'ils sauront mettre un jour en équation bon nombre de phénomènes aujourd'hui qualifiés de paranormaux. Pour y parvenir, insiste-t-il, nous devons abandonner l'idée de l'existence d'un seul niveau de réalité.

– C'est-à-dire ?

– En partant de l'idée que l'Univers est pure vibration, on peut alors caractériser ses parties par un niveau d'énergie vibratoire. Plus celui-ci est faible, plus on se rapproche de la matière qui représente la forme la plus condensée d'énergie vibratoire. À l'inverse, plus la vibration est élevée, plus nous nous éloignons du plan physique que nous connaissons.

Yann précise que la communauté scientifique n'est aujourd'hui qu'au stade des hypothèses et des théories concernant ces champs vibratoires plus élevés. En revanche, les sciences méditatives les ont depuis longtemps caractérisés en tant que plans vibratoires ou plans de conscience. Le plan le plus dense après le plan physique est le plan éthérique ; puis suivent les plans astral, mental et spirituel. Bien qu'ils soient séparés dans leur désignation, ils sont en continuité les uns des autres. Ces quatre plans subtils représentent ceux auxquels l'homme peut avoir accès par la méditation et l'élévation de sa conscience. D'autres plans supérieurs existent : ils sont désignés sous le terme général de plans divins.

– Notre être existe lui-même sur ces différents niveaux, ajoute le géobiologue. Le corps physique est engendré par une concentration vibratoire successive des corps spirituel, mental, astral et éthérique.

Il me décrit en premier lieu le corps spirituel comme étant la partie immortelle de notre être qui fusionne l'expérience de toutes nos existences passées. Il est le siège de l'énergie la plus haute en vibration, celle qui relie notre être à l'essence divine du plan divin. L'énergie du corps spirituel descend dans les trois autres corps subtils en élevant leur vibration et en leur permettant de s'exprimer au meilleur de leur potentiel. La perception consciente et l'utilisation appropriée de cette énergie dépendent essentiellement du degré d'élévation spirituelle de chaque individu.

Quant au corps mental, il véhicule nos pensées et nos idées qui peuvent avoir deux origines : celles qui nous proviennent du plan spirituel conduisent à la connaissance intuitive. Celles qui sont issues de nos désirs émanant du corps astral conduisent à la connaissance rationnelle.

Le corps astral véhicule en effet les sensations, les émotions et les traits de notre caractère ; comme son nom l'indique, il est sensible à l'influence vibratoire des astres du système solaire qui, comme nous l'apprend l'astrologie, marquent notre personnalité dès notre naissance et nous influencent chaque jour de notre vie, dans nos comportements et nos humeurs.

Enfin, le corps éthérique est le médiateur des énergies et des informations entre le corps physique et les autres corps subtils ; tout comme le corps physique, il réagit fortement aux impulsions du corps mental.

À la mort du corps physique, le corps éthérique, qui lui est très proche, disparaît également. Les corps astral et mental perdurent plus ou moins longtemps en fonction des individus, avant de se fondre à notre corps spirituel.

À la naissance, le processus se déroule en sens inverse : au cours de la grossesse de la mère, le corps spirituel se densifie peu à peu en recréant les autres corps jusqu'à adopter le corps physique du bébé comme carapace pour sa vie terrestre.

– Cette vision de la vie et de l'Univers est inconcevable pour beaucoup de monde, reconnaît Yann. La plupart vous diront que ce sont des divagations de spirituels paumés. Mais on ne peut pas reprocher à quelqu'un d'afficher de tels préjugés : l'éducation et la culture des sociétés occidentales rejettent en effet totalement l'enseignement de ce savoir.

φ

– Tout ce qui est qualifié de « subtil » se référerait donc à ces plans vibratoires supérieurs, dis-je pour résumer.

– Oui, me confirme-t-il. Et la nature des énergies dites « subtiles » est a priori purement électromagnétique. De plus en plus de recherches scientifiques, qualifiées de « borderline » en raison des thèmes abordés, convergent vers cette analyse. Les intensités des ondes en jeu sont cependant si faibles que les appareils de mesures actuels ne parviennent pas encore à les détecter avec fiabilité, bien que des progrès sensibles à ce niveau aient été réalisés ces dernières années[14]. Le meilleur instrument reste encore notre propre corps qui est naturellement sensible à ces énergies. En fait, plus un plan vibratoire est proche du plan physique, plus son interaction avec la matière est possible. L'être humain est de cette manière plus facilement sensible aux plans qui lui sont proches. C'est pour cette raison que la géobiologie s'intéresse surtout aux phénomènes éthériques car c'est le plan le plus facile à appréhender pour nous.

– Et qu'en est-il des autres plans ? Est-il possible de les étudier aussi ?

– Oui, mais il est beaucoup plus difficile d'y mener des expériences reproductibles car l'espace-temps n'y est plus du tout le même.

– Vraiment ?

– Les sciences physiques ont déjà observé des singularités pour lesquelles les lois physiques de l'espace-temps ne s'appliquent plus. De ce que j'ai pu comprendre, Maxime est justement l'un des instigateurs de ces travaux. Pour expliquer ces singularités, les théoriciens ont d'ailleurs dû envisager l'existence d'autres dimensions en parallèle de celles de la matière. Le rapprochement que l'on peut faire entre ces dimensions et les plans vibratoires supérieurs est flagrant. Cela montre à quel point les sciences méditatives et les sciences physiques travaillent sur le même terrain, mais par des approches différentes.

La façon dont il recoupe la connaissance scientifique, dont j'ai eu un aperçu avec Pascal, avec les sciences spirituelles, est tout à fait étonnante. Je commence à comprendre que tout est finalement lié. Il continue :

14 Se référer par exemple à l'ouvrage *L'Énergie secrète de l'univers*, Maxence Layet, Guy Trédaniel Éditeur, 2007.

– Cela permet aussi de comprendre pourquoi certains individus sont capables d'entrevoir l'avenir ou le passé de certaines personnes qu'ils ne connaissent même pas. Contrairement à ce qu'on essaye de nous faire croire, les médiums ne sont pas tous des charlatans, loin de là. Ces personnes ont la faculté de percevoir des images en provenance des plans vibratoires supérieurs. Le temps ne s'y écoulant pas de manière linéaire comme nous pouvons le vivre dans le plan physique, il est ainsi possible de capter des images d'événements passés, présents ou futurs.

– C'est complètement fou !

– Oui, je comprends ta réaction. Mais c'est fou par rapport à quoi ? Par rapport au simple fait que cela puisse exister, ou par rapport à nos certitudes inculquées par notre éducation ? Là est la bonne question !

Je repense alors une fois de plus à la grenouille de Pascal Dracor : décidément, elle ne quitte plus le dessus de ma tête depuis trois jours ! Et maintenant, c'est un chat que j'ai sur les genoux ! C'est une vraie ménagerie ! Je prends quelques instants pour raconter cette anecdote à Yann qui en apprécie la morale. Puis il poursuit la conversation :

– D'après ce que tu m'as raconté tout à l'heure, la personne que tu as vue ce matin t'a parlé de notre sixième sens sensible au magnétisme physique.

– Oui.

– Eh bien, la capacité des médiums à percevoir de l'information en provenance des plans supérieurs est la preuve que l'homme possède un septième sens.

– Un septième sens ? Deux nouveaux sens en un seul jour, ça commence à faire beaucoup ! C'est à se demander si tout cela a justement un sens !

En réponse à mon exaspération, Yann décide simplement de continuer :

– Nous disposons tous de ce septième sens, mais il est plus ou moins actif selon les individus. Il peut être très ouvert dès la naissance, et la personne deviendra certainement médium, comme il peut rester fermé toute la vie. Mais en général, il en émane une activité de fond : c'est de là d'où nous viennent nos intuitions les plus profondes ou les sensations de déjà-vu que nous avons tous eu au moins une fois.

– Le déjà-vu… c'est la sensation d'avoir déjà vécu un événement alors que nous sommes certains de ne l'avoir jamais réellement vécu, c'est ça ?

– Exactement. Il nous arrive aussi parfois de penser à une personne au moment où celle-ci pense à nous : je suis sûr qu'un ami t'a déjà appelé juste au moment où tu songeais à lui.

– Oui, effectivement.

– On croit que c'est une simple coïncidence, mais il n'en est rien. Là encore, c'est notre septième sens qui entre inconsciemment en action : il capte les ondes vibratoires subtiles émises par les autres. C'est le principe télépathique ; de nombreuses études scientifiques ont démontré la capacité de l'être humain à communiquer par télépathie. Elles n'ont évidemment jamais été publiées ni reconnues par la science, dont la mauvaise foi sur le sujet est bien connue.

Cela me rappelle les propos de Gladys Gauss…

Yann me précise que l'organe sensitif de ce septième sens est le cerveau lui-même, par l'intermédiaire de ses glandes endocriniennes, qui ont la propriété de transcrire l'information subtile en pensée. Mais la science est encore loin d'étudier cette faculté car elle ne sait même pas encore expliquer comment le cerveau est capable de générer des pensées.

Une fois de plus, l'approche empirique des sciences intuitives semble bien en avance sur les sciences classiques : les spirituels considèrent en effet que les pensées prennent naissance dans le plan mental, supérieur aux plans éthérique et astral. Notre cerveau est la machine organique qui les transcrit ensuite à notre corps en signal électrique.

Afin de m'assurer que j'ai bien compris, j'ose la comparaison suivante :

– Le cerveau, avec son système endocrinien, s'apparenterait à un poste radio avec son transistor qui transforme un signal radio en onde sonore perceptible par nos tympans.

– L'analogie est plutôt bonne, oui.

Pour une fois que je comprends quelque chose, je n'allais pas me priver de le montrer…

Comme pour manifester sa satisfaction de me voir bien suivre tout ce que m'explique Yann, Osiris se met à ronronner deux fois plus fort en se léchant les pattes.

25.
Paris - Bureaux de la DST.
17 h 40.

L'assistante de l'agent chargé de l'affaire Berger avait du nouveau. Elle l'appela pour l'en informer :

– Monsieur, je vous appelle concernant la sauvegarde du serveur-messagerie du Cern, que vous nous avez demandé d'analyser : nous venons de trouver une piste intéressante concernant Maxime Berger.

– Je vous écoute, fit l'agent.

– Il y a environ deux ans, il a envoyé un mail à la mairie d'Arzier, une commune située à une trentaine de kilomètres au nord de Genève, en Suisse. Je vous le lis :

« *Je vous écris pour vous signaler qu'à cause de mon travail, j'aurais au moins un quart d'heure de retard pour mon rendez-vous prévu ce soir à 17 heures avec Monsieur le Maire, concernant la vente de l'ancienne chartreuse.*

J'espère qu'il pourra patienter car il me sera difficile de reporter ce rendez-vous.

Merci de votre compréhension,

Maxime Berger. »

– Nous avons mené une enquête rapide auprès de la mairie d'Arzier et nous avons appris que Maxime Berger a effectivement acquis les ruines d'une ancienne église au fin fond des monts du Jura. La commune n'ayant pas assez de fonds pour la restaurer, il a négocié son achat auprès du maire pour un franc suisse symbolique, en échange de quoi il s'engageait à la réhabiliter. Si Maxime Berger se cache quelque part, ce site représente une piste sérieuse pour le retrouver.

– Tout à fait. Il est là-bas, j'en suis sûr. Transmettez-moi immédiatement sur mon portable le plan d'accès à cet endroit. Je pars m'y rendre sans plus tarder.

Puis l'agent raccrocha.

– Je te tiens, Berger, je te tiens, murmura-t-il entre ses dents serrées.

Il redémarra immédiatement la Subaru, à présent réalimentée en essence, puis il prit la direction de l'aéroport de Perpignan. Là-bas, il remonterait à bord de son jet et volerait vers Genève pour mettre le grappin sur Maxime Berger avant 21 heures.

Furieux d'avoir perdu sa journée à chercher, sans succès, Philippe Berger dans le secteur de Lodève, l'idée de se défouler ce soir sur le physicien du Cern l'enchantait.

Entre- temps, il aurait tout le loisir de régler ses comptes avec un certain inspecteur un peu trop curieux à son goût…

26.

Yann Cardin me propose une bière que j'accepte volontiers. Pendant qu'il s'absente chercher la boisson, je prends le temps de caresser le chat, toujours roulé en boule sur mes genoux. Il semble être parti pour sa sieste. Yann revient et, après nous avoir servi, il se rassoit pour reprendre :

– Tu as certainement déjà entendu parler des chakras et des douze méridiens chinois ?

– Oui vaguement, je connais cela de nom, rien de plus.

– Pour simplifier, les chakras sont des centres énergétiques situés sur l'axe vertical du corps, sans lesquels notre organisme ne pourrait fonctionner. Ils sont les véritables organes des corps subtils de l'homme. Si nous y sommes attentifs, nous pouvons parfois percevoir leur activité au travers de légères vibrations le long de l'épine dorsale, courant du coccyx au sommet du crâne.

Il m'arrive en effet régulièrement de ressentir de tels picotements. Je me souviens notamment de ceux que j'ai eus dans la crypte de l'abbaye de Saint-Michel-de-Cuxa.

Yann poursuit en m'expliquant que les douze méridiens sont des canaux qui font circuler les énergies subtiles dans l'organisme. Les intensités de ces échanges sont si faibles que les appareils de mesure des chercheurs ne les ont que récemment mis en évidence.

Tout chakra ou méridien encombré ne remplit plus sa fonction énergétique, si bien que le corps physique peut s'en trouver affecté. Les géobiologues, ainsi que bien d'autres bioénergéticiens, réalisent régulièrement des bilans énergétiques à leurs patients. Ils travaillent sur les chakras et les méridiens pour les réactiver et les libérer de leurs nœuds, afin de rétablir une bonne circulation énergétique chez le patient. Cela permet de prévenir des maladies car un blocage qui demeure trop longtemps sur un chakra ou un méridien engendre systématiquement des troubles physiques pouvant être très graves. Beaucoup de maladies récurrentes dans les pays occidentaux pourraient être significativement limitées si les patients étaient davantage sensibilisés à la nature énergétique de leur organisme.

– J'ai toujours pensé que les chakras n'avaient qu'une valeur symbolique, lui avouai-je. Jamais je n'aurais imaginé qu'ils aient une réalité énergétique, ni un rôle si important dans l'état de santé des individus.

– C'est aussi ce que beaucoup de gens pensent parce qu'on ne leur en a jamais précisément parlé. Ils s'identifient à l'avis des autres qui n'en savent pas plus qu'eux. Il en va ainsi pour tout ce qui concerne les énergies subtiles : si on n'entreprend pas sa propre recherche à leur sujet et qu'on ne les expérimente pas soi-même, on peut rester ignorant toute sa vie.

– Certes.

Et depuis deux jours, j'ai l'impression de suivre une formation accélérée sur le sujet. J'aurais pu mettre des mois, voire des années, à découvrir tout cela par moi-même. Mais comme le dit si bien l'abbé Orion, la différence est de taille entre connaître le chemin et l'arpenter. Autrement dit, la connaissance c'est bien beau, mais elle ne sert à rien si elle n'est pas mise en pratique ; et ça, j'en suis encore loin.

Yann me tire de mes pensées en continuant :

– La seconde chose à savoir, c'est que tout être vivant génère un biochamp qui correspond à notre corps éthérique. Nous partageons ce biochamp avec tous les êtres vivants contenant de l'eau. C'est une enveloppe énergétique d'une épaisseur d'environ 5 centimètres qui nous entoure comme une bulle, située entre 1,30 mètres et 3 mètres de notre corps, selon les individus. Notre biochamp présente plusieurs sous-couches de plus en plus fines et serrées en se rapprochant du corps physique.

Yann continue ses explications en me précisant que ce corps éthérique se dilate et se contracte en fonction de l'influence énergétique à laquelle il est soumis dans son environnement. Une nuisance forte va le comprimer de 40 à 50 % ; une sous-couche du biochamp située à l'origine à 40 cm du corps se retrouve ainsi à 20-25 cm. À l'inverse, sous l'influence de certains phénomènes énergétiques bénéfiques, notre biochamp peut se dilater jusqu'à vingt fois sa taille d'origine. Notre environnement est fait de points énergétiques dits positifs lorsqu'ils dilatent notre biochamp et de points dits négatifs lorsqu'ils le contractent. La notion de positif et de négatif ne correspond pas aux polarités électromagnétiques connues, mais plutôt à l'effet sur le bien-être de la personne : celle-ci se sentira légère et claire d'esprit sur un point positif et, à l'inverse, oppressée et affaiblie sur un point négatif.

Ainsi, le rôle du géobiologue est de détecter et de neutraliser les points trop fortement négatifs rencontrés dans les habitations. Un individu stationnant trop longtemps sur de telles nuisances développera, à la longue, des troubles physiques. De nombreuses personnes ont réglé leurs problèmes de santé à l'aide d'un géobiologue venu neutraliser un point négatif situé, par exemple, juste à l'endroit où elles dormaient.

Ces points négatifs sont essentiellement inhérents aux plans éthérique et physique, la différence entre les deux n'étant qu'une question d'intensité des ondes en jeu. Un géobiologue entraîné à opérer dans le plan éthérique est à même de détourner, contrer ou modifier les phénomènes négatifs de ce plan. Quant aux nuisances du plan physique, ce sont les plus répandues dans notre environnement. Elles proviennent de tous les dispositifs électriques et hautes fréquences que nous utilisons quotidiennement. Ceux-ci génèrent en effet des champs électriques et magnétiques parfois très puissants, pouvant, à long terme, sérieusement endommager les fonctions de l'organisme. Nombreuses sont nos activités quotidiennes qui nous y exposent, comme coller un téléphone portable à l'oreille, travailler sur un ordinateur, demeurer trop longtemps près d'un chauffage électrique…. Même une prise de courant non utilisée et une lampe éteinte ont un pouvoir de nuisance non négligeable sur un rayon de 50 à 70 centimètres.

– Eh bien ! m'exclamai-je. Sachant cela, je regarderai ma lampe de chevet d'un autre œil !

– C'est en effet dans l'intérêt de chacun d'en prendre conscience, approuve Yann. Contrairement à la pollution chimique qui est la plus reconnue, la pollution électromagnétique commence à peine à être prise en considération. Elle est pourtant responsable de nombreux cancers qui, à la surprise de tous, se déclarent à des âges de plus en plus précoces, sans que la médecine puisse en expliquer les raisons. Certains pays comme la Suisse et la Suède reconnaissent les maladies issues des nuisances électromagnétiques, c'est un bon début. Le mal est en train d'être révélé au grand jour. Mais encore trop de manipulation et de désinformation freinent le processus : les compagnies d'électricité comme EDF et les opérateurs de téléphonie mobile connaissent évidemment les risques encourus depuis fort longtemps. Mais le business passe avant la santé des citoyens, c'est bien connu. En attendant que cela évolue, le particulier peut, à son échelle, détecter lui-même les nuisances électromagnétiques à l'aide de petits appareils simples d'emploi. En changeant quelques-unes de ses habitudes et en adoptant des solutions techniques adaptées, il est possible de minimiser ces nuisances. Mais pour ceux qui habitent à proximité d'une ligne à haute tension ou d'une antenne-relais de téléphone portable, c'est une autre affaire : quoi qu'ils fassent, ils baigneront toujours dans un magma électromagnétique délétère.

– Voilà qui ne me donne soudainement pas envie de vieillir, dis-je en soupirant. Je n'ose même pas imaginer l'explosion des maladies de dégénérescence nerveuses dans une quinzaine d'années. Déjà que ce n'est pas fameux actuellement ! On finira tous avec le cerveau en marmelade !

– Sont surtout à plaindre les générations qui ont eu des portables sur l'oreille dès l'âge de huit ans, précise Yann. C'est en effet au stade de l'enfance et de l'adolescence que le cerveau est le plus sensible aux agressions électromagnétiques.

ϕ

– Eh bien ! On n'est pas sorti de l'auberge ! Et s'il faut faire venir un géobiologue à chaque fois qu'on veut s'assurer qu'un endroit n'est pas négatif, on ne s'en sort plus, lui fais-je remarquer, certes un peu critique.

– C'est pour cette raison que j'enseigne la géobiologie. Cela s'apprend comme on apprend à lire ou à jouer d'un instrument. J'ai toujours considéré que ce type de connaissance ne devait pas rester entre les mains de ceux qui la maîtrisent ; elle doit au contraire être mise à disposition de ceux qui souhaitent y accéder. Beaucoup en gardent jalousement le secret car ils succombent à la tentation d'en faire un instrument de pouvoir et de reconnaissance personnelle.

– Comment cela s'apprend-il ?

– Chaque individu, avec sa main et grâce à son sixième

sens magnétique, est capable d'évaluer la nuisance ou la bienfaisance d'un appareil, d'un aliment ou d'un lieu particulier. Il peut le faire en mesurant la dilatation ou la rétractation des couches éthériques les plus proches de son corps. Ces réactions sont globalement les mêmes entre les différents individus. Toutes les expérimentations que j'ai menées sont statistiquement prévisibles et reproductibles si un protocole rigoureux est respecté. Certaines d'entre elles défient les lois physiques actuelles. Les scientifiques qui y ont participé n'ont pu qu'admettre leur ignorance. Et pourtant, elles n'ont rien de mystérieux ni de magique. En ajoutant des plans invisibles à notre réalité matérielle, elles deviennent compréhensibles.

Tout cela me paraît difficile à concevoir. Je le questionne plus en détail :

– Et nous serions capables de sentir notre biochamp avec notre propre main ?

– Oui, tout à fait, cela s'apprend très facilement. Il faut simplement se faire assister au départ par quelqu'un qui puisse nous aider à trouver notre biochamp. Le principe consiste à mémoriser la sensation engendrée à son contact. Je te montre, si tu veux.

Après avoir expérimenté le pendule ce matin avec Gladys, je ne suis plus à une expérience près… allons-y. Je donne une petite tape sur le postérieur d'Osiris pour le faire descendre de mes genoux, ce qu'il fait à contrecœur ; il va finalement un peu plus loin s'affaler de tout son long sur la pierre encore chaude de la terrasse.

J'en reviens à Yann qui me demande de placer ma main gauche à hauteur du sternum, légèrement décalée sur la gauche, à une cinquantaine de centimètres de moi. Mon bras est au trois quarts déplié et ma main est ouverte, face intérieure tournée vers moi.

– Rapproche doucement la main vers toi jusqu'à ce que tu sentes quelque chose.

– Que dois-je sentir au juste ?

– C'est justement ce que tu dois trouver. Généralement, au contact de leur biochamp, les personnes ressentent des picotements légers au creux de leur main ou dans les doigts. D'autres sentent plutôt comme une petite décharge électrique ou une sensation de chaleur.

Je ne sens rien. Il me demande de recommencer :

– Décontracte davantage les muscles de ton bras, ne sois pas tendu. Oublie ton mental et tes repères, respire profondément et sois à l'affût de ce que ta main a à te dire.

– Tu ne serais pas en train d'essayer de m'hypnotiser par hasard ? lui fais-je en ricanant.

Il sourit sans relever pour autant ma boutade. Puis je me résigne à me concentrer davantage. Je ferme les yeux afin de me centrer sur moi-même. Je fais revenir doucement ma main.

– Ah, tu l'as passé ! Reviens légèrement…

Tout à coup, je sens comme un picotement très léger au creux de ma main.

– Stop ! Tu y es. Sens-tu quelque chose ?

– Oui, une sorte de picotement très léger… si on n'y prend pas garde, je comprends que l'on puisse passer à côté.

Yann me fait recommencer une seconde fois, puis une troisième, sur une sous-couche plus proche de moi. La sensation de picotement revient à chaque fois et cesse dès que je retire ma main, exactement comme au-dessus de l'autel avec l'abbé Orion hier soir !

– Maintenant que tu as mémorisé cette sensation, tu vas mesurer la nuisance de ce téléphone portable. Avec ta main gauche, trouve ta couche située vers 40 centimètres de toi et approche doucement ta main droite du téléphone. Essaye de suivre le mouvement de ton biochamp en gardant ta main à son contact.

Je me lance dans l'exercice : plus j'approche du portable

plus je sens ma couche se rapprocher vers moi.

– Prends à présent le portable et colle-le à ton torse pour le placer au cœur de ton biochamp. Une fois le portable contre toi, regarde où est arrivée ta main gauche.

Elle n'est effectivement plus qu'à une vingtaine de centimètres de moi !

– Tu vois, ton biochamp s'est réduit environ de moitié. On peut interpréter ce phénomène comme étant une densification du corps éthérique qui permet de protéger le corps physique contre l'agression qu'il subit.

Il éloigne le téléphone et me demande à présent de trouver ma couche des 20 centimètres et de recommencer la manipulation avec, cette fois, une bouteille d'eau qu'il me tend. J'approche doucement la main droite de la bouteille. Mon biochamp semble partir dans le sens contraire : il s'éloigne de moi. Je continue, saisis la bouteille et la rapproche doucement vers mon sternum. Ma main gauche est à présent placée à plus de 40 centimètres de moi !

– Il semblerait que cette eau dilate mon biochamp !

– Eh oui, c'est une eau qui amplifie environ à 220 %.

– C'est surprenant ! Qu'a-t-elle de spécial ?

– Je l'ai prélevée dans une source naturellement dynamisée.

– Qu'entends-tu par « dynamisée » ?

Avant de répondre à ma question, Yann m'explique que nous sommes soumis à l'influence de deux types d'énergie : celles qui proviennent de la Terre sont dites « telluriques » et celles qui nous parviennent du Cosmos sont dites « cosmiques ». Sur le plan physique, nous connaissons par exemple le champ magnétique terrestre, généré par la Terre, et les vents magnétiques solaires, qui nous parviennent de l'espace. Ces forces ont leur équivalent dans les autres plans, notamment dans le plan éthérique.

Cela me rappelle ce que l'abbé Orion évoquait au sujet des forces de la Terre Mère et du Cosmos. Je crois qu'il aurait été aussi ravi que moi d'entendre Yann Cardin lui parler de tout cela.

Le géobiologue poursuit. La Terre génère un ensemble de réseaux telluriques tridimensionnels qui quadrillent verticalement et horizontalement toute la surface du globe. Ils ont une intensité électromagnétique suffisante pour être détectés par certains dispositifs, des baguettes de sourcier ou, tout simplement, par notre propre corps. Comme pour sentir son biochamp, le géobiologue peut en effet détecter ces réseaux avec les mains.

D'autres phénomènes, largement répandus dans la nature, ont la fonction de réguler les énergies telluriques et cosmiques entre elles, exactement comme le font nos chakras et nos méridiens dans notre organisme : ils sont dits « cosmotelluriques ». Ils sont en général fortement positifs et sont capables de dilater de trois à trente fois notre biochamp.

N'ayant jamais entendu parler de tout cela, j'avoue à Yann que je parviens difficilement à m'imaginer ce à quoi peut ressembler ces phénomènes au nom barbare. Le géobiologue se lève et s'absente alors quelques secondes puis revient avec un livre qu'il pose en face de moi, ouvert à une page où figurent quelques illustrations[15].

Pendant que je découvre ces représentations, Yann revient à ma question sur l'eau dynamisée de la bouteille :

– Une source située au plein cœur d'un tel phénomène est naturellement dynamisée. Elle sera ainsi elle-même bénéfique pour nos corps physique et subtil. C'est d'ailleurs l'origine de toutes les légendes portant sur les sources de jouvence aux facultés miraculeuses de guérison.

Cette histoire d'eau nous a donné soif car nous saisissons notre bière en même temps et en avalons une bonne gorgée.

15 L'ouvrage en question s'intitule *Géométries sacrées*, de S. Cardinaux Éditions Trajectoire, 2005.

ϕ

Après cet agréable rafraîchissement, je repense à notre biochamp. Je peux comprendre qu'il faille éviter les nuisances qui le compriment pour préserver sa santé ; en revanche, je ne vois pas l'intérêt de chercher à le dilater. Après lui avoir soumis la question, Yann Cardin me répond :

– En boostant notre corps éthérique, nous élevons notre niveau vibratoire interne et amplifions nos capacités extrasensorielles. Notre perception des plans supérieurs est alors accrue. L'être humain est ainsi davantage disposé à développer son inspiration artistique, sa faculté de guérir, de dynamiser des préparations médicinales et de se connecteraux autres plans vibratoires. Il peut aussi entrer en contactavec des entités supérieures, comme des gardiens, des guides de lumière ou des êtres de la nature,... bref, tout ce que nous concevons comme de la magie ou des contes de fée dans notre monde matérialiste actuel.

– Des êtres de la nature, dis-tu ?

– Oui, on les appelle aussi des élémentaux : au même titre que l'être humain et les animaux peuplent le plan physique, des êtres conscients vivent dans le plan éthérique. À la seule différence qu'ils n'ont pas de corps physique dense comme le nôtre. Les animaux sont capables de les percevoir, ce qui chez eux provoque souvent des comportements étranges que l'homme ne peut expliquer. Les chats y sont par exemple très sensibles, précise-t-il en désignant Osiris du regard.

Comme pour approuver les dires de son maître, Osiris pousse un léger miaulement en nous regardant, les yeux somnolents à peine ouverts. Ce chat est décidément très réceptif à notre conversation !

– En les observant bien, ajoute Yann, ils peuvent être parfois de bons indicateurs de la présence d'élémentaux ou d'autres entités.

Cela me rappelle le rêve que j'ai fait l'autre nuit dans la

forêt, il y a deux jours en Bretagne. À mon réveil, j'avais effectivement eu le fort sentiment de ne pas être seul, même si mon mental m'interdisait de concevoir l'existence d'êtres invisibles. J'exprime à Yann un ressenti que je n'ai jamais dévoilé à personne :

– Je me suis toujours dit que les légendes de magiciens, de fées et de créatures magiques devaient avoir une origine réelle. Sinon comment aurait-on pu les inventer ? Mais je n'en ai jamais parlé au risque de passer pour un maboul.

– Eh bien, sache que ton ressenti ne t'a pas trompé. Les Anciens de ce monde savaient fort bien entrer en contact avec les êtres subtils de la nature. Dans les campagnes de l'époque, il y avait toujours un chaman, un prêtre, un guérisseur ou un vieux sage ermite qui détenait ce savoir transmis généralement de père en fils. C'est effectivement de là d'où viennent tous nos contes et légendes mettant en scène des magiciens et des sorciers capables d'invoquer des dragons, de fabriquer des potions elfiques de guérison, de s'amuser avec des lutins farceurs…

Je souris car il évoque cela avec un air suggérant l'évidence. On lui aurait demandé de réciter l'alphabet, il l'aurait certainement fait sur le même ton. Pourtant, l'existence d'êtres subtils est certainement la chose la plus difficile à avaler pour quelqu'un qui découvre la nature vibratoire de l'Univers.

Après lui avoir laissé le plaisir de finir sa longue énumération de pouvoirs magiques, je lui demande :

– Quand tu parles des « Anciens », à qui fais-tu référence plus précisément ?

– À tous les anciens peuples aujourd'hui disparus comme les Mayas, les Celtes avec leurs druides, ou les civilisations des Égyptiens, des Grecques et des Romains. Tous savaient sentir, identifier et manipuler les phénomènes cosmotelluriques. La preuve en est que nous en retrouvons les traces dans tous les anciens lieux sacrés et les vieux châteaux.

D'après lui, l'étude de ces sites historiques ne peut se concevoir sans tenir compte des énergies subtiles, en particulier celles de nature tellurique, car elles sont à l'origine du choix du lieu.

Afin de fortifier la structure d'un bâtiment, les Anciens démultipliaient les lignes des réseaux telluriques, déviaient leur trajectoire naturelle pour les superposer aux murs et aux colonnes de soutien. On se demande souvent comment certains édifices ont pu braver l'usure du temps et résister aux coups portés par de redoutables affrontements. L'utilisation des réseaux telluriques l'explique en partie car ils interfèrent sur la matière de manière sensible.

Même si le bâtiment est détruit, ces modifications demeurent éternellement dans leur position. Cette propriété est d'une grande utilité en archéologie pour identifier les endroits précis qu'occupaient autrefois des bâtiments construits à partir du cosmotellurisme. C'est par la géobiologie que des fondations de certaines fortifications celtiques ont par exemple été mises au jour.

– Je me souviendrai toujours, s'exclame-t-il, de la tête d'un ami archéologue quand il découvrit les fondations d'une ancienne chapelle exactement à l'endroit où je lui avais conseillé de creuser ! À l'aide de vieilles archives moyenâgeuses, il avait une vague idée de son emplacement. Mais comme il n'en restait plus aucune trace visible, il aurait pu mettre des mois à retourner plusieurs hectares de terre avant de tomber dessus. Grâce aux réseaux modifiés qui étaient encore en place, j'ai localisé très rapidement les anciens emplacements des murs. Il creusa un bon mètre et tomba pile sur des pierres taillées. Une fois le tout déblayé, la disposition des fondations s'avéra correspondre exactement au relevé que j'avais réalisé en surface, à partir des réseaux telluriques.

Yann me raconte cela avec l'émerveillement d'un enfant devant un arc-en-ciel, sans orgueil ni prétention.

Il continue en m'expliquant que dans les châteaux forts, notamment ceux des Cathares, des zones négatives étaient spécialement aménagées dans les fossés ou vers la porte principale, afin d'affaiblir l'énergie de l'ennemi. Les zones positives étaient, quant à elles, positionnées sur les chemins de ronde ou sur les tours pour donner de la force aux défenseurs.

Concernant les édifices sacrés, le choix du lieu se portait toujours sur la présence d'un phénomène cosmotellurique fort, rendant naturellement une zone propice à la méditation, la prière et la guérison. Les hommes y érigèrent d'abord des blocs de pierre comme les menhirs et les cromlechs puis, bien plus tard, ils entreprirent de construire de grands ouvrages religieux où les autels et les chœurs étaient placés au cœur de ces phénomènes éthériques puissants. Les prêtres et les moines multipliaient ainsi par dix ou vingt leur faculté de connexion aux plans supérieurs de la conscience, afin de se rapprocher de la sphère divine qui leur était si chère.

Cette histoire d'autel situé au cœur d'un de ces phénomènes me fait tilt : je me revois hier soir dans l'abbaye de Saint-Michel- de-Cuxa en compagnie de l'abbé Orion, tendant ma main au-dessus de l'autel et ressentant des picotements. Comme je n'en avais pas parlé à Yann, je lui explique le contexte. Avant même d'avoir eu le temps de lui poser ma question, Yann me coupe :

– Attends, l'abbé que tu as rencontré hier soir, c'est celui de l'abbaye de Saint-Michel-de-Cuxa, à Prades ?

– Oui…

Je me rends compte que je ne lui avais jusque-là pas évoqué ce détail. Je ne lui avais pas non plus montré la liste des cinq personnes sur laquelle figurait également le nom de l'abbaye.

– Mais je connais parfaitement cet endroit ! s'exclame-t-il. J'ai un collègue géobiologue qui habite dans le village juste au-dessus ! Il adore venir y travailler avec des stagiaires. Il y a quelque temps, je lui ai rendu visite pour faire ensemble le relevé géobiologique de ce lieu.

Le monde est petit ! Son collègue est à coup sûr la personne dont m'a parlé l'abbé Orion.

– Quand j'ai tendu la main au-dessus de l'autel, continuai-je, j'ai ressenti des picotements dans ma main. Et dans la crypte, c'est toute ma colonne vertébrale qui a vibré.

– Ce sont bien les phénomènes dont je te parle, que tu as ressentis. Ce lieu fabuleux en regorge ! ajoute-t-il. Du grand art !

C'est fascinant : j'ai l'impression d'assister au making of de l'art architectural religieux ! Moi qui n'avais jamais vraiment compris pourquoi les Anciens s'embêtaient à construire des lieux de culte aussi démesurés, je viens d'en recevoir la réponse !

Prenant conscience de l'ampleur et de la portée de ce que je découvre, je demande au géobiologue :

– Mais alors, on doit pouvoir retrouver ce genre de phénomènes dans bon nombre de monuments historiques !

– Oui, en effet, me confirme Yann. Tu peux être quasi certain que tous les grands ouvrages architecturaux datant d'avant 1300 ont été construits à partir des réseaux telluriques. Au cours des siècles suivants, d'autres monuments ont bien sûr été ainsi bâtis, mais en plus faible nombre.

Yann m'explique en effet qu'à l'époque du massacre des Templiers, un grand nombre d'initiés disparurent en emportant dans leur tombe ce savoir ancestral. Heureusement, cet art subtil réussit à subsister et à se perpétuer par l'intermédiaire d'organisations secrètes, d'artistes, d'architectes et de penseurs illuminés. L'art sacré des bâtisseurs traversa ainsi le cours des siècles jusqu'à aujourd'hui, où des initiés continuent secrètement de pratiquer et de transmettre ce savoir.

À titre d'exemple récent, le président François Mitterrand

était l'un de ces initiés. Tous les ouvrages artistiques parisiens bâtis sous sa présidence révèlent sa connaissance de l'art sacré des Anciens, la pyramide du Louvre en étant la plus représentative. Même si les symboles occultes[16] qui y sont associés montrent clairement les obscures ambitions de l'ancien président, il n'en reste pas moins qu'il détenait et utilisait ce savoir.

On peut se souvenir qu'il allait régulièrement se recueillir à la Roche de Solutré, non loin de Mâcon, en Bourgogne. Contrairement aux apparences, il n'y venait pas uniquement pour la beauté du paysage ou la quiétude de l'endroit. En réalisant le relevé géobiologique de ce site, Yann ne fut pas surpris d'y découvrir plusieurs phénomènes cosmotelluriques puissants.

De même, l'admiration de Mitterrand pour l'ancienne abbaye de Cluny allait bien au-delà de son architecture et de son histoire remarquable. Le site choisi par les moines bénédictins correspond à un regroupement exceptionnel de phénomènes cosmotelluriques ; le travail énergétique réalisé pour sa construction fut colossal. L'abbaye de Cluny fut durant quatre siècles le plus vaste édifice de toute la chrétienté, jusqu'à la construction de Saint-Pierre de Rome, au XVIe siècle. En grande partie détruite à la Révolution, quelques éléments ont malgré tout subsisté. Mais tous les tracés telluriques et tous les phénomènes énergétiques associés sont bien sûr encore en place, seuls vestiges invisibles de la splendeur de cette église que l'on nommait le « parvis des anges ».

---

16 La pyramide du Louvre dissimule en effet le nombre de la bête « 666 » : l'ouvrage comptabilise exactement 673 vitres, chiffre qui, à première vue, ne correspond pas à 666. Cependant, sans l'entrée, la pyramide comptabiliserait 684=666+6+6+6 vitres (4 faces de 18 éléments sur chaque côté, notez là encore que 18=3x6 soit 666). L'entrée, qui retire 11 éléments, permet de brouiller le code, mais en fait elle en superpose un second avec le chiffre 11 : ce nombre est, en numérologie, un Maître Nombre associé au changement. Mal utilisé, il peut devenir un chiffre actif à l'énergie transformatrice et agressive. Les Anciens le considéraient comme néfaste.

Je suis transporté pendant quelques secondes à travers le temps et les âges. Je perçois quasiment l'atmosphère spirituelle dans laquelle les moines baignaient au sein de leur gigantesque « porte des étoiles ». Je les vois prier en marchant doucement, suivant un parcours précis. J'en reviens alors à Yann pour l'interroger sur ce point :

– Je me suis toujours demandé pourquoi on se représente les moines qui prient en tournant en rond.

– En fait, m'explique-t-il, notre corps éthérique a besoin de « respirer », c'est-à-dire de passer successivement de points positifs à des points négatifs. C'est pour cela que dans les lieux de culte, on rencontre souvent des parcours où, en respectant un certain temps d'arrêt sur certains points, on parvient à se recharger en énergie éthérique et à dilater notre biochamp de façon durable. C'est dans ce but que les moines priaient en marchant, tournant ainsi en rond dans leurs églises et leurs cloîtres.

Impressionné par le formidable savoir des Anciens sur le monde subtil, je ne trouve rien d'autre à redire. La seule bonne idée qui me vient, c'est de continuer à siroter ma bière. Je souris intérieurement en remarquant à cet instant que c'est une bière « brassée par les moines » dans une abbaye moyenâgeuse de la Belgique profonde.

ϕ

– Déjà que les abbayes et les cathédrales sont magnifiques sur le plan physique, jamais je n'aurais imaginé qu'elles le soient également sur un autre plan ! lui fais-je remarquer admiratif.

– Eh oui ! Quand ils y mettent du leur, les humains sont capables de véritables prouesses pour mettre en relation le plan physique avec les plans subtils. L'architecture sacrée est une technique artistique qui permet de mettre en résonance la matière avec les énergies subtiles. Les bâtiments sacrés sont le symbole même de l'unité entre le divin et la Terre. Si on s'y intéresse d'un peu plus près, on constate qu'ils sont tous basés sur une géométrie très précise qui permet d'en faire le tracé, de la globalité au plus petit détail architectural. L'association de la géométrie et de l'architecture permet de prolonger dans l'invisible ce que nous sommes matériellement capables de créer dans le visible.

Si les principes de la géométrie sacrée ont été utilisés depuis au moins sept millénaires sans interruption et dans toutes les cultures humaines, c'est parce qu'ils ont un écho au plus profond de nous-mêmes. Ce savoir n'a pas pour autant disparu aujourd'hui ; de nombreux designers et graphistes l'utilisent secrètement, de manière habilement masquée dans leurs œuvres.

Le rapport entre deux nombres engendre une proportion qui, à son tour, engendre des formes. De toutes les proportions possibles, certaines ont été privilégiées en architecture, en peinture ou en sculpture car elles nous procurent une satisfaction plus grande que d'autres : le Nombre d'Or, désigné par la lettre grecque Phi en est l'exemple le plus fréquemment rencontré.

J'ai déjà entendu parler de ce nombre mystérieux à plusieurs reprises, sans trop savoir à quoi il correspondait. Je m'en réfère à Yann afin d'en apprendre plus à son sujet :

– Qu'est-ce que ce nombre a vraiment de particulier pour que tout le monde en parle ?

– Ah !... me fait-il avec un regard rêveur qui se perd par-delà les murs de sa maison. Ce nombre est celui qui nous rappelle qui nous sommes, d'où nous venons et vers quoi nous tendons.

– Je ne comprends pas, ce n'est qu'un nombre sorti tout droit des esprits des mathématiciens, non ?

– Non, rétorque-t-il sèchement presque vexé. Les mathématiciens ne l'ont pas inventé, ils l'ont découvert : avant que l'homme le définisse comme tel, ce nombre existait déjà dans la nature depuis tout temps. Il est présent dans ce qui est vivant de manière si évidente qu'il ne peut être dissocié du principe de vie. Toutes les proportions entre les parties du corps humain sont basées sur le Nombre d'Or, de même pour les animaux ou les plantes. On le retrouve dans l'implantation des graines de tournesol ou des écailles des pommes de pins, ainsi que dans les surprenantes torsades du chou romanesco. Ce nombre est partout : il est la signature du Créateur et de sa fabuleuse ingéniosité. La vie a choisi le Nombre d'Or comme rapport principal car il est le seul à mettre en résonance la partie avec le tout, la créature avec son créateur.

– Mmh... fais-je dubitatif, c'est un peu trop abstrait pour moi.

Face à mon air déconfit, Yann attrape un stylo et se met à griffonner un schéma explicatif sur la dernière page de son fascicule[17].

Cela finit par être un peu plus clair. Comme à l'école, c'est toujours plus facile de regarder des images plutôt que d'écouter. Yann continue :

– Des bâtiments ont été construits à partir d'autres nombres comme la racine de deux ou de trois. Mais le Nombre d'Or est de loin le plus employé dans toutes les grandes œuvres architecturales de toutes les grandes civilisations.

– J'avais cru comprendre que ce nombre se retrouvait également en peinture, dans les proportions des visages, des corps ou du tableau lui-même.

– Oui, tout à fait. Il n'y a pas que les grands bâtisseurs qui aient usé des vertus de ce nombre, mais aussi les peintres et les sculpteurs. Il faut comprendre que l'art en général exprime la volonté consciente ou inconsciente de l'homme à vouloir créer des portes qui relient deux mondes :

17 Le Nombre d'Or : Phi = 1,618... « Trois points alignés, déterminant deux segments, forment une section dorée (un rapport égal à Phi) s'il y a de la petite partie à la grande, le même rapport que de la grande au tout ».

celui des énergies subtiles et celui de la matière. L'art est un formidable moyen d'éveiller notre ressenti à la nature vibratoire de l'Univers. L'art musical, qu'il soit joué ou écouté, en est la forme la plus accessible à tous : le son capté par nos tympans permet de mettre en résonance notre être avec les plans de conscience supérieurs.

Ses paroles ont pour effet de me projeter dans le temps, deux jours plus tôt, en plein milieu du concert d'Anne-Lise Pinson. À cette occasion, j'avais effectivement pu ressentir des vibrations nouvelles. Je fais part de cette expérience à Yann qui m'écoute attentivement avant de commenter :

– Pendant ce concert, tu es entré en résonance avec la musique et la voix de la chanteuse. Ces stimuli très forts ont permis d'élever momentanément ton niveau vibratoire interne et de t'ouvrir ainsi aux sphères supérieures. D'où ces sensations de légèreté, de bien-être et de joie que tu as éprouvées. Le lieu a certainement dû t'y aider car, d'après les relevés géobiologiques de certaines collègues, la cathédrale de Saint-Malo est énergétiquement très puissante et très riche en phénomènes cosmotelluriques.

J'ai l'impression que tout ce que j'ai vécu ces derniers jours s'interconnecte dans mon esprit : les travaux de la science rapportés par Pascal Dracor, qui semblent en rapport avec la nature vibratoire de l'Univers mentionnée par Gladys Gauss et Yann Cardin ; les forces de la Terre et du Cosmos évoquées au travers de la religion et ressenties avec l'abbé Orion ; mon voyage dans les plans supérieurs de ma conscience pendant le concert d'Anne-Lise Pinson. Je suis sur un véritable nuage. Je vais certainement me réveiller !

27.
Alentours de Vich, Suisse.
Voiture de l'inspecteur Dubon.
18 h 30.

– Capitaine, je vous avais formellement interdit de continuer cette enquête et vous m'avez délibérément désobéi, vociféra l'agent de la DST à l'oreille de Dubon. Une fois cette affaire classée, et elle le sera ce soir au plus tard, je me chargerai en personne de vous faire payer cet affront.

Il raccrocha aussi sec. L'écran du portable de Dubon afficha « Durée de l'appel : 0 min 12 sec ».

À partir du moment où il avait identifié le Dr Becket comme étant la taupe de la DST au Cern, Dubon s'attendait à ce coup de fil. Voilà qui était fait.

Ce que l'agent n'avait pas encore compris, c'est que plus il menaçait Dubon, plus la détermination de ce dernier se renforçait. L'inspecteur sourit en repliant son téléphone et murmura :

– Le match n'est pas encore fini, mon coco.

La course contre la montre était amorcée : s'il ne parvenait pas à retrouver Maxime Berger rapidement, ce dernier aurait de grandes chances de ne pas voir le coucher du soleil et encore moins le lever du jour.

28.

Après un court silence qui me laisse le temps d'assimiler toutes les nouvelles informations de Yann, je soupire et reprends :

– L'être humain est capable de si grandes choses… tant sur le plan physique que sur les autres plans. À t'écouter, jouer avec tous ces phénomènes subtils semble si simple pour toi !

– Tout est une question de prise de conscience, de volonté de découvrir ce que tu es vraiment et de vouloir comprendre la nature. Le reste, c'est de l'entraînement et de la pratique.

– Mais cela ne doit pas être quand même donné à tout le monde, non ?

– Si, justement. C'est là que beaucoup de gens se trompent. Et c'est d'ailleurs ce qui freine leur prise de conscience.

– Si c'est si simple, comment procéder ?

– Par la simple force de notre pensée. D'après ce que tu m'as raconté, Gladys Gauss te l'a déjà expliqué. Les pensées ont un pouvoir plus important qu'on ne peut le croire. La seule technique qui soit aussi simple qu'efficace est la visualisation. Avec elle, nos possibilités sont illimitées. L'interaction entre nos pensées et les autres plans vibratoires est indéniable, y compris avec le plan physique.

– Insinuerais-tu que nous puissions agir sur la matière avec la pensée ?

– Aussi incroyable que cela puisse te paraître, oui.

– Là, je crois que tu vas un peu loin. Autant je peux concevoir que la pensée puisse agir sur les autres plans subtils, autant sur la matière, ça me paraît délirant.

– Et pourquoi pas ? La matière est en continuité vibratoire directe avec le plan éthérique sur lequel les Anciens savaient déjà influer avec leurs pensées. La frontière entre la réalité matérielle et l'au-delà n'existe pas ailleurs que dans notre esprit.

– Désolé, la pilule est cette fois difficile à avaler.

– Oh, regarde ! m'interrompt-il en pointant son doigt en direction du haut de ma tête.

Je me passe machinalement la main dans les cheveux en me demandant ce qu'il me veut.

– On dirait que tu as une grenouille sur la tête ! s'exclame-t-il en ricanant.

Il semble fier de m'avoir pris au jeu de la blague de Pascal Dracor que je lui ai racontée quelques instants plus tôt. Je ris jaune en saisissant son message : si je demeure figé dans le seul point de vue qui me semble évident, je me freinerai moi-même dans ma prise de conscience et m'enfermerai dans mon ignorance. Il est si difficile de se dépatouiller de ses certitudes et de ses préjugés !

– Bon, je vois que ton mental est encore en train de te faire des misères, constate-t-il amusé. Nous allons donc faire une petite expérience.

Il se lève, part à la cuisine et revient avec une serviette de table, une pile de gobelets en plastique ainsi qu'une bouteille d'eau minérale. Pendant qu'il les aligne sur la table et qu'il commence à les remplir un à un, il s'explique :

– L'eau est l'élément commun à tous les êtres vivants peuplant le plan physique de cette planète. Sans elle, la vie ne serait pas possible, ça tout le monde le sait. Au même titre que le Nombre d'Or, l'eau semble indissociable du principe de vie. Le fait qu'elle soit présente partout lui confère une très forte sensibilité aux plans subtils. C'est l'élément avec lequel il est le plus facile de mettre en évidence l'existence des plans vibratoires supérieurs et leur influence. Je te parlais tout à l'heure de phénomènes cosmotelluriques puissants en mesure de dynamiser l'eau. Et bien nous pouvons également le faire à l'aide de la pensée.

– Vraiment ?

– Oui et je vais te le démontrer. D'autres l'ont également mis en évidence, comme le japonais Masaru Emoto avec ses travaux sur la cristallisation de l'eau[18]. En as-tu déjà entendu parler ?

– Non.

Yann m'explique que ce scientifique a réussi à mettre au point une technique permettant de photographier des cristaux d'eau. Son objectif était de mettre en évidence, au travers de la forme prise par les cristaux, l'effet de différents traitements sur l'eau : influence de l'électromagnétisme environnant, de différentes musiques, de différents traitements par la parole, par la pensée ou par simple apposition sur la bouteille d'un message écrit sur un papier.

Les clichés obtenus furent très révélateurs des traitements infligés avant cristallisation. Les cristaux provenant d'une eau vers laquelle des pensées d'amour et de gratitude ont été envoyées montrent des formes somptueuses avec des motifs cristallins parfaits, comme ceux des flocons de neige. À l'inverse, la même eau traitée avec des pensées de haine et de colère a donné naissance à des cristaux sans aucune structure, évoquant même des formes hideuses. Les échantillons traités avec la parole ou un message papier apposé sur la bouteille ont présenté des cristaux similaires à ceux traités par la pensée. Cela signifie que le résultat est le même quelle que soit la manière dont une pensée est formulée, silencieusement, en parlant ou en écrivant.

18 Se référer par exemple à l'ouvrage *Les messages cachés de l'eau*, Masaru Emoto, Guy Trédaniel Editeur, 2004.

– C'est complètement fou ! m'exclamai-je.

– Les travaux d'Emoto ont eu un retentissement mondial, tant ce qu'il a mis en évidence est extraordinaire. Pour la première fois, l'influence de la pensée sur la matière était révélée d'une manière simple et concrète.

– Qu'en a dit la communauté scientifique ?

– Fidèle à elle-même et à ses préjugés, elle considéra l'interprétation des résultats comme une pure fabulation. Il n'en reste pas moins que les preuves sont là, même si ces expériences relèvent du domaine empirique et qu'elles s'apparentent davantage à de l'art qu'à de la science. L'eau est une véritable éponge à ondes vibratoires subtiles : elle les capte très facilement et les retient durablement. C'est ce que l'on appelle la mémoire de l'eau : cette propriété fascinante est notamment utilisée en homéopathie.

Yann me rappelle le principe de cette médecine douce : en ajoutant une molécule chimique ou une essence thérapeutique à de l'eau, celle-ci s'imprègne de la vibration de la substance. En la diluant ensuite des millions de fois, il est impossible qu'une seule molécule de la substance d'origine demeure dans la solution finale. Pourtant, les vertus du médicament d'origine sont conservées. L'eau garde ainsi en mémoire son effet.

Moi-même ayant toujours été sceptique quant à la fiabilité de ce type de soins, je n'hésite pas à exposer mon point de vue à Yann :

– L'efficacité des traitements homéopathiques semble cependant douteuse : certains affirment que ça marche, d'autres pas. Comment expliquer cela ?

– Comme je te l'ai dit, tout est une question de vibration, me répond le géobiologue. Pour que le médicament fonctionne, il faut que la personne visualise son effet thérapeutique. Cela permet de mettre en résonance la vibration des cellules malades avec celle du médicament homéopathique, sans quoi ce dernier n'aura pas d'effet probant.

C'est pour cette raison qu'échouent toutes les expériences qui cherchent à mettre objectivement en évidence l'efficacité de l'homéopathie. Un opérateur neutre travaillant en laboratoire sur des cultures cellulaires n'interfère pas avec l'aspect vibratoire indispensable pour révéler les vertus du médicament homéopathique. Les résultats qu'il obtiendra seront donc toujours aléatoires.

– Jamais je n'aurais imaginé que l'homéopathie soit si subtile, aussi bien au sens propre qu'au sens énergétique du terme !

– En saisissant la nature vibratoire de l'Univers, tout peut s'expliquer simplement.

ϕ

Tous les verres d'eau sont à présent remplis. Yann en revient à l'objet de sa démonstration :

– Voilà. Dix verres d'eau identiques tous remplis exactement au même niveau. J'en prends un que je vais dynamiser avec ma pensée. Cela consiste à simplement visualiser un rayon de lumière énergisant entrant dans le verre, tout en adressant à l'eau des pensées sincères d'amour et de gratitude.

Il prend un verre à deux mains et le porte à son sternum. Après une dizaine de secondes, il le repose et s'empare de la serviette de table qu'il roule sur elle-même pour s'en faire un bandeau :

– Même si, a priori, les gobelets ne peuvent être distingués entre eux, je vais me bander les yeux avec cette serviette. De cette manière, tu seras sûr que je n'use d'aucun stratagème de prestidigitateur pour retrouver le verre dynamisé.

Une fois ses yeux bandés, il me demande de mêler le verre aux autres. Afin de m'assurer que Yann ne se fie pas non plus à son ouïe pour tenter de le localiser, je brouille les pistes en bougeant tous les autres gobelets. Après les avoir réalignés, je le préviens :

– Ça y est.

– Très bien. Peux-tu positionner ma main à côté du premier ? Ça m'évitera d'en renverser un. Place-moi à environ cinq centimètres au-dessus des verres.

J'obtempère. Il commence alors à passer doucement sa main au-dessus de chaque gobelet. Arrivé au-dessus du verre contenant l'eau dynamisée, sans même continuer sur les autres, il s'arrête et affirme :

– C'est celui-ci.

– Bien vu ! Enfin, façon de parler… Disons plutôt bien « ressenti » ! Est-ce la même sensation qu'au contact de ton biochamp ?

– Oui, mais elle est un peu moins flagrante. Autant il est facile pour un débutant de ressentir son biochamp, autant il lui faudra un peu plus d'entraînement pour ce genre de pratique.

Nous recommençons l'expérience plusieurs fois. Il trouve le bon verre à chaque fois. Hallucinant !

– Pour te montrer que nous sommes tous capables de dynamiser l'eau, tu vas le faire aussi. Retire mon verre et prends-en un autre ; dynamise-le toi-même.

J'en choisis un et, comme Yann me l'a expliqué, je visualise la dynamisation en envoyant de l'amour et de la gratitude vers l'eau. Après une bonne dizaine de secondes, je le mêle ensuite aux autres. Je préviens Yann que c'est prêt et il recommence à passer la main au-dessus des gobelets. Bien évidemment, il le repère très vite. Comme précédemment, nous répétons plusieurs fois l'expérience et il le détecte systématiquement sans se tromper une seule fois ! Je ne peux que me rendre à l'évidence :

– C'est sidérant ! Nous sommes vraiment capables de dynamiser de l'eau par la pensée !

Puis il me demande de changer le gobelet de place une

dernière fois en m'expliquant :

– Maintenant, je vais retirer le bandeau et trouver le verre sans utiliser ma main.

– Comment vas-tu faire ?

Ignorant ma question, il retire le bandeau, regarde l'alignement de gobelets et me désigne le bon une fois de plus :

– C'est le deuxième en partant de la droite.

– C'est bien ça, oui ! Comment as-tu fait, cette fois !

– Disons que je suis capable de le voir. Je distingue une vague auréole lumineuse au-dessus du verre dynamisé.

– C'est carrément de la clairvoyance !

– Effectivement. Plus nous pratiquons les énergies subtiles et ouvrons notre conscience, plus nous développons notre extrasensibilité. L'être humain moyen a une perception du monde qui se situe essentiellement dans le plan physique. Il ne croit que ce qu'il voit, entend ou touche. En développant sa sensibilité dans les plans vibratoires subtils, il voit un monde nouveau s'ouvrir à lui. L'extrasensibilité est une faculté naturelle de l'être humain, plus ou moins développée, mais toujours accessible. Elle commence par des perceptions au niveau du corps, spécialement avec les mains, puis c'est la vision qui prend le relais. D'autres développeront la clairaudition ou la clairolfaction. La progression se fait par paliers : l'extrasensibilité s'entraîne, comme on apprend à jouer d'un instrument de musique, même si cela peut être parfois inné chez certains individus. Cependant, il faut être vigilant car l'éveil des facultés extrasensorielles n'est pas un but en soi, mais un moyen d'éveiller notre âme. La perception de l'invisible s'accompagne toujours d'une prise de conscience de notre rôle en tant qu'être humain de passage sur cette terre.

J'ai l'impression d'être un jeune Padawan en train d'écouter les enseignements de son Maître Jedi pour apprendre à maîtriser la Force avec son esprit. Jamais je n'aurais pu imaginer que cela soit finalement possible. Je crois nager en plein délire de science-fiction !

ϕ

Tant qu'à faire, je vais jusqu'à pousser le raisonnement encore plus loin :

– Est-ce que nous pouvons aussi agir sur les objets avec notre esprit ?

– Oui, de la même manière que nous pouvons dynamiser de l'eau, nous pouvons marquer les objets avec notre pensée. Une personne suffisamment entraînée peut en quelque sorte « programmer » un objet pour une fonction précise. Les cristaux, les pierres et les objets en or sont des partenaires idéaux pour ce genre de pratique. De là proviennent d'ailleurs les légendes de pierres magiques, d'anneaux de pouvoir, d'épées enchantées, d'amulettes ensorcelées ou de calices miraculeux.

– Et les plantes, on doit aussi pouvoir les dynamiser ?

– Tout à fait. On peut le faire en dirigeant nos pensées sur la plante elle-même ou indirectement par l'eau d'arrosage.

Yann me propose de faire un jour moi-même une expérience très simple que les enfants réalisent tous à l'école : elle consiste à placer quelques graines de haricot dans du coton humidifié chaque jour avec quelques gouttes d'eau. L'idée est de faire trois assiettes différentes : la première avec des graines traitées par des pensées de colère et de haine dix minutes par jour ; la seconde avec des graines auxquelles sont adressées des pensées d'amour, de contemplation, de gratitude et de respect pendant dix minutes aussi ; puis la troisième est laissée comme témoin, sans traitement particulier. Bien sûr il faut veiller à ce que chaque lot reçoive le même ensoleillement et la même quantité d'eau.

Au bout de quelques jours, on se rend compte que la croissance des racines n'est pas du tout la même entre les trois échantillons. Les graines maltraitées ont engendré de petites racines en faible nombre alors que les graines chouchoutées se sont développées en abondance. Quant aux graines témoins, leur performance se situe entre les deux autres lots.

– C'est une expérience à la portée de tout le monde, conclut-il, mais très peu de gens ont eu l'idée de l'entreprendre car ils ne s'imaginent même pas que ce soit possible !

– Nous pouvons donc faire de même avec n'importe quelle culture dans n'importe quel champ ! lui fais-je remarquer en pensant à mes propres productions agricoles.

– Oui. Mais contrairement à quelques graines de haricot poussant en conditions contrôlées, mener cette expérience sur de grandes surfaces demande plus d'entraînement et de capacité de concentration. Les rares cultivateurs qui pratiquent la dynamisation par la pensée obtiennent d'excellents résultats, au grand étonnement de leurs confrères travaillant avec la méthode classique. Les pratiques agricoles chimiques sont de plus en plus pointées du doigt : leur impact sur l'environnement et la santé des consommateurs n'est plus à démontrer. Il me semble évident que les méthodes biodynamiques seront de plus en plus utilisées par les agriculteurs d'aujourd'hui et de demain.

– Je partage ton point de vue. J'ai moi-même une petite ferme avec une cinquantaine de moutons, sur une dizaine d'hectares. Je ne suis pas engagé dans une démarche biodynamique à proprement parler, mais je suis déjà quasi bio dans mes pratiques. Mes voisins me prennent pour un fou lorsqu'ils constatent que je parle à mes luzernes et que je caresse mes prairies : je les considère pratiquement comme des personnes à part entière à qui je voue autant de respect que d'admiration. Je n'y peux rien, je suis comme ça depuis tout petit.

– C'est de cet état d'esprit dont je parle effectivement. Mais il est possible d'être encore plus actif que cela : on peut véritablement entrer en résonance avec les plantes pour les aider à mieux se développer. En donnant ainsi à la nature, elle saura nous le rendre avec un facteur dix. D'une manière générale, la nature est une force immensément puissante qui peut nous venir en aide pour déclencher une étincelle intérieure et enflammer en nous un amour intense. Ton attention innée pour elle montre de manière évidente que tu as cette étincelle en toi. Il ne te reste plus qu'à faire le petit pas qui te sépare de la face subtile cachée de la nature afin d'apprendre à connaître son vrai visage.

Me voilà de nouveau face à cette fameuse étincelle dont me parlait aussi l'abbé Orion hier soir. L'étincelle d'amour qui, en y repensant avec du recul, semble avoir jailli en moi au cours du concert d'Anne-Lise Pinson. Elle a embrasé le plus profond de mon être, ravivant ainsi les braises de ma conscience. Je comprends à présent que tout est lié et que chacune de ces rencontres était une pièce d'un puzzle subtil. Un puzzle que Max m'a invité à reconstituer. Un puzzle qui me révélerait l'image de la plus belle chose qui nous ait été donnée de ressentir : l'amour. Celui qui est partout. Celui qui nous relie au Tout. Celui à partir duquel nous avons été créés et celui vers lequel nous tendons. Inutile de chercher à l'autre bout de l'Univers des raisons de vivre compliquées et insaisissables. Le sens de notre existence est finalement très simple et à la portée de notre main, à tel point que nous pouvons passer à côté si nous n'y prenons pas garde.

Je me surprends en train de trembler et de transpirer. J'ai des picotements partout. Une fournaise ardente vient d'enflammer ma poitrine et elle inonde tout mon corps. J'inspire profondément : chaque alvéole de mes poumons boit sa bouffée d'oxygène qui attise encore plus le brasier.

Mes pieds sont profondément enracinés dans la terre, impossible d'en bouger le moindre orteil. Mes mains empoignent les accoudoirs de la chaise comme si elle était électrifiée. J'ai l'impression que le haut de mon crâne est en feu et que mes cheveux n'arrêtent plus de pousser. Tout ce qui m'entoure baigne dans un halo jaune et le corps de Yann Cardin rayonne d'un bleu éclatant.

Mais que m'arrive-t-il ? Alors que cela semble avoir duré une minute, quelques secondes seulement se sont en fait écoulées. Je cligne des yeux pour reprendre mes esprits.

ϕ

Je me rends compte que Yann me regarde avec un sourire compatissant, tout en buvant son verre d'eau dynamisée. Il le lève et me dit d'un ton très posé :

– À ta santé : bienvenu dans le monde réel.

Aurait-il perçu ce que je viens de ressentir ? Cela ne m'étonnerait pas. Je lui pose la question de manière détournée :

– Pourquoi souris-tu ainsi ?

– Exactement pour la même raison que je t'ai souri lorsque je t'ai vu pour la première fois sur le seuil de ma porte, tout à l'heure.

Constatant que sa réponse ne m'éclaire pas davantage, il précise :

– Ma femme devait revenir avec mes enfants en fin d'après-midi, vers 18 heures. Lorsqu'elle a appelé ce midi pour me dire qu'elle restait en vacances chez sa sœur deux jours de plus, j'ai eu un flash. Je me suis vu sur ma terrasse, ici même, en face d'un inconnu dont l'aura brillait d'un feu ardent. Cette vision était accompagnée de la forte intuition qu'il fallait que je me tienne disponible pour m'entretenir avec lui. Ce genre de flash prémonitoire survient de temps à autre. C'est toujours en relation indirecte avec un événement important qui va suivre et auquel je prends généralement part. Ce midi, je ne savais pas en l'occurrence quelle serait ma contribution à cet événement. Mais à présent je le sais.

La clairvoyance de ce géobiologue est vraiment surprenante. Il finit le reste de son verre en savourant l'eau comme si c'était du bon vin. Je ne peux attendre plus longtemps pour connaître la suite :

– Quel est cet événement ?

– Ça, je l'ignore. Je ne peux même pas te dire s'il sera heureux ou malheureux.

– Penses-tu que cela soit lié à Maxime ?

– Peut-être, oui.

– De toute façon, je ne vois pas comment on pourrait contribuer à quoi que ce soit car aucun de nous deux ne sait où diable il se cache !

Ma frustration revient alors au galop. Durant ma longue conversation avec Yann Cardin, j'avais oublié que je me trouvais finalement dans une impasse. En revanche, mon sentiment d'impuissance est vite balayé lorsque mon interlocuteur m'avance humblement les propos suivants :

– C'est justement à ce niveau-là que je pense pouvoir te venir en aide.

ϕ

Yann s'absente quelques instants puis revient avec plusieurs cartes routières. Il se rassoit et, sans plus attendre, il me demande :

– Bon. Selon toi, ou-est-ce que Maxime peut se trouver ?

– Je croyais pourtant avoir été clair sur le sujet : je n'en sais fichtrement rien !

– Évidemment que tu n'en sais rien, reprend-il avec un sourire en coin. Je ne te parle pas de ce que tu sais ou ne sais pas, je te demande de te fier à ton ressenti. Dis-moi, comme ça sans réfléchir, où, selon toi, il a bien pu partir après t'avoir écrit la lettre ?

Je lui exprime la première idée qui me passe par la tête :

– À mon avis, il a quitté Genève, mais il n'est pas allé bien loin.

– C'est ce que je me suis également dit, approuve-t-il satisfait de ma réponse.

– Mais cela n'empêche pas qu'il puisse être aussi à l'autre bout du monde à l'heure qu'il est !

– Voilà que tu recommences ! me reprend-il en gardant son calme malgré tout. Je t'ai demandé d'exprimer ton intuition et non pas ce que ta peur dicte à ton mental ! Bon : partons de l'hypothèse que Max ne soit pas allé bien loin. C'est d'ailleurs l'option qui semble la plus probable : s'il avait voulu prendre le large vers des horizons lointains, il aurait été contraint de prendre l'avion, le train ou de consommer beaucoup de carburant pour voyager en voiture. La police l'aurait rapidement repéré par ses règlements bancaires ; de toute évidence Max s'en doutait…

– Que viens-tu de dire ?

Il s'arrête, surpris que je l'interrompe si brutalement. Il me répète ses dernières paroles ; j'explose en prenant conscience d'une évidence :

– Mais c'est bien sûr ! Voilà comment les flics m'ont retrouvé en repartant de Prades, hier soir ! Comme un âne, j'ai retiré de l'argent à un distributeur bancaire ! J'aurais pu y penser avant, ce n'est vraiment pas malin !

Remarquant mon irritation, Yann a raison de s'abstenir de tout commentaire sur ma splendide performance. Il souhaite cependant s'assurer d'une chose :

– Rassure-moi : depuis, tu n'as pas retiré d'argent ou réglé quoi que ce soit d'autre en carte ?

– Non, heureusement que ma bêtise n'est pas allée jusque-là !

– Très bien. Bon, reprenons. Si on se dit qu'il n'est pas parti très loin, je te propose de sonder Genève et ses environs, disons… à moins de deux cents kilomètres.

– Mais qu'est-ce que tu veux faire au juste ?

– Eh bien… tenter de localiser Maxime, me répond-il comme s'il était en train de composer son numéro pour l'appeler et le lui demander en direct. C'est bien ce que tu veux, non ?

Le géobiologue déplie alors une grande carte sur la table. Il respire profondément en fermant les yeux. Lorsqu'il les rouvre, j'ai l'impression que son regard n'est plus le même. Il se concentre sur la carte en y promenant ses yeux quelques instants. Puis, il s'arrête et fixe un point, a priori entre Genève et Lausanne. Il saisit ensuite une autre carte avec une plus petite échelle. Il répète le même processus et son regard semble attiré de la même manière vers un point particulier.

– Oui, il est là, j'en suis sûr, finit-il par dire en pointant son doigt au milieu d'une zone montagneuse. Et Maxime a bien choisi son endroit pour que je puisse le localiser sans peine, précise-t-il avec un petit sourire.

ϕ

– Max se cacherait dans les ruines d'une ancienne église ? m'exclamai-je en réaction à ses indications.

– Oui. Il s'agit de l'ancienne chartreuse Notre-Dame d'Oujon, plus exactement. J'y suis allé faire des relevés géobiologiques, il y a trois ou quatre ans. De mémoire, c'est plus une ruine qu'autre chose mais le site est très chargé en énergies cosmotelluriques. C'est à mon avis pour cette raison que je n'ai pas eu de mal à localiser Maxime : son signal a certainement été amplifié par le lieu. On a de la chance, ce n'est pas bien loin de chez moi. Si tu veux, je peux t'y accompagner.

– Attends, attends. Qu'est-ce que c'est que cette histoire de signal ?

– N'as-tu jamais entendu parler de radiesthésistes ayant retrouvé au pendule des personnes disparues, à partir de photos ou d'objets qui leur appartenaient ?

– Euh… si je crois…

– Il n'y a rien d'extraordinaire là-dedans ; je ne suis pas le seul à pouvoir localiser un individu avec précision. Je me connecte à sa vibration en entrant en résonance avec ses corps subtils. La seule différence avec les radiesthésistes, c'est que je n'utilise pas de pendule : je perçois sur la carte une vague auréole lumineuse à l'endroit où se trouve l'individu, un peu comme au-dessus du verre d'eau dynamisé. Maxime étant une personne que je connais et que je peux me représenter parfaitement, c'est d'autant plus facile. Bon, on y va ? lance-t-il en plaquant ses deux mains sur la table, prêt à se lever.

Ce Yann Cardin est vraiment déconcertant ! En quelques jours, j'en aurais décidément vu de toutes les vibrations !

Je ne peux qu'accepter sa proposition de m'accompagner. Mais il me reste une dernière question à lui poser :

– Juste une dernière chose…

– Oui ?

– Pourquoi n'as-tu pas cherché à localiser Maxime dès l'instant où tu as su que je voulais le retrouver ?

Yann sourit, comme s'il s'était attendu à cette question :

– Pour deux raisons. La première, on en a déjà parlé : ton frère t'a fait venir ici alors que je ne savais pas où il se cachait. Par conséquent, pour lui, notre entrevue était prioritaire sur vos retrouvailles. La seconde raison, c'est que si tu n'avais pas au préalable écouté mes explications, tu m'aurais pris pour un fou en constatant comment j'ai œuvré pour retrouver Maxime. Tu ne m'aurais certainement pas cru et tu serais parti. Nous n'aurions pas eu cette conversation et tu n'aurais jamais su où aller chercher ton frère…

Certes, ce qu'il m'avance n'est pas dénué de sens.

Je consulte ma montre, il est 20 h 25. Cela fait déjà trois heures que nous discutons et je n'ai pas vu le temps passer !

Je me tourne vers le soleil couchant qui me réchauffe le visage avec ses doux rayons de fin de journée. Je n'arrive pas encore à le croire : si ce géobiologue dit vrai, ce soir je vais enfin revoir mon frère.

Au moment où Yann se lève, je le vois légèrement fléchir et porter sa main sur son flanc. Les sourcils froncés, il me regarde et me dit :

– Nous ferions mieux de nous hâter car j'ai le vif sentiment que le temps est à présent compté…

29.
Village d'Arzier.
20 h 20.

Dubon coupa le moteur et se rejeta en arrière, laissant buter mollement son crâne sur l'appui-tête. Il regarda quelques instants le coucher du soleil. Plus il le voyait descendre, moins il lui restait de temps pour retrouver Maxime Berger. Il soupira.

Éreinté par ses dernières heures de recherches actives, il avait décidé de faire une pause dans le premier bar venu. C'est à Arzier qu'il choisit de s'arrêter, à l'hôtel-restaurant « Le Bel Horizon ».

Durant tout l'après-midi et le début de soirée, l'inspecteur avait sillonné les communes environnantes de Vich, du bord du lac Léman jusqu'aux monts du Jura. Les quelques mairies et bureaux de poste qu'il avait pu trouver ouverts n'avaient pas été en mesure de le renseigner sur Maxime Berger. Dans les plus petits villages comme celui d'Arzier, les permanences administratives n'étant assurées que le matin, cela restreignait le nombre de témoins potentiels immédiatement accessibles. Et il ne servait à rien d'envisager d'attendre le lendemain matin pour les interroger car il serait trop tard.

Dubon avait également passé en revue les commerces, les agences immobilières et même quelques fermes. Il n'avait pas non plus hésité à questionner plusieurs passants.

En fin d'après-midi à Begnins, commune située à quelques kilomètres au-dessus de Vich, un commerçant d'une superette avait affirmé avoir déjà vu Maxime Berger à plusieurs reprises dans son magasin. Mais il ne savait pas qui il était ni où il pouvait habiter. Ils ne s'étaient jamais parlé et ce n'était pas un client régulier. Ce témoignage avait quand même permis à Dubon de cibler ses recherches sur une zone plus restreinte.

Il avait répété inlassablement la même chose pendant plusieurs heures, il en avait le vertige :

« Bonjour, police de Genève. Auriez-vous déjà vu cet homme ? » demandait l'inspecteur en montrant à chaque fois la photo de Maxime Berger.

La réponse récurrente de gens avait fini par l'user :

« Non. »

L'inspecteur revenait alors une deuxième fois à la charge :

« Auriez-vous entendu parler d'une personne qui s'appelle Maxime Berger et qui aurait acquis une propriété dans le coin ? »

Même sanction à chaque fois :

« Non, désolé. »

Dubon n'en pouvait plus. Il sortit de sa voiture, entra dans l'hôtel-restaurant et commanda une double-pression :

– Mettez-moi un sérieux, même si ça ne l'est pas…

Le barman attrapa une grosse chope d'un demi-litre qu'il commença à remplir.

L'inspecteur rassembla le peu de volonté qui lui restait pour sortir sa plaque de policier et recommencer une dernière fois son speech. Le barman l'écouta et regarda la photo avant de répondre :

– Ah non ! désolé, je n'ai jamais vu ce type par là.

Dubon se retint de lui sauter au cou pour l'étrangler, tant il ne supportait plus d'entendre toujours la même réponse.

– Le chef saura peut-être vous en dire plus. Je vais le chercher, proposa-t-il.

Il partit en cuisine et revint avec un homme baraqué aux bras aussi larges que les cuisses de l'inspecteur. Il regarda la photo en plissant les yeux et répondit :

– Cette tête me dit bien quelque chose, oui…

Dubon eut un regain soudain d'espoir.

– Je l'ai peut-être croisé à Arzier, précisa-t-il. Mais je ne lui ai jamais parlé.

– Savez-vous où il pourrait habiter ? s'empressa de demander le policier.

– Je n'en ai pas la moindre idée.

– Il s'appelle Maxime Berger et il aurait acquis une propriété dans le coin, il y a environ deux ans.

– Désolé, ça ne me dit rien.

Dubon s'affala sur le tabouret de bar qui était juste derrière lui et soupira :

– Tant pis, merci quand même.

Il agrippa sa chope par l'anse et alla s'asseoir sur la terrasse qui offrait une vue panoramique sur le lac et la chaîne des Alpes. Certes, pour le touriste moyen ce restaurant portait bien son nom, « Le Bel Horizon », mais pour Dubon, il était plutôt dans « La Belle Impasse ». Il ne voyait justement rien venir à l'horizon qui puisse l'aider à réactiver son enquête.

Il entama sa bière en silence.

Après un bon quart d'heure d'intense cogitation, n'ayant toujours pas trouvé le moyen de sortir de cette ornière, il jura à voix basse :

– Bon sang ! Mais où te caches-tu, Berger ? Je suis sûr qu'en plus tu n'es pas très loin !

Il soupira.

« Peut-être que si je commande un sandwich, la situation se débloquera ! » pensa-t-il en se souvenant de son dernier déjeuner avec ses collègues. « Ah non ! c'est vrai qu'il faut que je sois avec Fritz et Ricaud pour que ça marche. Bon, tant pis, j'ai quand même faim… »

– Monsieur, s'il vous plaît : un sandwich jambon, fromage, salade.

– Tout de suite, monsieur ! accepta le barman.

Quelques minutes après, Dubon fut servi et il commença à engouffrer le sandwich.

Un petit vieux transpirant à grosses gouttes entra alors dans le bar en chaussures de chantier. Il était torse nu sous un bleu de travail crasseux. Il retira sa casquette pour faire respirer son crâne ébouillanté. Ses cheveux gris mi-longs étaient ébouriffés et trempés de sueur. Celle-ci perlait en continu le long de ses tempes et sur son nez. Les rides de l'âge se creusèrent davantage lorsqu'il grimaça sous l'effet de la fatigue physique. Son visage marqué par les ans dégageait malgré tout encore beaucoup d'ardeur et de vivacité.

– Bonjour, Maurice ! l'accueillit aimablement le barman.

– Salut p'tit gars ! répondit le petit vieux.

– Et alors ! D'où qu'il vient pour être poisseux comme ça, l'animal ? Il a fait le tour de la montagne en courant ?

– M'en parle pas, j'ai coupé du bois toute la journée sous le cagnard ! Cuit à point qu'il est, le Maurice ! Sers-moi donc une grande chope de bière bien fraîche pour étancher la bête !

Le serveur attrapa le même format de verre que celui de Dubon. Pendant le remplissage, il demanda à son client :

– À part ça, quoi de neuf dans ton bled paumé ?

– Eh bien figure-toi que mon voisin est revenu !

– Ton voisin ?

– Tu sais bien, je t'en avais déjà parlé ! Le type qui a racheté les ruines de l'ancienne chartreuse, là-haut, en plein milieu des bois !

– Ah peut-être ! je ne m'en souvenais pas, avoua le barman en lui tendant le demi-litre de bière.

L'autre l'agrippa par l'anse et but la moitié d'un seul trait. Le reposant avec fracas sur le comptoir, il expira bruyamment avant de s'essuyer la bouche du revers de la main. Puis il reprit :

– Ça fait peut-être longtemps, mais je suis sûr de t'en avoir déjà parlé ! Tu sais, le savant plein de sous qui bosse au Cern à Genève !

En entendant ces propos, Dubon toussa de stupéfaction dans son sandwich, projetant ainsi des bouts de pain partout sur la table. Quelques morceaux de salade lui étaient même passés par le nez ! L'inspecteur se retourna et il rebondit immédiatement sur les propos du petit vieux :

– Un savant du Cern, dites-vous ? baragouina Dubon la bouche encore pleine.

L'autre, surpris d'être interpellé par un inconnu, hésita avant de confirmer ses propres dires :

– Euh oui, c'est bien ce que j'ai dit…

Cette fois l'inspecteur avala sa bouchée et demanda plus clairement :

– Pouvez-vous m'indiquer comment m'y rendre s'il vous plaît ? C'est urgent, cet homme est en danger et il faut que je le retrouve avant qu'il ne soit trop tard !

L'air affolé de l'inspecteur suffit à convaincre le vieillard de lui indiquer le chemin sans qu'il ait à sortir son badge de policier pour se justifier. Le grand-père fit malgré tout remarquer :

– Pourtant je l'ai vu il y a à peine une heure et il ne semblait pas en danger ; il allait même très bien !

– Vous savez, en une heure, il peut s'en passer des choses ! Quelqu'un lui veut du mal et je suis justement venu pour lui éviter d'être pris au piège !

– Ah bon ! Mais comment pourrait-on lui vouloir du mal ? Ce p'tit gars est gentil comme tout ! Je ne vais pas laisser faire ça ! Je vous y conduis immédiatement.

Sans plus attendre, il siffla le reste de sa bière cul sec, jeta quelques pièces sur le comptoir et sortit du bar. Dubon paya rapidement sa note et emboîta le pas sur le vieil homme décidément très vif pour son âge. Celui-ci grimpa dans une 4L aussi vieille que lui et… aussi sale que lui. Il semblait déterminé à défendre Maxime Berger coûte que coûte.

Dubon n'en revenait pas ! Alors que tout lui semblait fini et voué à l'échec, ce retournement de situation était malgré tout advenu.

« Comme quoi, l'important est de se trouver au bon endroit, au bon moment », en conclut-il intérieurement. « Et pour cela, il n'y a pas trente-six mille moyens : il faut suivre son intuition. Ou plus exactement, suivre l'intuition de son estomac… »

En posant le reste de son sandwich sur le siège du passager, Dubon se fit la réflexion suivante :

« Je ne sais pas ce que j'ai avec les sandwiches, mais ils sont plutôt de bon augure, ces derniers temps ! »

X
L’ancienne chartreuse

30.
Dans les hauts d'Arzier - Monts du Jura.
20 h 45.

Sous les conseils de Yann Cardin, je me gare sur un vaste parking dégagé, d'où semblent partir plusieurs chemins de randonnée pédestre s'enfonçant dans la forêt. D'après Yann, nous sommes à environ 1100 mètres d'altitude. Pas étonnant que les conifères soient les principaux propriétaires des lieux. En montant par la route sinueuse qui longe le flanc gauche de la montagne depuis Arzier, j'ai pu constater combien le relief des environs est escarpé, avec des ravins abrupts et des vallées profondes. Dire que c'est dans un endroit sauvage comme celui-là que mon frère a décidé de se retirer. Jamais je n'aurais imaginé cela de lui.

Je ne vois aucune autre voiture, nous sommes seuls.

– Arrête-toi ici, ce sera bien, me propose-t-il. On va continuer à pied sur un petit kilomètre.

– Si ce n'est pas ici, pourquoi ne pas continuer par le chemin ? lui fais-je surpris. Il semble tout à fait praticable.

– Simple intuition.

– Que crois-tu qu'il puisse nous arriver dans ce trou paumé ?

– On n'a rien à perdre : si, en arrivant là-haut, il s'avère qu'il n'y avait pas lieu de s'inquiéter, tant mieux. Mais quelque chose me dit que nous devons nous faire discrets.

– Ah ! Comme tu voudras. Je te fais confiance. Après tout, c'est toi le guide.

Nous marchons cent ou deux cents mètres sans rien dire. Au moment où j'allais réengager la conversation pour changer l'ambiance, Yann me fait signe de m'arrêter et il me chuchote :

– Tiens, regarde : une voiture est garée dans ce chemin. Elle est plutôt bien cachée, j'ai failli ne pas la voir.

Effectivement. Je constate que c'est un gros 4x4 BMW noir, flambant neuf, avec semble-t-il tout ce qu'il faut sous le capot pour gravir une falaise à la verticale !

– Tu crois que ce tank pourrait appartenir à Maxime ? me demande Yann.

– Je n'en sais rien. Cela me surprendrait de sa part.

– Moi aussi.

Alors que je suis plus intéressé à reluquer l'engin sous tous ces angles, Yann porte la main sur le capot et me dit :

– C'est bien ce qu'il me semblait : le moteur est encore bien chaud.

– Je ne vois pas pourquoi une telle voiture serait à cette heure-ci perdue au milieu des bois, lui fais-je remarquer.

– Moi non plus. Je crois que nous ne sommes pas les seuls à vouloir rendre visite à Maxime ce soir. Et surtout à vouloir le faire très discrètement. Allons, dépêchons-nous.

Nous reprenons ainsi le chemin en accélérant le pas.

31.

Dubon suivait le vieil homme qui roulait en 4L à fond de train sur la petite route.

« À cette allure-là, soit on va finir dans le ravin, soit tous les ermites de la montagne seront alertés de notre présence ! » s'inquiéta l'inspecteur. « Mieux vaut que je lui fasse signe de ralentir. »

Il lui fit des appels de phares. L'autre continua à la même allure et ne ralentit qu'en arrivant sur un vaste parking où il se gara. Dubon avança pour se mettre à la hauteur de la 4L puis abaissa la fenêtre de droite afin de lui parler :

– Roulons moins vite car je souhaite rester discret, on ne sait jamais. Est-ce encore loin ?

– Non, non. Il faut prendre ce chemin et c'est un peu plus loin en descendant à gauche, au panneau « Chartreuse d'Oujon ».

– Ah très bien !

Le policier remarqua qu'une voiture était garée, seule au milieu de rien.

– Attendez…

Il coupa son moteur et descendit inspecter de plus près le véhicule. C'était une Polo immatriculée en France, plus exactement dans l'Hérault. Il scruta les alentours : pas un chat.

– Tiens, tiens… dit-il intrigué.

Il ne remarqua rien de particulier à l'intérieur, mais le moteur était encore chaud.

« Se pourrait-il que ce soit l'agent de la DST ? » se demanda Dubon. « Non, ce genre d'individu n'accepterait jamais de rouler dans un véhicule pareil, c'est évident. Mais qui cela peut-il bien être ? Un simple touriste venu se promener en forêt ? À la tombée de la nuit, cela semble peu probable. Qui viendrait rendre visite à Maxime Berger, sachant que celui-ci ne veut surtout pas se faire repérer ? Une personne à qui il aurait demandé de venir… comme… »

– Philippe Berger ! s'exclama l'inspecteur.

– Pardon ? reprit le petit vieux qui était aussi descendu de sa voiture pour venir aux côtés de Dubon.

– Je suis sûr que c'est la voiture de Philippe Berger, le frère de Maxime Berger, votre voisin.

« Il a changé de véhicule pour brouiller les pistes, le petit malin », pensa le policier. « Et si ça se trouve, il vient juste d'arriver ! »

Au regard de la rencontre inespérée que Dubon venait de faire au bar, cette coïncidence ne lui serait pas aberrante pour autant. Il prit alors conscience de la gravité de la situation :

– Maintenant que j'y pense, si l'agent spécial est également là-haut, il risque d'y avoir du grabuge ! En espérant que je n'arrive pas trop tard !

Il se tourna et s'adressa au vieillard :

– Merci de m'avoir conduit jusqu'ici. Sans vous, je n'aurais jamais pu retrouver Maxime Berger. Je vais continuer seul, ce sera plus prudent pour vous car les choses risquent de se compliquer une fois rendu là-haut.

– Ah non, je viens avec vous ! Pour une fois qu'il y a un peu d'action dans le coin !

– Écoutez, je vous prie de prendre très au sérieux ce que je vous dis car ce n'est pas un jeu. Je ne peux pas prendre le risque de mettre en danger un civil dans cette affaire. Vous ne venez pas avec moi, un point c'est tout.

Le vieillard teigneux ne semblait pas l'entendre de la même oreille. Il se renfrogna malgré tout, non sans dissimuler sa frustration. En retournant à sa voiture, il grommela d'un ton vexé :

– Très bien, puisque vous ne voulez pas de mon aide, je m'en vais.

Il grimpa dans sa 4L, fit demi-tour et repartit.

Dubon ne pouvait pas blâmer les intentions courageuses de ce grand-père. Mais il ne pouvait pas non plus lui faire courir le risque de se faire inutilement blesser, voire pire.

Cela rappela d'ailleurs à l'inspecteur de ne pas oublier de se munir du matériel nécessaire. Ce n'était pas qu'une simple question de précaution, Dubon le sentait.

Une fois prêt, il inspira à fond avant de s'élancer sur le chemin au pas de course.

« Cours et surtout ne t'arrête pas », s'encouragea-t-il lui-même. « Tu n'as plus le temps de te poser des questions… »

32.

Après quelques minutes de marche rythmée, Yann et moi arrivons bien échauffés devant la pancarte en bois indiquant « Chartreuse d'Oujon ». Nous sortons du chemin principal pour s'enfoncer dans les sous-bois. Nous descendons ainsi sur une centaine de mètres jusqu'à la lisière de la forêt. Celle-ci encercle le site sacré construit au fond du vallon.

C'est bien plus imposant que je me l'imaginais : la taille de cette vaste clairière fait environ 80 mètres de large sur 160 mètres de long. Le périmètre est délimité par un muret en pierre d'environ un mètre trente de haut, que nous longeons sur sa largeur en direction de l'entrée située à l'autre coin. Accolé au flanc de l'église, dont il ne reste que des murs en ruine, je distingue un vieux cloître en cours de rénovation, ainsi qu'un autre petit bâtiment dont la restauration semble achevée. C'est d'ailleurs la seule partie qui ait un toit et une porte en bon état. C'est peut-être là-dedans que campe Maxime.

Au moment où je formule cette pensée, je vois la porte s'ouvrir brutalement : deux hommes sortent, l'un poussant l'autre violemment dans le dos en lui criant :

– Avancez !

Le maltraité trébuche et se rattrape in extremis sur le sol avec ses mains. Au moment où il relève la tête, j'ai du mal à le reconnaître, tant sa figure est couverte de sang et d'hématomes : c'est Max ! Et il a l'air en piteux état ! Alors que j'allais m'élancer à sa rescousse, je me rends compte que l'autre homme, tout habillé de noir, tient à la main un pistolet dont il semble bien avoir l'intention de se servir !

Yann et moi avons le même réflexe au même moment de nous abaisser afin de nous mettre à couvert derrière le muret.

Aussi stupéfaits l'un que l'autre, nous nous regardons et, tout haletant, je lui chuchote :

– Je ne pense pas que le type en noir nous ait repérés.

– On a bien fait de ne pas arriver en klaxonnant ! ironise Yann. C'est bien Maxime que tu as vu aussi, n'est-ce pas ?

– Oui, et il a l'air plutôt mal en point. Ce salaud n'y est pas allé de main morte ! On arrive trop tard !

– Non, il est encore temps d'agir. Il faut trouver un moyen de neutraliser l'agresseur.

– Et sans qu'il nous neutralise avant !

Nous n'entendons plus rien, ne serait-ce qu'une voix au loin. Yann relève discrètement la tête afin de jeter un œil par-dessus le muret et me dit :

– Je ne les vois plus ; ils sont partis de l'autre côté de l'église. Essayons de les suivre à distance en continuant de longer le muret qui nous couvrira.

– Bonne idée. Allons-y !

Nous progressons le long du mur, le dos courbé et les jambes à demi fléchies. La voix du bourreau de Max nous guide sans que nous puissions pour autant en distinguer les propos. Un rapide coup d'œil m'apprend qu'environ cinquante mètres nous séparent.

Yann et moi nous approchons davantage, au point que cette fois nous entendons clairement :

– Allez ! Grimpez là-dessus, dépêchez-vous !

En contrebas, je vois Maxime passer tant bien que mal

par-dessus le muret perpendiculaire à celui que nous longeons. Il est suivi de près par l'homme en noir qui lui demande ensuite de continuer d'avancer. Puis je les perds de vue car ils s'enfoncent dans la forêt.

Yann et moi accélérons alors la cadence afin de ne pas nous laisser trop distancer. Nous entrons dans la forêt en longeant le versant droit de la vallée. Après une trentaine de mètres, nous nous arrêtons en entendant de nouveau la voix de l'agresseur. J'écarte quelques branches en continuant d'avancer avec précaution, quand je les distingue enfin. Maxime est agenouillé au sol, appuyé sur les deux mains, la tête tombante entre les épaules. Il est visiblement très affaibli. Je brûle d'envie de me précipiter vers son assaillant et de lui sauter dessus. Mais je me ravise car vu la distance qui nous sépare, il aurait vite fait de m'entendre, de se retourner et de me régler mon compte avant même d'être arrivé sur lui. Je fais part de mes intentions à Yann :

– Il faut que je trouve un moyen de me rapprocher sans qu'il m'entende. As-tu une idée ?

– Nous pouvons peut-être essayer de grimper sur ces rochers, là, sur la droite du type. En arrivant par- derrière, on doit pouvoir y monter et lui sauter dessus par surprise. Les quelques buissons qui y poussent devraient suffire à couvrir notre progression jusque-là.

J'évalue sa proposition qui semble périlleuse mais jouable. Cette approche réduirait suffisamment la distance et me donnerait assez de hauteur pour m'élancer sur l'agresseur.

– Ça me semble faisable. De toute façon, je ne vois pas d'autre solution. J'y vais tout seul car à deux, on risquerait de se faire trop facilement repérer.

Il hésite, sans doute contrarié de me laisser prendre ce risque seul. Il finit par se rendre à l'évidence et accepte :

– Entendu.

J'inspire profondément. C'est parti. Je continue de longer le flanc de la vallée sur une quarantaine de mètres pour contourner l'agresseur. Puis, je bifurque à angle droit sur ma gauche. Mon approche est ainsi couverte par le monticule rocailleux vers lequel je me dirige. Ils ne doivent plus être bien loin derrière. Je grimpe le plus discrètement possible jusqu'en haut.

Ça y est, je les vois au travers des buissons. En revanche, je les trouve plus loin que je ne l'espérais car ils sont à une quinzaine de mètres de moi. Il va falloir que j'avance sur les rochers pour réduire la distance d'au moins une douzaine de mètres.

Le type tient toujours Max en joue avec son arme et l'oblige progressivement à reculer vers… un gouffre ! D'où je me tiens, je distingue en effet un large gouffre qui plonge à pic quelques mètres derrière Max. Il faut faire vite ! Je reprends ma progression en assurant chacun de mes appuis ; la moindre branche brisée ou le moindre dérapage me ferait en effet immédiatement repérer. Mieux vaut avancer lentement mais sûrement.

Je perçois à présent distinctement les propos de l'homme en noir :

– Quelle folie d'avoir imaginé que vous réussiriez à m'échapper, Dr Berger. Vous avez eu une chance monumentale de me filer entre les doigts la première fois. Bien joué, le coup de la porte verrouillée de l'extérieur, dans votre laboratoire. Mais insuffisant. Votre vivacité d'esprit n'a d'égale que votre courage de m'avoir fait front. Mais sachez que tous ceux qui me tiennent tête finissent toujours par l'incliner tôt ou tard. Et à voir la vôtre, je crois que cela se vérifie une fois de plus. Votre courage ne vous aura finalement servi à rien, ne serait-ce qu'à gagner quelques jours de répit.

Il ricane avant de reprendre son monologue macabre :

– Des cerveaux brillants comme le vôtre, j'en ai brisé une bonne dizaine, oui. Et il y en a de plus en plus qui, comme vous, sortent des sentiers de leur fonction pour s'adonner à des domaines de recherche disons… indiscrets. Malgré les efforts que nous déployons pour contrôler les agissements de la communauté scientifique à ce niveau, il y a toujours des petits malins qui parviennent à mener leur barque dans leur coin. Mais jamais aucun d'eux n'a pour l'instant réussi à rejoindre le rivage. Et vous n'y parviendrez pas non plus.

Il fait une pause en faisant encore reculer un peu plus Maxime vers le gouffre. Je ne suis plus qu'à six ou sept mètres d'eux. L'homme reprend :

– Vous avez le choix, Dr Berger : ou bien votre barque coule et vous coulez avec elle, ou bien vous êtes raisonnable et acceptez le formidable sous-marin que nous vous offrons pour travailler à notre compte. Vous prendrez ainsi part aux projets secrets les plus fous et les plus extraordinaires que votre misérable vie de physicien au Cern ne vous permettra jamais de connaître. Vous vous retrouverez entouré des plus visionnaires, des plus inspirés et des plus éminents scientifiques que la terre ait portés ! Du matériel technologique dont vous ne soupçonnez même pas l'existence, des crédits à n'en plus finir pour satisfaire toutes vos demandes de financement ! Bref, le paradis des scientifiques. Ceux qui ont accepté cette proposition l'ont tous fait au départ à contrecœur, craignant de perdre leur liberté et de se faire exploiter à de sombres desseins. Mais aucun ne regrette aujourd'hui son choix, vous pourrez leur demander. C'est une formidable opportunité que nous vous offrons là, Dr Berger ; peu de scientifiques ont eu cette chance, alors ne faites pas l'idiot, saisissez-la.

Il s'interrompt, attendant sans doute la réponse de Maxime. Celui-ci lève la tête et parvient à lui souffler :

– Jam… Jamais je ne travaillerai pour eux… Vous avez échoué. Retournez les voir en leur disant… que vous avez échoué…

L'affront de Max a pour effet immédiat de provoquer

chez son bourreau une montée de colère et de haine, qui se traduit par une crispation de la mâchoire et une moue de dégoût déformant son visage macabre. Pour se venger, il réplique immédiatement en piquant Maxime au point sensible :

– Dans ce cas, si le but de votre frère était de vous venir en aide, il a échoué lui aussi.

Entendant l'homme parler de moi, Max relève la tête avec un regard soudainement empli d'espoir. L'autre reprend de plus belle :

– Oh, ne vous fatiguez pas à espérer quoi que ce soit de ce bouffon ! Cette tâche était bien au-delà de ses piètres compétences : la preuve en est qu'il n'est pas là pour vous sauver, non ?

Il ricane de nouveau.

– Eh oui, comme votre impertinent de frère l'a dit lui-même dans un message ridicule qu'il m'a laissé : « On ne peut pas gagner à tous les coups ». Tiens ! Je suis content de lui renvoyer la pareille !

Je comprends à cet instant que c'est l'homme à la Subaru ! Celui qui a failli me coincer hier soir ! Alors là, mon gaillard, ça ne va pas se passer comme tu le crois ! J'accélère sur les derniers mètres. Je le vois lever son arme en direction du front de Max et l'entends prononcer la sentence :

– Puisque vous en avez ainsi décidé, je vous dis au revoir Dr Ber…

Au moment où j'allais prendre mon élan pour lui bondir dessus, une pierre se dérobe sous mon pied ; je dérape et perds l'équilibre. L'éboulement des cailloux l'alerte immédiatement car il se retourne et nos regards se croisent. Il change alors immédiatement de cible et à l'instant où je me croyais mort, une voix surgit de nulle part :

– Lâchez votre arme !

Je lève la tête et aperçois un homme à une dizaine de mètres qui tient en joue l'agresseur ; je reconnais instantanément l'inspecteur Dubon ! Miracle !

Bien que l'homme en noir soit sous le coup d'un double effet de surprise, il réagit instantanément en se jetant en arrière : en plein vol, il décoche trois tirs en direction de Dubon qui riposte au même moment. L'inspecteur a eu le temps de ne tirer qu'une seule balle quand le troisième coup de l'autre lui percute la poitrine de plein fouet, le propulsant en arrière et le faisant s'écraser au sol. La balle de Dubon a quant à elle ricoché sur la roche : il n'a pas pu ajuster correctement son tir sur sa cible mouvante.

Malgré le triste sort de l'inspecteur, je profite de sa diversion pour prendre mon élan et m'élancer sur l'agresseur. Celui-ci est en train d'achever une culbute en arrière pour retrouver ses appuis. Alors que je suis en plein vol, il se redresse et lève son arme cette fois en direction de Max !

Au moment même où il actionne la détente, je l'écrase de tout mon poids en portant un coup violent du tranchant de la main sur son bras qui tient le pistolet. Trop tard, le coup est parti. Dans la confusion de ma chute, je crois voir du coin de l'œil Maxime s'écrouler ! Non !

Je n'ai malheureusement pas le temps de m'occuper de lui pour l'instant car j'ai un gros cafard à neutraliser.

ϕ

Mon coup porté à son bras n'a pas été vain pour autant car son arme lui a échappé de la main. Nous nous redressons tous les deux en même temps, face à face, à deux mètres l'un de l'autre. Tous mes sens de karatéka se mettent instinctivement en éveil.

Sans hésiter une seule seconde, il se précipite pour récupérer son pistolet, tombé à terre à trois mètres de lui. Je m'élance immédiatement et lui décoche un puissant coup de pied dans le bras pour l'en empêcher. Il tombe à terre et riposte sans plus attendre avec un balayage qui fauche ma jambe d'appui. La situation est à présent inversée, moi au sol, lui debout au-dessus de moi. Je parviens à anticiper le coup de pied qu'il tente de m'infliger au ventre en parant le coup avec mon avant-bras ; je suis en bonne posture pour lui saisir le pied, le bloquer et le tordre afin de contraindre mon assaillant à fléchir la jambe et perdre l'équilibre. Cela me laisse juste le temps de me relever en lui lançant un puissant uppercut dans l'estomac ; le coup est d'autant plus puissant que le mouvement est accompagné par la poussée de mes deux jambes qui se déplient.

Il se courbe sous la douleur, me présentant alors son dos que je frappe de toutes mes forces avec mon coude gauche. Il parvient in extremis à éviter de s'écraser au sol en se rattrapant avec ses deux mains. Puis il se dégage de cette mauvaise posture en s'écartant sur le côté. À présent hors de ma portée, il se redresse et me toise d'un regard haineux.

Je le vois grimacer sous l'effet de la douleur des deux assauts violents que je viens de lui porter. Mais la bête est robuste car il se remet en garde en sautillant. Je présume qu'il ne s'attendait pas à une telle résistance de ma part : il semble vraiment en colère de s'être fait surprendre par mes aptitudes au combat inattendues. Tant mieux car, à terme, la colère ne lui donnera pas raison : elle lui apportera certainement un regain de force et de ténacité, mais elle troublera tôt ou tard sa lucidité et son bon sens.

Il repart à l'assaut. Nous enchaînons coups, parades, esquives et déplacements pendant une trentaine de secondes sans que ni l'un ni l'autre ne parvienne véritablement à atteindre son adversaire. C'est certainement un agent spécial du gouvernement car il est de toute évidence très entraîné au combat. Je dirais même à plusieurs disciplines différentes. Dans ses gestes et ses mouvements, je perçois en tout cas au moins du kung-fu et du karaté.

versaire enchaîna directement deux autres coups violents qui mirent Phil définitivement au tapis.

« Oh non ! Reviens à toi, Philippe, je t'en prie, reviens à toi ! » pensa Yann désespéré devant la situation à présent critique.

Plus question de se mettre à découvert pour récupérer l'arme de l'inconnu : Yann était à présent coincé. Son regard se posa alors sur le corps inconscient de Phil : il ne lui restait plus qu'une seule chose à tenter.

ϕ

Des voix différentes résonnent au loin dans mon esprit. Je ne sais plus où je suis, ni même si je suis encore vivant ou déjà mort.

« Reviens à toi, Philippe, je t'en prie, reviens à toi ! » me suggère vivement une voix.

« Allez frérot, relève-toi, sinon, on est foutu ! » m'encourage une autre.

Cette seconde voix est celle de Max. Son écho est d'une texture chaleureuse. Ces mots semblent s'engouffrer dans ma poitrine comme un élixir onctueux qui vient réchauffer mon cœur. À son contact revitalisant, je ressens comme l'effet d'une étincelle… une étincelle dont je connais à présent la nature… une étincelle qui provient d'un amour fraternel que je n'avais pas ressenti depuis fort longtemps. Maxime. C'est bien lui qui tente de remettre mon cœur en route. Avait-il cessé de battre ?

Une deuxième vague d'énergie, d'un goût différent de la première, vient inonder tout mon corps. Je ne sais pas comment, mais je devine immédiatement d'où cela provient : Yann Cardin.

Un flash soudain me parvient : je le vois caché derrière un buisson sur les rochers, juste à quelques mètres au-dessus de moi. Les yeux fermés, la main tendue en avant, il est en train d'inspirer et d'expirer profondément. Son corps tout entier est illuminé ; un rayon de lumière éclatante semble entrer en lui par le sommet de son crâne et par ses deux pieds. Yann est comme un canal qui capte les énergies de la Terre et du Cosmos et qui les concentre sur ma personne.

Une énergie électrisante quasi brûlante vient alors piquer au vif chacun de mes muscles, les remettant ainsi en fonction. Soudain, je me sens redescendre d'un coup ; je ne m'étais même pas rendu compte que je planais à plusieurs mètres du sol. J'ai l'impression de remettre une combinaison de plongée glacée encore humide de la veille.

En recouvrant mes esprits, je comprends que je ne respirais plus car mes poumons se remettent à fonctionner. Et enfin, j'ouvre les yeux et remarque que j'ai le nez plongé dans la terre.

Derrière moi, une voix se fait de plus en plus distincte au fur et à mesure que mon ouïe revient. Cette voix n'est plus celle de Maxime ni de Yann. Ça y est, je recolle les morceaux des derniers événements : l'intervention surprise mais malheureuse de l'inspecteur Dubon, le coup de feu sur Maxime et mon combat contre cet abominable individu dont je saisis au vol les propos :

– … La famille Berger est vraiment surprenante, fait-il avec un ton méprisant. J'ai bien failli me laisser surprendre par votre imbécile de frère, docteur. Mais voyez donc ça ! KO au premier round ! Allons, Monsieur Berger, ce genre de sport n'est pas fait pour les mauviettes !

Je reste immobile car je le sens juste au-dessus de moi. Il ne m'a pas vu reprendre connaissance. Comme si j'avais des yeux derrière la tête, je le devine en train de pointer sur moi son pistolet qu'il vient de récupérer.

Tous mes sens à présent revenus, la douleur vient me submerger brutalement : mon sang pulse et tambourine dans ma tempe, mon arcade et mon nez. Mes abdominaux gémissent et mes dorsaux hurlent de douleur. Arriverai-je à remettre la mécanique en route ?

Sans plus attendre, je visualise une énergie pénétrant tout mon corps et dissolvant au passage toutes mes douleurs. Il s'ensuit un regain immédiat de vitalité, de confiance et de courage.

– Dites au revoir à votre frère, Dr Berger.

En un éclair, je me retourne en lançant mon pied sur son arme qui s'en va valser dans les airs et tomber cinq mètres derrière, dans le gouffre. J'enchaîne immédiatement avec un coup de pied dans le ventre. Sous l'effet de surprise, mon adversaire n'a pas eu le temps d'assurer ses appuis ; il recule de deux bons mètres sous la puissance du coup. Son talon percute alors une pierre qui le fait basculer en arrière. Le temps qu'il se rattrape avec les mains et qu'il se redresse, je me relève et charge de nouveau sur lui.

En constatant que le bord du gouffre n'est plus qu'à deux ou trois mètres derrière lui, une idée me vient. Je prends tout l'élan possible sur les quelques mètres qui nous séparent. Pendant ce laps de temps très court, sans réfléchir, je laisse œuvrer ma pensée pour visualiser une énergie intense pénétrer mon corps par le haut de mon crâne et se concentrer dans mon poing droit.

À présent à portée, je laisse partir mon bras droit en direction de son plexus solaire ; mon bras gauche se plie vers l'arrière, faisant ainsi pivoter mon buste pour appuyer davantage le coup et renforcer sa puissance. À l'approche de mon adversaire, mon poing s'ouvre progressivement jusqu'à ce que ma main soit totalement ouverte à la verticale. Je libère alors toute l'énergie que j'ai accumulée une seconde plus tôt. Je ne perçois plus que ma main et le plexus de mon adversaire. Plus rien d'autre n'existe, le temps semble s'être figé.

Un bon vieux réflexe de karaté me fait pousser en cet instant un Kiaï rugissant, cri guerrier qui décuple ma puissance.

Au moment de l'impact, je sens dans mon bras comme une chaleur intense qui s'achemine vers le creux de ma main et qui en jaillit brutalement. Ma vue se brouille derrière un voile blanc au moment où mon bras, tel un bélier, défonce littéralement la cage thoracique de mon adversaire qui décolle du sol sous la violence extrême du coup. Il retouche terre deux mètres plus loin, tombe en arrière et disparaît définitivement dans le gouffre.

Mon corps est en feu, je reste figé quelques secondes sur ma position : mon bras droit est encore tendu devant moi, ma main toujours ouverte et ma tête baissée au creux de mon épaule droite. J'ai en cet instant la sensation d'être invincible : aucune chute ne peut briser mes os, aucune balle ne peut transpercer ma peau, aucune lame ne peut la trancher, aucune flamme ne peut la brûler. Je suis solide comme le roc.

Je souffle. Puis d'un coup, le feu s'éteint et je tombe à genoux, exténué, comme ayant couru un marathon pendant quatre heures. Les bras ballants et la tête tombante, la seule pensée que j'ai la force de formuler est pour Max. Il gît toujours à quelques mètres de moi. Mais bizarrement, je sens qu'il est encore vivant et qu'il me regarde ; je tourne alors la tête vers lui. Il me sourit en m'adressant tant bien que mal ces quelques mots :

– Salut frérot… Joli coup ! Je savais que je pouvais compter sur toi…

ϕ

Son sourire laisse place à une grimace qui traduit l'intensité de sa douleur. Sa main, portée à son flanc droit, est recouverte de sang ; ses habits en sont également imprégnés.

À la vue de cette scène tragique, l'image de Yann se levant de table pour partir me revient : quelque chose l'avait fait souffrir au même endroit. Je comprends à présent qu'il avait lui-même pressenti la blessure de Maxime.

En me relevant pour m'approcher de Max, j'aperçois Yann descendre des rochers pour me rejoindre. Nous nous agenouillons aux côtés de mon frère et, plein de remords, je m'exclame :

– Désolé, Maxime, je suis arrivé trop tard !

– Mais non, ne dis pas de bêtises. Sans toi je serais en train de croupir au fond de ce gouffre avec une balle dans la tête.

Il tousse en grimaçant de plus belle et découvre la main de sa plaie pour nous dresser l'état des lieux :

– Je ne pense pas que ce soit très grave. Je crois que la balle a traversé. Mais qu'est-ce que ça peut faire mal !

En geignant, il se tourne sur le côté gauche pour nous montrer la perforation. La balle a effectivement traversé le flanc de part en part, juste entre la hanche et la première côte flottante. À trois centimètres près, elle serait passée à côté.

– C'est une chance que tu lui aies sauté dessus au bon moment pour dévier la trajectoire du tir, ajoute Max, car sinon je ne pense pas qu'il m'aurait raté.

– Oui, continuai-je, et c'est une chance que l'inspecteur Dubon soit intervenu à temps, sinon, j'aurais été le premier à me faire abattre !

– L'inspecteur Dubon ? me demande Max.

– Oui, c'est le policier de Genève qui était chargé de l'enquête pour te retrouver. Je te raconterai tout ça plus tard ; en attendant, il faut t'emmener directement à l'hôpital car j'ai l'impression que tu perds beaucoup de sang.

Comme un enfant effrayé à la vue d'une seringue, Maxime proteste vivement :

– Non ! Surtout pas l'hôpital ! Je serais tout de suite repéré : si mon nom venait à être enregistré aux urgences, je serais immédiatement localisé. J'ai déjà eu la chance d'y réchapper deux fois, je ne vais pas me jeter dans la gueule du loup maintenant !

– Il a raison, ces types sont reliés à tous les terminaux des administrations, des banques et des commerces.

Cette voix qui ne m'est pas inconnue nous a fait sursauter Yann et moi. Je me retourne et découvre l'inspecteur Dubon debout juste derrière nous ! Non, ce n'est pas une apparition : il est bel et bien là, en chair et en os ! Heureux de le voir encore parmi nous, je me redresse et m'exclame :

– Dieu soit loué, vous êtes vivant !

– Oui, mais avec un terrible mal de crâne ! grogne-t-il.

Je remarque effectivement un sérieux hématome sanguinolent sur le côté de sa tête. En se frottant la nuque, il me regarde du coin de l'œil et grommelle :

– Tiens, Philippe Berger, comme on se retrouve… Vos vacances au bord du Tarn à Peyreleau vous sont-elles agréables ?

Je souris à sa remarque ironique et lui répond :

– Elles le seraient certainement bien plus que celles que j'ai passées en Suisse ces derniers temps. Comment avez-vous fait ? J'ai pourtant bien vu que vous aviez été touché ?!

Dubon dégrafe alors les boutons de sa veste trouée par la balle pour me montrer l'impact de celle-ci sur… un gilet pare-balles ! Mais bien sûr ! Comment n'y avais-je pas songé !

– J'ai toujours espéré que ce gilet ne me servirait pas de toute ma carrière, précise-t-il en contemplant la balle écrasée dessus, au niveau du sternum. Voilà chose faite. Il faut bien qu'il y ait un début à tout !

– Mais alors, et votre blessure au front ?

Il se retourne pour désigner du doigt l'endroit où il était étendu encore quelques minutes plus tôt :

– En tombant en arrière sous l'impact, ma tête a heurté l'un de ces satanés rochers qui m'a assommé. Après avoir réchappé à la balle, il aurait été tout de même dommage que je me tue en me brisant la nuque ! Suis-je resté longtemps inconscient ?

– Plus longtemps que moi, oui.

– Comment ça ? Je vois que vous êtes sacrément amoché aussi, que vous est-il arrivé ?

Je lui résume en deux mots l'affrontement et ma perte de connaissance, sans oublier d'insister sur le plus important :

– Vous êtes intervenu au moment où il allait tirer. Vous m'avez sauvé la vie, inspecteur, je vous dois une fière chandelle.

– J'aurais au moins servi à quelque chose car je n'ai pas été d'un grand recours pour vous aider à neutraliser cet agent. Mais apparemment, vous n'en avez pas eu besoin ! Décidément, depuis le début de cette histoire, vous et votre frère ne cessez de m'étonner un peu plus chaque jour : avoir échappé à deux reprises à un agent de la DST superentraîné relève de l'exploit !

– Un agent de la DST, dites-vous ? fais-je surpris.

– Oui, et de ce que j'en ai compris, c'en n'est pas un parmi les plus tendres, précise Dubon.

Je vois Yann qui fait subitement une grimace en fronçant les sourcils. Il se met à scruter les alentours d'un air suspicieux, au moment où l'inspecteur nous demande :

– Au fait, sans vouloir être rabat-joie, avez-vous vérifié qu'il a bien eu son compte en tombant dans ce gou…

Tout à coup, par-dessus l'épaule de Dubon, j'aperçois un vieillard sortir de nulle part, pointant sur nous un fusil de chasse en nous criant :

– À terre !

Au même instant, je vois les yeux de Dubon s'écarquiller comme s'il avait vu derrière Yann et moi un raz-de-marée arriver. Il s'élance sur nous deux en nous empoignant puissamment afin de nous projeter avec lui à terre.

En pleine chute, j'entends retentir des coups de feu dans mon dos ; des balles sifflent à quelques centimètres de mes oreilles. Deux autres détonations suivent, provenant du vieillard qui crie en même temps :

– Prends-toi ça, charogne !

Une fois au sol, je me retourne et découvre avec horreur que l'agent se tient à une dizaine de mètres derrière nous, avec son arme à la main : sous l'impact des deux coups de fusil de chasse du grand-père, son torse explose en éparpillant du sang et des bouts de chair. La puissance des coups le renvoie d'où il était revenu, tout droit dans le gouffre.

Nous l'entendons alors hurler à la mort durant les quelques secondes de sa chute :

– Bergeeeeeer !

Un bruit sourd, puis… plus rien.

ϕ

Nous accourons au bord du trou pour voir cette fois ce qu'il est advenu de notre agresseur tenace. La lumière du soir est encore suffisante pour l'apercevoir vingt mètres plus bas, les membres désarticulés et le crâne fracassé sur les rochers. Cette fois, il semble bien mort. Mais comment a-t-il pu y réchapper la première fois ? En y regardant de plus près, cinq ou six mètres juste en dessous de moi, je distingue un rocher sur lequel a poussé un petit arbre. À en voir les branches cassées, c'est à cet arbre qu'il a dû se raccrocher lors de sa première chute. Je ne vois pas d'autre possibilité.

Nous nous retournons vers notre sauveur de dernière minute : il arrive en marchant, occupé à glisser deux nouvelles cartouches dans son fusil. Nous l'entendons grommeler dans sa barbe :

– Nom de d'là, je m'en vais lui montrer de quel bois je

me chauffe, à celui-là.

Arrivé à notre hauteur, il nous demande de nous pousser, referme son fusil d'un geste sec et jette un œil en bas. Alors qu'il s'apprêtait à décocher une salve supplémentaire sur le cadavre, Dubon le raisonne :

– C'est bon, c'est bon, on se calme… c'est fini, il a eu son compte, vous pouvez baisser votre arme.

Il recule en baissant son fusil. À moitié satisfait, il marmonne avec une moue désapprobatrice :

– Je me méfie toujours de la viande qui dort, vous savez.

Encore sous le coup de la surprise d'avoir vu débarquer cet énergumène, j'allais l'interroger quand j'entends Max prendre la parole avant moi :

– Salut Maurice ! Tu tombes à pic !

En apercevant Maxime, le visage du vieil homme jusque-là sombre et austère s'éclaire soudainement :

– Lui aussi, il est tombé à pic ! Ah ! Ah ! rit-il en désignant le gouffre d'un hochement de tête.

En adoptant un air fier et sûr de lui, il se tourne vers Dubon et déclare :

– Je vous avais bien dit que je pouvais vous aider, inspecteur ! On a toujours besoin d'un Momo avec soi ! ajoute-t-il en caressant son fusil.

Nous rions tous de bon cœur, autant amusés par le tempérament de ce vieux lascar que par nervosité. Cela a le mérite de faire retomber la pression et d'évacuer le stress accumulé au cours de ces dix dernières minutes.

Le rire de Maxime se transforme alors en un râle de douleur. L'entendre geindre ainsi nous rappelle à tous qu'il faut à présent s'occuper rapidement de son cas.

Yann propose sans hésiter :

– Si nous ne pouvons pas l'emmener à l'hôpital, amenons-le déjà chez moi, nous trouverons bien une solution d'ici-là.

– J'appelle immédiatement un médecin que je connais

sur Genève, intervient Dubon. Il travaille souvent pour nous en cas de besoin urgent ou de confidentialité.

– Avant de partir, il faut absolument récupérer la grosse mallette métallique que vous trouverez derrière le rideau au fond du local que j'ai retapé, insiste Max.

– Entendu, acquiesce Maurice qui part s'y rendre dans la foulée.

– On peut prendre mon utilitaire, ajoute Max. Comme ça, je pourrais m'allonger à l'arrière. Il est garé là-bas, les clés sont dessus.

Yann et moi le portons jusqu'à son Citroën Berlingo dans lequel nous l'allongeons délicatement. Maurice revient avec la mallette et une couverture qu'il nous tend afin de couvrir Max.

Dubon revient l'air déçu :

– Bon. Ce ne sera pas si simple. Je suis tombé sur le répondeur : notre cher médecin est actuellement en congé jusqu'au 2 septembre. J'ai bien essayé d'en contacter un autre mais sans succès non plus. Je crois qu'il ne me reste plus qu'à trouver le médecin de garde le plus proche. Je ne vois pas d'autre solution.

Dubon prend le volant, Maurice monte à son côté, alors que Yann et moi restons à l'arrière avec Max.

Sur le chemin qui redescend vers le parking, Yann propose :

– Maxime, je vais t'aider à t'endormir quelques instants, ça t'évitera de trop souffrir. Pendant ce temps, je te ferai un soin énergétique qui te réchauffera et limitera le saignement. Ça te permettra de tenir jusqu'à l'arrivée d'un médecin, d'accord ?

– Entendu. Merci, Yann.

Yann applique la main gauche sur le front de Max, puis l'autre main délicatement sur la plaie. Il ferme les yeux et se concentre.

Mon frère tourne alors la tête vers moi. Malgré sa douleur, il me sourit et me demande :

– Tu les as rencontrés tous les cinq, n'est-ce pas, Phil ?

– Oui.

Ses yeux brillants laissent couler une larme le long de sa joue. Ses paupières se font lourdes et, avant de s'endormir, il soupire ces derniers mots :

– Alors je sais que tout ira bien car je suis entre de bonnes mains, oui… de bonnes mains…

ϕ

Arrivés à hauteur de la Polo, j'aperçois juste à côté une autre voiture que je reconnais instantanément : c'est la Golf de Dubon avec laquelle il est venu chez moi, il y a quatre jours. Ce dernier s'arrête et, avant de descendre, il nous explique :

– Je récupère mon véhicule pour descendre directement en ville chercher un médecin. Je vous laisse ma carte avec mon numéro de portable, au cas où vous auriez besoin de m'appeler.

Yann lui donne son adresse à Bursinel afin que l'inspecteur puisse nous rejoindre là-bas. Avant qu'il parte, je lui dis :

– Merci pour tout, inspecteur.

Ma reconnaissance sincère semble le toucher car, au moment où il s'apprêtait à sortir, il se retourne, me regarde dans les yeux et me dit :

– Tu peux m'appeler Franck car, en cet instant, je suis Franck Dubon et rien d'autre…

Ne trouvant rien à redire, j'acquiesce d'un simple hochement de la tête. Paradoxalement, j'ai l'impression qu'un lien de confiance vient de s'établir entre nous deux. Un lien qui laisse entrevoir une future collaboration ou une future amitié, qui sait ?

Je reviens à l'instant présent en proposant :

– OK. Je prends le volant à ta place. Yann, peux-tu rester à l'arrière avec Max pendant le trajet ?

Concentré sur son soin, il m'adresse un simple signe affirmatif de la tête. Je descends et monte devant. Maurice, toujours assis à la place du passager, désigne la Polo du doigt et me demande :

– C'est votre voiture ?

– Oui, en effet.

– Donnez-moi les clés, je vous la ramène, si vous voulez.

– D'accord, merci.

En lui tendant les clés, un dernier détail me vient à l'esprit :

– Au fait, que faisons-nous du corps de l'agent et de sa voiture ?

– Je m'en occuperai plus tard dans la nuit, me rassure Maurice. Il est bien où il est, personne ne viendra le chercher dans son trou. Quant à la voiture, j'ai un copain carrossier en Italie qui sera ravi de la recycler !

Ce vieillard est vraiment épatant. J'aimerais bien avoir un voisin comme lui !

Yann et moi nous retrouvons ainsi tous les deux dans le Berlingo avec Max qui est à présent profondément endormi. Je me remets en route.

ϕ

En y repensant, je me demande encore comment nous avons pu nous en tirer vivants. Certes, tout le monde ne finit pas en pleine forme, mais tout de même !

Je jette un œil dans le rétroviseur central pour voir à quoi ma tête ressemble après tout cela. Eh bien, ce n'est pas fameux ! On dirait Rocky Balboa à la fin de son ultime combat ! J'essuie avec mon bras le sang séché qui a coulé de mes narines et de mon arcade sourcilière droite. Le coup de tête que j'ai pris sur le nez a certainement dû fracturer quelque chose là-dedans. Je tâtonne mon arcade en constatant qu'une grosse croûte s'y est formée. Pour ce genre de sport, mieux vaut ne pas être hémophile !

En chemin, je ressasse les images des derniers événements riches en rebondissements, en émotions et en souffrances.

Ce défilement s'arrête sur une image où je revois Yann avec un comportement étrange. En regardant dans le rétroviseur, je lui demande :

– Yann, je me souviens t'avoir vu inquiet et mal à l'aise juste avant la réapparition de l'agent. Avais-tu senti quelque chose ?

Il ouvre les yeux et me répond :

– Oui. J'ai senti comme une aiguille glaciale pénétrer dans le périmètre de mon corps éthérique. Cela m'a fait l'effet d'un glaçon que l'on m'aurait glissé dans le dos. Il m'arrive de ressentir ce genre de chose au contact de personnes malfaisantes animées par de sombres pensées.

– Tu as vraiment le sens araignée de Spider-Man !

Il ne rit pas pour autant à ma boutade :

– Tu sais, ce n'est pas toujours facile de vivre avec. L'extrasensibilité ouvre à des perceptions fabuleuses mais aussi parfois à des choses douloureuses et même dangereuses. Il ne faut pas croire que les mondes subtils ne soient peuplés que de phénomènes bienfaisants et d'êtres lumineux. Les forces de l'ombre y sont également à l'œuvre, tout comme dans le monde physique, d'ailleurs. Nous pouvons apprendre à nous en protéger et à les combattre. Mais la meilleure chose à faire est encore de les ignorer et de se concentrer sur la lumière et l'amour. D'ailleurs, je crois que tu l'as toi-même compris, tout à l'heure, non ? Au moment où tu as infligé le coup de grâce, j'ai senti comme une déflagration d'énergie provenant de toi.

– Oui. J'ai instinctivement visualisé une énergie intense traverser mon bras pour porter mon coup.

– Ce que tu as vécu ces derniers jours t'a permis de faire sauter bon nombre de certitudes et de freins que ton mental t'imposait. Ton esprit libéré s'ouvre à présent à de nouvelles perceptions et un nouveau potentiel. Reçois avec humilité ce cadeau que tu t'es toi-même offert, Phil. Tu as également ressenti l'intervention de Max et la mienne au moment où tu étais inconscient, n'est-ce pas ?

– Oui, celle de Max d'abord et la tienne ensuite. Je tiens d'ailleurs à te remercier car, sans toi, je n'aurais sans doute pas repris connaissance à temps.

– Max y a aussi consciemment contribué. L'amour qu'il t'a envoyé a permis de faire réagir le plus profond de ton être, sans quoi ma contribution énergétique n'aurait sans doute pas suffi. Tout cela te montre que nous pouvons tous donner de l'énergie à ceux qui en ont besoin. Et nous pouvons le faire d'autant plus intensément que notre conscience est ouverte aux sphères subtiles, à l'amour et à la vie.

Tous les éléments du puzzle sont à présent en place dans mon esprit. Je n'ai jamais ressenti une telle clarté dans mon être, tout est limpide. J'ai l'impression d'être plus léger et plus grand. Cela génère un fabuleux sentiment que je perçois de plus en plus intensément depuis le début de cette aventure : le bonheur.

Le soleil est à présent couché. Je contemple l'horizon sous ses couleurs dégradées, du rouge pourpre au bleu profond de l'espace. Soudain, je me mets à penser à Gladys. Son visage m'apparaît distinctivement sur la vitre du conducteur, comme mon propre reflet dans un miroir. Je sens sa chaleur comme si elle était juste à mes côtés. J'entends sa voix comme si elle m'appelait. Je sens le souffle de son murmure sur mon oreille. Je soupire.

ϕ

Nous arrivons enfin à Bursinel. En traversant le bourg, mon attention se porte involontairement sur l'auberge du village. Du coin de l'œil, je vois une personne en sortir et se diriger vers sa voiture. Mon regard revient sur ma route et je réalise à cet instant qui est cette personne. Je freine brusquement, en oubliant pour le coup de ménager mon frère à l'arrière. Maurice, qui me suit avec la Polo, a bien failli m'emboutir dans le même temps. La femme de mon ami Jérémy aurait été contente !

Je me gare sur le bas-côté et descends de voiture pour me diriger vers cette personne qui, comme je le pensais, s'avère bien être une femme. Je l'interpelle :

– Gladys !

Elle se retourne et, en me voyant, son visage s'illumine :

– Phil ! Dieu merci tu es là !

Je cours à sa rencontre et, je ne sais pour quelle raison, nous écartons en même temps les bras pour nous étreindre. En voyant l'état de mon visage, elle s'exclame affolée :

– Que t'est-il arrivé ?

– Rien de grave, ça va, ne t'inquiète pas, la rassurai-je. Mais que fais-tu là ?

– En fait, après ton départ, je n'ai cessé de tourner en rond dans mon appartement. Un mauvais pressentiment me disait que j'aurais dû venir avec toi. En milieu d'après-midi, ce sentiment était devenu insoutenable, alors je suis partie dans l'idée de te rejoindre.

– Mais comment as-tu su que j'étais là ?

– Je savais que tu devais rencontrer Yann Cardin et je me suis souvenue de l'endroit où il habitait : je l'avais lu sur la liste que tu m'avais montrée. As-tu retrouvé Maxime ?

– Oui, mais il est mal en point. Il a pris une balle dans le ventre.

Son affolement se transforme alors en panique :

– Comment ?! Mon Dieu, où est-il ?

– Là, dans le véhicule, nous l'emmenions chez Yann Cardin qui est avec moi.

J'ouvre les portes arrière du Berlingo ; elle grimpe immédiatement aux côtés de Max. Les présentations entre elle et Yann sont rapides. Elle ne perd pas un seul instant pour ausculter mon frère. Yann lui explique les soins énergétiques qu'il lui a jusque-là prodigués :

– Je l'ai endormi pour ralentir l'hémorragie et le libérer momentanément de la douleur. J'ai tant bien que mal contenu le saignement par mes soins énergétiques, mais je crois que ce n'est pas suffisant. Il perd encore du sang. Si nous ne parvenons pas à stopper l'hémorragie rapidement, cela risque de devenir critique.

– Bon, on va s'y mettre à deux. Phil, merci d'attraper la sacoche médicale que tu trouveras à l'arrière de ma voiture et ramène-nous chez Yann, nous y serons plus à l'aise. Je savais bien qu'il fallait que je prenne mon nécessaire à couture !

Arrivés chez Yann, nous sortons mon frère de la voiture et allons l'étendre sur la table du salon. Maurice nous accompagne sans dire mot. Gladys demande à Yann d'insuffler le maximum d'énergie vitale à Max pour augmenter son taux vibratoire interne. Puis elle appose ses mains sur la blessure et se concentre en respirant profondément.

Après une dizaine de minutes, elle retire ses mains. Et là, je crois halluciner en constatant que le saignement a cessé et que le sang a littéralement séché. Les rougeurs qui entouraient la plaie quelques instants plus tôt se sont bien atténuées. La respiration de Maxime est à présent régulière. Au toucher de ses mains, sa température corporelle semble avoir remonté.

Max ouvre alors les yeux : en apercevant Gladys, il sourit et lui dit :

– Merci d'être venue, Gladys. Et merci à tous les quatre.

– Je vais à présent te recoudre. Mais ne t'en fais pas, tu ne sentiras quasiment rien.

– Je sais.

Je n'en reviens toujours pas de la rapidité avec laquelle la plaie a évolué en quelques minutes. On dirait que cela fait trois jours que la blessure s'est produite !

Constatant que mon frère est à présent tiré d'affaire, j'emprunte le portable de Yann afin de prévenir Franck. Ce dernier décroche immédiatement :

– Oui ?

– C'est Philippe.

– Comment se porte Maxime ?

– Bien. Même très bien. Je crois que tu peux revenir : nous n'aurons pas besoin de médecin ce soir. Nous avons tout ce qu'il faut sur place… et même bien plus.

33.

Un quart d'heure après, Franck Dubon nous rejoint. Gladys a fini de suturer la blessure de Max et s'affaire à présent sur son visage, en commençant par le nettoyer de son sang. Des points de suture ici et là seront également nécessaires. Pendant qu'elle continue ses soins, j'explique à Franck comment Gladys et Yann ont procédé pour soigner mon frère.

– Eh bien ! s'exclame Franck. C'est une chance que tu aies croisé cette femme. Encore une coïncidence qui vient s'ajouter à toutes celles que j'ai vécues aujourd'hui !

Je ne formule aucun commentaire en réponse à sa remarque, mais je sais qu'il ne s'agit pas vraiment d'une coïncidence. Si Gladys a décidé de venir ici, c'est parce que son intuition l'a poussée à le faire et que c'est une personne qui est habituée à s'y fier. Au même titre que Yann, d'ailleurs.

– Suite aux derniers événements, reprend Franck à l'attention de tous, nous devons faire un point sur la situation. Nous avons plusieurs choses : un agent du gouvernement français mort au fond d'un gouffre ; la voiture avec laquelle il est venu ; un physicien ici présent toujours recherché par la DST et un membre de sa famille, également connu pour avoir tenté de le secourir. Autant vous dire qu'on n'est pas encore à l'abri ! Sans oublier le fait que les Renseignements français savent à présent où trouver le pied-à-terre de Maxime à l'ancienne chartreuse. Les connaissant, dès demain matin, n'ayant pas reçu le rapport de leur agent, ils en enverront un autre sur place pour enquêter sur sa disparition. Autant vous dire que nous avons tout intérêt à laisser le minimum d'indices et surtout à dissimuler le cadavre et récupérer la voiture cette nuit.

– Je vais m'en charger, propose Maurice. Après tout, c'est moi qui ai envoyé cette tarte au plomb au fond du trou.

– Très bien, accepte Franck. Je viens avec vous pour vous donner un coup de main. Nous aurons aussi à récupérer toutes les affaires personnelles de Maxime.

– Vous aurez vite fait, les rassure Max. Je n'avais que le strict minimum pour camper, ainsi que quelques outils.

– Tant mieux, reprend l'inspecteur. Je veillerai également à effacer les traces de nos véhicules sur le parking, à ramasser les douilles de balles et nettoyer toute tache de sang visible. Plus on brouillera les pistes, mieux ce sera. Il est évident qu'il ne faudra pas revenir sur les lieux avant plusieurs mois, le temps que l'affaire soit classée.

Jamais je n'aurais eu le réflexe de me préoccuper de tout cela ! Mais bon, c'est normal qu'il y pense, c'est son métier.

Après une courte pause de réflexion, Franck reprend :

– Quant à Maxime, continue-t-il en s'adressant plus particulièrement à mon frère, la galère commence. Tu es condamné à vivre dans l'anonymat le plus complet, à l'abri des yeux du gouvernement et de toutes ses instances.

– Je me suis déjà préparé à cette éventualité depuis plus d'un an, précise Max.

– Il va falloir que tu changes d'identité, ajoute l'inspecteur. Je dois pouvoir me débrouiller pour te fournir de nouveaux papiers. Dans les fichiers officiels, j'inscrirai également Maxime Berger comme définitivement porté disparu. De cette manière, tu dois pouvoir être tranquille le temps de laisser passer l'orage, moyennant de rester très discret.

Il se tourne pour à présent s'adresser à moi :

– Te concernant, je t'aiderai à construire un alibi en béton pour justifier ton rôle dans cette histoire. Il est fort probable qu'une contre-enquête soit ouverte pour élucider les disparitions de l'agent et de Maxime. Je ferai également tout ce qui est en mon pouvoir pour enterrer le maximum d'éléments concernant cette affaire.

– Cela n'est-il pas risqué pour ton matricule ? lui demandai-je.

– Si, bien sûr. Mais je savais déjà, il y a trois jours, à quoi je m'exposais en décidant de continuer l'enquête en sous-marin, alors que l'agent de la DST me l'avait officiellement retirée. Il est à présent aussi dans mon intérêt d'étouffer l'affaire.

– Mais au-delà de ça, qu'est-ce qui t'a poussé à vouloir continuer l'enquête et pourquoi nous apporter tant de soutien ?

– Ça me paraît pourtant évident ! me répond-il en haussant les épaules. Tout simplement parce que Maxime n'a commis aucun délit répréhensible par la loi et qu'il est donc innocent. Dès le début, j'ai eu la forte intuition qu'il était victime d'un abus d'autorité de la part du gouvernement. J'ai alors mené mon enquête qui a confirmé cette intuition. Mon devoir moral est de protéger les innocents des nuisances d'autrui, quels qu'ils soient. Je me fous totalement des motivations de cet agent et des ordres qu'il a pu recevoir. Il est anormal que les services secrets se permettent tout ce qu'ils veulent en faisant porter le chapeau au premier venu, surtout à des innocents. Je n'ai jamais supporté cette façon d'agir et je ne l'accepterai jamais. C'est plus fort que moi.

Il fait une pause en poussant un gros soupir qui en dit long sur son sentiment d'injustice. Il finit par reprendre avec conviction :

– Et je vous rappelle quand même que ce type m'a tiré sauvagement dessus sans même avoir pris le temps de savoir qui j'étais ! C'était un fou dangereux ! Cela suffit en soi pour avoir une dent contre les sales méthodes des services secrets du gouvernement français, non ?!

Certes, ce qu'il vient de dire là se défend tout à fait. Dans sa réflexion, Maxime plisse les yeux et demande :

– Quand tu dis avoir mené ta propre enquête, qu'as-tu découvert au juste ? Comment t'y es-tu pris ?

– J'ai d'abord eu la chance de pouvoir interroger ton collègue du Cern, le Dr Quark. Tu pourras d'ailleurs le remercier car c'est grâce à lui que j'ai pu remonter la piste jusqu'à toi. En revanche, tu peux maudire le Dr Becket car c'est lui qui est à l'origine de toute cette histoire. C'est une taupe des Renseignements français chargée de surveiller les travaux en cours au Cern.

– Becket ?! Jamais je n'aurais imaginé ça de lui ! Il cachait bien son jeu ! Comment as-tu pu découvrir que c'était lui ?

Franck se lance alors dans le descriptif des étapes de son enquête. Maxime semble à chaque phrase impressionné de l'intelligence de ses hypothèses et surtout de la justesse de ses déductions.

– Vraiment surprenant ! s'exclame mon frère. Moi qui pensais avoir tout fait pour brouiller les pistes ! Tu as finalement tout compris !

– Pas sans difficulté pour autant. On peut dire que tu m'as vraiment donné du fil à retordre. Et puis, de toute façon, je n'y serais pas arrivé sans l'énorme concours de circonstances de ma rencontre avec Maurice au bar de l'hôtel-restaurant d'Arzier ! Avec en plus son intervention de dernière minute qui nous a tous sauvés, je crois qu'on peut doublement le remercier !

Nous adressons tous un beau coup de chapeau à Maurice qui semble tout ému par cet hommage collectif sincère.

ϕ

– Bon ! conclut Franck en se tournant vers Maxime. Je crois qu'il est temps que Maurice et moi allions nous charger du nettoyage. Maxime, tu as mes coordonnées, tu peux me joindre quand tu veux. Je pense que j'aurai les papiers de ta nouvelle identité d'ici trois semaines. On s'organisera un rendez-vous pour que je te les transmette, d'accord ?

– D'accord, accepta Max. Encore merci pour tout.

– Je ne repasserai pas par ici, précise Franck, je rentrerai directement sur Genève. Alors je vous dis à tous au revoir.

Nous le saluons également. Sur le seuil de la porte, il se retourne en levant le doigt et demande :

– Une dernière chose, s'adresse-t-il une nouvelle fois à Max. J'ai une seule question à laquelle je n'ai pas pu répondre : qu'as-tu demandé à Philippe de récupérer de si important dans ton appartement ?

– Une liste de cinq noms de personnes à rencontrer avant de me retrouver, dont Gladys et Yann font d'ailleurs partie.

– Vraiment ? s'étonne Franck de cette réponse qui soulève certainement plus de questions qu'autre chose.

Ému, Max me regarde d'un air reconnaissant avant de s'expliquer :

– Au travers de ces rencontres, l'idée était d'apporter en quelques jours à mon frère un concentré d'information que j'ai moi-même mis plusieurs années à découvrir et à comprendre.

– De quel genre d'information s'agit-il, si ce n'est pas indiscret ?

Max regarde Franck d'un air énigmatique et lui répond :

– C'est assez long à expliquer. Je crois que cela pourra justement faire l'objet de notre prochain rendez-vous, non ?

– Oui, tu as raison. Gardons ça pour plus tard. La journée a déjà suffisamment été chargée pour tout le monde. Cela dit, un dernier petit conseil, ajoute-t-il avec un air taquin : la prochaine fois que tu fais une découverte scientifique démente, essaye d'éviter les ennuis !

– Promis, je ferai encore plus attention, sourit-il.

– À ce propos, je ne t'ai même pas demandé ce que tu avais découvert de si faramineux pour que la DST s'en mêle à ce point ?

Maxime nous regarde à tour de rôle , hésitant à dévoiler le secret qu'il garde sans doute pour lui seul depuis plusieurs années. Nous sommes tous pendus à ses lèvres, impatients de connaître sa réponse. Après quelques secondes, le regard perdu dans le vide comme s'il sondait la portée future de ses expériences, Maxime murmure :

– Je n'ai rien découvert du tout. Je n'ai fait que mettre physiquement en évidence un phénomène déjà connu et maîtrisé par les initiés de toutes les époques et de toutes les civilisations. J'ai scientifiquement démontré l'influence de la pensée sur la matière.

34.

Suite à l'exaspération générale suscitée par sa révélation, Maxime manifeste sa fatigue au travers d'un bâillement qui se termine en grimace :

– Je vous propose de reparler de tout cela demain car je n'ai plus la force de tenir une conversation. Une bonne nuit de sommeil me fera le plus grand bien. La soirée a plutôt été mouvementée.

– Et comment ! approuvai-je. Tu as raison, il te faut reprendre des forces.

Après le départ de Franck et Maurice, Yann, Gladys et moi aidons Maxime à rejoindre sa chambre pour se coucher. Une fois certains qu'il va bien et qu'il peut à présent dormir en paix, nous revenons au salon discuter. Yann nous amène de quoi nous restaurer un peu, puis nous prenons enfin le temps de raconter à Gladys les détails des dernières hostilités.

Afin de faire plus ample connaissance, Yann parle de géobiologie à Gladys qui, en retour, lui présente ses activités bioénergétiques. Nous discutons également de l'importance de la découverte de Maxime qui pourrait radicalement changer la face du monde. Nous exprimons tous les trois notre impatience de l'entendre nous expliquer ses travaux en détail.

Vers minuit, nous décidons d'aller dormir. Yann nous

montre nos chambres puis il part se coucher. Avant d'en faire de même, Gladys et moi prenons le soin de nous assurer que Maxime va bien. Nous le trouvons profondément endormi, sa respiration est calme et régulière.

– Il va bien, confirma Gladys après avoir délicatement posé la main sur son front. La guérison continue activement d'opérer pendant son sommeil, ajoute-t-elle. Ton frère est décidément plein de ressources ; ce n'est pas un novice en matière de guérison, c'est évident.

– Je vais rester quelques instants à ses côtés, lui dis-je.

Gladys porte alors son attention sur les blessures de mon visage :

– Je regarde tes plaies depuis tout à l'heure et je me dis qu'elles feraient bien d'être nettoyées. Je vais chercher mon attirail et je reviens.

– Non, ne t'embête pas, je nettoierai ça demain sous la douche.

Avec l'air impartial d'une mère qui ne veut pas laisser le choix à son enfant casse-cou, elle insiste :

– Tu ne vas pas dormir dans cet état, tout de même ! Je vais te soigner, allez hop !

Elle s'absente quelques instants et revient avec son nécessaire à couture, dont elle déploie les instruments de torture sur la commode. Malgré le bruit, Max dort toujours à poings fermés.

ϕ

Je suis confortablement installé dans le fauteuil à côté de la fenêtre. Elle attrape une chaise, s'installe en face de moi, puis commence à nettoyer mes plaies avec du coton humidifié.

– Ton arcade a pris un sacré coup, commente-t-elle. Je vais devoir te faire quelques points de suture, sinon, elle se rouvrira.

– Je vous confie mon corps, Dr Gauss.

Elle sourit à ma taquinerie. Finalement je suis content de me faire soigner. Elle opère consciencieusement pendant quelques minutes. Je ne ressens aucune douleur, ne serait-ce que la simple vibration de l'aiguille et du fil qui glissent dans ma peau. Une fois la plaie recousue, elle achève le nettoyage et applique un pansement de protection.

Elle s'attaque à présent à mon nez. Elle ferme les yeux deux ou trois secondes avant de déclarer :

– Il faudra faire une radio ; il semblerait bien qu'il y ait quelque chose de cassé là-dedans. Rien de grave, mais il faudra quand même vérifier.

– Entendu. Merci Gladys.

Elle m'adresse un sourire chaleureux en guise de « il n'y a pas de quoi ». Puis elle continue délicatement le débarbouillage du sang qui a coulé le long de mes joues, de mes tempes et de ma mâchoire, jusque dans mon cou.

Légèrement décalé sur ma droite, son visage est à vingt centimètres du mien, à même hauteur. Je sens son souffle sur ma peau. Ses doigts de fée s'y promènent pour en masser chaque centimètre carré. Mon regard pointe dans le vide, droit devant moi. Je savoure chaque apposition du coton qui génère systématiquement un léger frisson traversant ma tête, ma nuque et ma colonne vertébrale. Littéralement électrisé par cette vibration, mon regard se réactive. Mon cristallin corrige son épaisseur pour rendre nette l'image de sa nuque dégagée. Sans tourner ma tête, mes yeux suivent lentement les contours de son oreille, de sa tempe, de son arcade sourcilière, de son front puis je finis enfin par plonger dans l'immensité de ses yeux.

Toujours concentrée à suivre le mouvement de son coton sur mes joues, elle ne remarque pas immédiatement que je fixe à présent ses iris bleu turquoise. Je m'enivre de sa beauté naturelle qui se laisse capturer à son insu durant quelques secondes.

Elle fait à présent glisser le coton sur le haut de mes lèvres pour essuyer le sang qui a coulé de mon nez. Après avoir répété plusieurs fois son geste pour tout enlever, sans même croiser mon regard, elle devine que je la contemple. Elle ralentit en effet son mouvement, jusqu'à le stopper complètement à l'instant où ses yeux plongent dans les miens. Je tourne ma tête vers elle.

Mon regard glisse alors vers ses lèvres, de même que le sien glisse vers les miennes qui à présent doivent être propres. Elle retire doucement le coton qu'elle tenait toujours appuyé sur le coin de ma bouche. Tels deux aimants irrésistiblement attirés l'un vers l'autre par leur magnétisme complémentaire, nos visages s'approchent jusqu'à ce que nos lèvres se frôlent.

L'instant est divin. Toutes les cellules de mon corps sont en feu et vibrent à l'unisson. Sa main vient caresser ma joue pendant que la mienne ose explorer la douceur de sa nuque. Nous sublimons chaque effleurement de nos lèvres pendant quelques secondes encore… secondes d'une extrême sensualité qui marquent une mémoire à vie... secondes que notre cœur imprime pour l'éternité.

Nos visages s'éloignent de quelques centimètres l'un de l'autre pour se contempler. Hypnotisé par ses lèvres empreintes d'un léger sourire passionnel, les miennes ne peuvent s'empêcher de lui souffler :

– Est-ce ainsi que tu soignes tous tes patients ?

– Non… seulement ceux qui me font vibrer…

Puis nous nous lançons dans un long baiser incandescent pendant lequel nos papilles s'embrasent en glissant les unes contre les autres. La douceur sucrée qu'elles perçoivent leur rappelle le goût subtil et onctueux de l'amour. Cette fois, nous ne résistons pas à l'envie de nous étreindre plus intensément.

Cette fusion passionnelle s'achève dans un état d'exaltation intérieure qui submerge tous mes sens.

Elle finit par se lever de sa chaise afin d'aller ranger ses affaires. Je porte la main à mon arcade à présent recousue et dis :

– Merci pour le raccommodage et… pour ce lavage au rouleau toutes options …

Elle sourit à ma plaisanterie en me regardant :

– Le coton ne suffisait plus, alors il a bien fallu trouver un autre moyen pour terminer le travail…

Son rire me comble de joie et de chaleur. Elle se penche vers moi et m'embrasse sur le front avec une sensualité qui m'enivre une nouvelle fois. Dans un murmure, elle me souffle :

– Bonne nuit, Phil. Je crois que nos rêves seront beaux.

– Oui. Bonne nuit, Gladys.

Une fois partie, mes pensées restent accrochées à elle comme un scratch à du velcro. Je repasse ce fabuleux moment des dizaines de fois dans ma tête.

Mes paupières se font lourdes et mon corps se recroqueville dans le fauteuil. La dernière image que je vois est celle de mon frère calmement endormi, superposée au visage lumineux de Gladys qui me sourit.

XI
Maxime Berger

35.
5e jour.

8 heures. Maxime Berger sort doucement de son sommeil. Sa blessure au flanc droit lui rappelle les événements tumultueux de la veille.

En ouvrant les yeux, il constate que Phil s'est endormi dans le fauteuil placé à côté de la fenêtre. Maxime le contemple quelques instants. Après tant d'années de séparation, il est heureux que son grand frère soit de nouveau à ses côtés. Fier du parcours que celui-ci a accepté d'entreprendre pour le rejoindre, il est aussi reconnaissant envers lui de l'avoir sauvé. Max n'avait jusque-là jamais réalisé la puissance d'un tel geste : sauver la vie de quelqu'un au péril de la sienne représente certainement l'acte donateur qui témoigne le plus de considération et d'amour envers l'autre.

ϕ

J'ouvre un œil en constatant que je suis affalé n'importe comment dans le fauteuil qui a finalement servi de panier à la bête toute la nuit. Il ne me manque plus qu'un os en caoutchouc et un chausson déchiqueté pour compléter le tableau.

En bougeant, je jette un œil à Max et constate qu'il est éveillé. Son air joyeux me laisse penser qu'il va bien :

– Bonjour, Phil, me salue-t-il.

Tout en bâillant et en m'étirant, je lui réponds :

– Salut. Comment te sens-tu, ce matin ?

– Frais comme un gardon ! Trois cents pompes, un jogging et ça repart !

– Bon, je vois effectivement que ça va mieux !

– Tiens, je suis sûr que je suis capable de me lever tout seul, m'avance-t-il en posant ses deux pieds par terre.

– Fais quand même attention…

– Il faut bien que j'aille aux toilettes, non ?

– Alors laisse-moi te donner un coup de main… seulement pour marcher, cela va de soit.

Je l'attrape par le bras afin de le soutenir un minimum. Je constate qu'il marche en effet beaucoup plus facilement qu'hier soir.

Après nos pauses techniques respectives, nous allons nous asseoir dans la salle à manger. Nous sommes les premiers debout. Je suis déjà impatient de revoir Gladys.

En attendant les autres, Max me propose :

– Alors, si tu me racontais tout depuis le début ? Tu n'en as pas trop bavé avec toute cette route ?

– S'il n'y avait eu que la route, cette balade aurait été un réel plaisir ! En tout cas, quand j'ai reçu ta lettre, j'ai vite oublié l'idée de passer des vacances tranquilles au bord du Tarn, à me la couler douce au soleil !

Je me lance dans ma longue histoire en lui racontant chaque étape de ma quête depuis que je suis parti de Peyreleau.

Max écoute sans m'interrompre pendant une vingtaine de minutes. Il sourit parfois en réaction à ma façon humoristique de parler du meilleur comme du pire.

Mon résumé terminé, au moment où Max allait prendre la parole, Yann et Gladys nous rejoignent. Mon cœur bondit dans ma poitrine en la voyant entrer dans la salle à manger. Je constate avec grand bonheur qu'elle a troqué son short de la veille contre une somptueuse robe d'été bleu ciel à petits pois blancs. Sur le haut du corps, celle-ci épouse parfaitement les formes équilibrées de sa poitrine et la finesse de son tour de taille. Mon regard glisse discrètement vers le bas, surfant une seconde sur les vagues du vêtement qui ondule librement juste au-dessus de ses genoux. Cette robe me rend dingue ! Dans un dessin animé de Tex Avery, ma tête serait rouge écarlate, ma mâchoire tomberait brutalement sur la table, en laissant dérouler une longue langue et des jets de vapeur sortiraient de mes narines ainsi que de mes oreilles ! Je souris en remarquant que sa queue de cheval est tenue par une large barrette fantaisie, décorée avec des pop-corn vernis. Son visage est radieux, j'ai l'impression qu'elle est un ange tout droit sorti de mes rêves.

Nous nous saluons tous les quatre. Ils sont ravis de constater que Max se porte beaucoup mieux ce matin. Gladys et moi nous adressons une paire de bises discrètement appuyée. Elle s'assied à côté de moi ; notre proximité a pour effet de porter instantanément mon sang à ébullition. Je parviens tant bien que mal à contenir l'irruption volcanique. Combien fait-il, dans cette pièce ? 40°C ? 50°C ?

Yann nous toise alors tous les deux d'un regard décalé et diffus pendant quelques secondes. Puis il finit par nous adresser un chaleureux sourire. À son air malicieux, je ne serais pas étonné que ses yeux clairvoyants aient remarqué quelque chose de changé dans les couleurs de notre aura émotionnelle.

Ne semblant pas avoir remarqué quoi que ce soit, Max s'adresse alors à Yann et Gladys :

– Phil vient juste de finir de tout me raconter.

« Erreur, je ne t'ai pas tout raconté… » me dis-je intérieurement, en repensant au formidable moment que j'ai passé hier soir avec Gladys.

Max poursuit :

– Et je suis heureux de constater que vous, ainsi que les trois autres personnes de la liste, avez bien rempli votre rôle, souligne-t-il reconnaissant.

Puis, il tourne la tête vers moi et me fait remarquer :

– D'après ce que tu m'as dit avoir découvert et ressenti au cours de ton voyage, tu as également cerné pour ainsi dire l'essentiel de l'information à laquelle je souhaitais te faire accéder. Plusieurs années de travail et de recherches personnelles m'ont été nécessaires afin de prendre moi-même connaissance de tout ce que tu as pu découvrir en l'espace de trois jours. Au-delà de la volonté de nous retrouver, je souhaitais ainsi te faire entrevoir comment les sciences physiques, l'art, la religion, la médecine et les sciences méditatives sont autant d'approches possibles et différentes pour tenter de saisir la nature subtile de notre être et de l'Univers. En revanche, jamais je n'aurais pensé que, du même coup, tu me sauverais la vie avec l'aide de Yann, Gladys et de ce surprenant inspecteur.

La profonde émotion qui transparaît dans ces derniers propos laisse tout le monde silencieux pendant quelques instants. C'est alors Yann qui rompt le silence le premier :

– Continuons la conversation en petit-déjeunant, propose-t-il. Que souhaitez-vous prendre ?

Nous lui répondons chacun notre tour puis Yann et Gladys partent à la cuisine préparer les petits déjeuners, pendant que je dresse la table.

ϕ

Une fois tous assis devant notre bol, Max reprend :

– Pascal Dracor représentait la première étape nécessaire me permettant de vérifier que tu avais effectivement décidé de te lancer dans l'aventure. C'était la seule personne auprès de qui je pouvais m'en assurer, sans risquer de me faire repérer ou de mettre en danger qui que ce soit.

– Comment ça ? fais-je quelque peu déstabilisé. Tu es en train de me dire que Pascal était au courant et qu'il attendait ma visite pour t'en informer ensuite ?

– Non. Il n'était pas au courant au moment de ta venue. Je l'ai contacté il y a deux jours par le Net, pour lui demander si tu étais bien passé. Tu ne peux pas imaginer à quel point j'étais heureux qu'il me le confirme ! Et, comme tu me l'as appris tout à l'heure, cela tombait en plus à pic qu'il t'ait parlé de ma théorie sur la nature vibratoire de l'Univers. Je n'en espérais pas tant ! De toute manière, je comptais moi-même t'en parler. En ce qui concerne ta rencontre avec Anne-Lise Pinson, poursuit-il, c'est pareil : c'est allé bien au-delà de mes espérances ! Quelle belle coïncidence d'être arrivé au bon moment pour l'entendre chanter ! Elle est véritablement cristallisante, n'est-ce pas ?

– Oui, sa voix a eu l'effet d'un grand coup de marteau qui semble avoir brisé une coquille. Je me suis subitement senti léger et libéré de je ne sais quel poids.

– Comme on dit, c'est le dormeur qui s'est réveillé ! illustre-t-il différemment. Cette expérience t'a en quelque sorte permis de vivre en personne ce que je souhaitais qu'Anne-Lise Pinson t'explique avec ses propres mots.

Quatre ans plus tôt, Max nous précise qu'il s'était mis à étudier l'impact de la musique sur l'activité cérébrale de l'être humain. S'aidant de la technologie dernier cri du Cern, il découvrit que, sous influence de la musique, notre cerveau était capable d'entrer dans un fonctionnement totalement atypique et nouveau, phénomène que la science n'avait jusque-là jamais pu mettre en évidence avec fiabilité.

Je vois Gladys frémir en entendant les propos de Max. Tout cela est évidemment en lien direct avec son métier et sa propre expérience dans ce domaine.

Mon frère ne perd pas le fil de ses idées et poursuit en

nous expliquant qu'il avait alors décidé de pousser plus loin ses recherches. Il entreprit, pendant ses congés, de nombreux voyages aux quatre coins de la planète pour rencontrer des maîtres spirituels de différentes religions et de différentes cultures ; des moines tibétains, un vieil Indien d'Amérique, un grand sage africain et même un sorcier d'une tribu indigène d'Amazonie. Ils avaient accepté, non sans difficulté, de se prêter aux expériences et aux mesures de Max. Quelle fut sa surprise de découvrir des profils d'ondes cérébrales similaires à ceux qu'il avait déjà enregistrés sur des musiciens virtuoses en pleine expression de leur art ! Mais il fut stupéfait de voir combien ces ondes étaient beaucoup plus régulières et véritablement contrôlées par leur émetteur.

Après avoir passé presque un mois aux côtés des moines tibétains, l'un d'eux l'invita un soir à rencontrer un très vieux moine Shaolin. D'après ce qui se disait, celui-ci était détenteur des secrets les plus reculés de l'âme humaine. Ayant compris l'objet des travaux de Max, il avait souhaité le rencontrer. Cette entrevue n'avait pas nécessité d'échange verbal ; tout s'était passé dans un silence absolu.

Les yeux de Maxime semblent plonger dans une dimension parallèle lui permettant de revivre en direct cet instant hors du commun.

– Après cette soirée, ma vie ne fut plus la même. Ce qu'il m'avait montré bouleversa toutes mes certitudes, toutes mes croyances et toutes mes convictions scientifiques. Je fus témoin d'une expérience de télékinésie et de plusieurs démonstrations de l'influence de la pensée sur la matière. Par respect envers lui et envers l'inestimable don qu'il m'avait fait, je ne vous détaillerai pas ce que j'ai vu, car j'ai plus tard compris que je devais garder ce souvenir pour moi et moi seul. Le but n'était pas que j'aille crier sur les toits ce dont j'avais été témoin ; de toute façon, personne ne m'aurait cru. Vous êtes d'ailleurs les premiers à qui j'en parle. Je le fais car je sais que vous êtes en mesure de l'entendre et de le comprendre. Ce grand maître voulait simplement m'insuffler la foi et me donner ainsi la force de pousser encore plus loin mes recherches. À la fin de notre entrevue, les deux seuls mots qu'il prononça dans notre langue furent « amour et gratitude ». Ces mots eurent véritablement l'effet d'un fer rouge marquant les tréfonds de ma conscience pour la vie. Dès lors, je compris que le facteur fondamental à l'expression de notre potentiel intérieur était l'amour. Celui que l'on peut allouer de manière inconditionnelle à la nature, à la vie et, d'un point de vue plus général, à la Création.

Un léger sourire illumine le visage de Max. Son regard dégage une profonde sagesse et une compassion que je ne lui avais jamais connues.

– À partir de cet instant, l'idée de parvenir un jour à scientifiquement démontrer l'influence de la pensée sur la matière ne me lâcha plus.

ϕ

Max laisse passer un moment de silence, le regard perdu dans ses souvenirs, la main tournant machinalement la cuillère dans son bol. Il cligne alors des yeux pour revenir au temps présent. Après avoir bu une gorgée de son chocolat au lait, il me regarde et poursuit :

– Je t'aurais bien demandé de rencontrer un maître Shaolin, mais il aurait fallu te faire quitter l'Europe, ce qui n'était pas envisageable.

Il nous fait remarquer, à juste titre, que les arts martiaux ont comme principe fondamental de développer le pouvoir du mental sur le corps. Il en va de même pour plusieurs autres disciplines sportives de haut niveau. Ce n'est d'ailleurs pas un hasard si les techniques méditatives font de plus en plus partie intégrante de l'entraînement de nombreux athlètes. Certains ont compris que l'effort sportif représente également un moyen de découvrir notre potentiel intérieur et d'approcher les fonctionnements subtils de notre être.

Mais les maîtres Shaolin sont allés plus loin que la seule maîtrise de leur corps. Ils ont montré que l'énergie mentale pouvait être extériorisée de l'organisme et transmise à un objet, sans même nécessiter, pour les plus expérimentés, de contact direct avec la main. Les résultats spectaculaires de leur technique prennent à contre-pied toutes les lois connues de la physique et de la mécanique. Mais cette faculté ne s'acquiert pas avec un simple claquement de doigts.

Max se rendit rapidement compte que le développement de telles capacités était systématiquement lié à des pratiques méditatives poussées, ainsi qu'à une conception spirituelle de soi, de l'Univers et de la vie. Il s'est alors lui-même lancé dans l'apprentissage de certaines disciplines méditatives pour apprendre à développer son propre potentiel intérieur.

– Tout cela pour te dire que la religion, quelle qu'elle soit, lorsqu'elle est véritablement pratiquée sous l'angle méditatif, est un autre moyen de déclencher le fonctionnement subtil de notre cerveau. Une pratique méditative quotidienne peut décupler cette faculté jusqu'à interagir avec d'autres êtres et même la matière. Voilà pourquoi j'ai souhaité que tu rencontres l'abbé Orion, que j'avais moi-même croisé au cours d'un stage de géobiologie. Même si je savais pertinemment qu'il n'avait rien d'un grand maître Shaolin, j'avais trouvé sa vision de la religion suffisamment intéressante pour t'envoyer l'écouter. Son approche en est une parmi d'autres, mais elle m'avait semblé plutôt juste et surtout pleine de ressenti. Et là encore, je ne m'attendais pas à ce qu'il aille jusqu'à t'emmener dans l'abbaye partager son ressenti sur certains phénomènes énergétiques !

Cet abbé est quelqu'un de véritablement exceptionnel dans sa profession !

– Je t'avoue que j'ai plutôt été stupéfait de sentir effectivement qu'il n'était pas fou et que ma main détectait bien quelque chose d'invisible ! m'exclamai-je.

– Tu comprends donc à présent pourquoi je t'ai ensuite orienté vers Gladys et Yann, dit-il en me souriant. Leur façon très pragmatique et expérimentale d'approcher les sciences méditatives m'avait paru percutante et suffisamment pédagogique pour quelqu'un n'y connaissant rien en la matière.

– Tu as eu raison de te soucier de cet aspect, approuvai-je, car je n'y connaissais en effet absolument rien !

En référence à mes conversations insolites avec Gladys et Yann, qui ne datent que de la veille, nous rions tous les quatre.

ϕ

Max prend le temps de croquer dans sa tartine avant de reprendre le fil de sa propre histoire.

Après avoir parcouru le monde afin de rencontrer des maîtres spirituels, il se devait de compléter sa démarche en s'intéressant aux sourciers, aux magnétiseurs, aux guérisseurs et aux radiesthésistes. C'est à ce moment-là qu'il fit la connaissance de Gladys. Max reconnaît que son expérience de neurologue-guérisseuse lui a permis de faire d'une pierre deux coups : en même temps qu'il découvrait la nature de notre sixième sens magnétique, il comprenait par quels savants mécanismes biologiques le corps humain était capable de percevoir des variations très subtiles dans son environnement. C'est également à partir de là qu'il prit conscience du pouvoir de la visualisation et de son intérêt dans les pratiques de guérison.

– Si mes souvenirs sont bons, nous fait remarquer Yann,

c'est à cette époque que tu étais revenu me voir pour t'inscrire à mes cours d'initiation à la géobiologie.

– Effectivement, approuve mon frère la bouche pleine.

Il déglutit et s'explique :

– Et j'ai souhaité que Phil te rencontre car je trouve que la géobiologie est un moyen sain et naturel d'aborder le monde subtil qui nous entoure. Elle nous enseigne avec humilité et discernement que si parfois on ne croit seulement que ce que l'on voit, il arrive que les choses les plus importantes au monde soient celles que l'on ne voit pas. La manière dont elle étudie les forces naturelles de la Terre et du Cosmos me semble très efficace pour éveiller et développer notre potentiel énergétique intérieur. Le lien sacré qui unit le géobiologue à la nature n'a d'égal que son respect sincère et son amour profond pour elle. Te sachant toi-même proche de la nature, fait-il cette fois à mon attention, je me disais que cela te sensibiliserait d'autant plus à l'aspect vibratoire de l'Univers.

– J'ai effectivement pu ouvrir les yeux avec émerveillement sur l'envers du décor déjà fabuleux de notre précieuse nature, lui dis-je.

Alors que nous avons pratiquement tous fini de petit-déjeuner, Max nous rattrape en accélérant ces dernières bouchées. Il s'essuie la bouche avant de s'adresser de nouveau à moi :

– Tu peux à présent comprendre que l'ordre dans lequel je t'ai demandé de rencontrer ces cinq personnes, correspond à celui de mon propre cheminement. Mais sache que mon intention était seulement de te témoigner ce que j'ai vécu et découvert afin que tu puisses accéder à cette information qui n'est, il faut bien le reconnaître, pas aussi facile d'accès qu'il n'en paraît, surtout dans notre culture occidentale. Je n'ai certainement pas la prétention de détenir la vérité sur quoi que ce soit. Je n'ai pas non plus l'intention de t'imposer mon point de vue car il ne concerne évidemment que moi. Par respect et humilité, je ne pourrais de toute façon jamais forcer quiconque à croire ce que je dis. Libre à toi d'en faire ensuite ce que tu veux. Je confie tout cela à ton discernement et à ton propre ressenti car je ne peux à présent aller plus loin.

– Oui, je comprends.

– Au-delà de ça, j'espère que tu me pardonneras de t'avoir fait subir tant de déboires et prendre tant de risques.

– Maintenant que nous sommes là ensemble, je dirais que cela en valait franchement la peine.

Nos dernières paroles sont tellement chargées en émotions que la seule chose que nous puissions faire est de nous adresser mutuellement un sourire d'amour fraternel.

ϕ

Gladys attend quelques secondes pour s'assurer de ne pas interrompre Max, puis elle lui demande :

– Et au final, comment t'y es-tu pris pour démontrer l'influence de la pensée sur la matière ?

– Les différents exercices que j'ai pu mener avec Yann sur le marquage et la dynamisation de l'eau ont permis de me rendre compte que cet élément était un partenaire privilégié pour s'entraîner à développer notre potentiel subtil. Bien que non reconnus par la science, les résultats des travaux d'Emoto sur la cristallisation de l'eau allaient dans le même sens. Ajouté à cela, il y a quelques années, un confrère a pour la première fois démontré scientifiquement l'influence durable des ondes basses fréquences sur les propriétés de l'eau[19]. Notre cerveau étant lui-même capable de générer de telles ondes, cela me confortait dans mes ambitions. J'ai donc choisi notre chère et tendre molécule d'H_2O

19 Travaux du chercheur Philippe Vallée : se référer au *Science&Vie* N°1067 août 2006, p 106 à p 111.

comme support de mes expériences : je me lançai le défi de démontrer, au travers d'un protocole d'expérimentation fiable et reproductible, employant du matériel couramment utilisé dans la profession, que la pensée était capable d'interagir avec des molécules d'eau. Voilà comment mon projet est né, il y a un peu moins de deux ans. J'ai d'abord tenté de monter un mini laboratoire chez moi, mais je me suis rapidement rendu compte qu'il me fallait des équipements lourds que je ne pouvais me procurer et utiliser qu'au Cern. J'ai alors négocié un projet personnel qui soit placé sous ma seule direction.

– Tu as donc travaillé sur l'eau, intervient Gladys fascinée. Peux-tu nous en dire plus ?

Max hésite un instant avant de répondre :

– Si vous n'y voyez pas d'inconvénient, j'aimerais vous expliquer tout cela en compagnie d'un vieil ami sans qui, par principe, je ne conçois pas de présenter mes travaux. Je vous propose une petite balade matinale dans la somptueuse demeure de Pascal Dracor que j'ai hâte de vous présenter, achève-t-il en s'adressant plus particulièrement à Gladys et Yann.

36.

10 h 30. Le temps est splendide, pas un nuage dans le ciel, il fait chaud. Nous montons sur les hauts de Cruseilles et traversons le bois dans lequel j'ai campé quelques jours plus tôt. Le large toit ouvrant du monospace de Gladys nous fait profiter de la lumière filtrant par intermittence à travers le feuillage des arbres.

Allongé sur la banquette arrière, Maxime s'est assoupi pratiquement depuis que nous sommes partis, il y trois quarts d'heure. Yann est derrière lui, sur le siège d'appoint à l'arrière. Je suis à l'avant avec Gladys qui conduit. Profitant qu'elle soit concentrée sur sa conduite, j'épie avec discrétion ses genoux innocemment découverts. La légèreté de sa robe est à me rendre fou. Elle esquisse alors un sourire presque imperceptible, comme si elle avait perçu ma frénésie intérieure. À mon grand regret, ses lunettes de soleil dissimulent l'expression de son regard. Je brûle d'envie de les lui ôter pour l'embrasser fougueusement, mais ma raison m'oblige à vite abandonner cette idée : se jeter comme une bête sur le conducteur n'est certainement pas ce qu'il y a de plus raisonnable en matière de sécurité routière. Sous le scintillement de l'éclairage, je me contente finalement très bien de son profil qui évoque celui d'une star de la mode en train de danser sous une boule à facettes.

Nous arrivons au niveau du portail de Pascal Dracor.

– J'espère au moins qu'il est là, dit Gladys en s'arrêtant juste devant la grille. On aurait peut-être dû appeler avant.

Max se réveille à cet instant, pour lui répondre en bâillant :

– Pascal n'est pas un grand voyageur, il s'absente rarement très longtemps. Je suis pratiquement sûr qu'il est chez lui.

J'ouvre ma portière pour descendre et aller sonner.

Me revoilà à la case départ. La boucle est bouclée. À la différence que certaines choses ont entre-temps profondément changé en moi. Une fois devant l'interphone, avant d'enfoncer le bouton, je regarde mon index quelques secondes. J'ai l'impression que ce n'est pas le même doigt que celui qui a pourtant fait exactement le même geste il y a trois jours… comme s'il appartenait à un autre homme. Avec tout ce qui s'est passé depuis, c'est en quelque sorte le cas.

Je sonne.

Après une dizaine de secondes d'attente, juste au moment où j'allais réitérer mon geste, j'entends Pascal décrocher :

– Oui ?

– Bonjour, Pascal. C'est Philippe Berger.

– Ah, bonjour ! Je t'ouvre.

– Merci.

Puis il raccroche aussi sec, pas plus loquace que la première fois. Les grilles s'animent et je remonte en voiture. Pendant que nous roulons sur le chemin qui monte à la demeure de Pascal, Max murmure avec émotion :

– Vous ne pouvez pas savoir à quel point cela me fait chaud au cœur de revenir ici.

– Revoir ton ami est certainement pour toi un

aboutissement, suppose Gladys.

– Non, rectifie-t-il l'air énigmatique. C'est au contraire un commencement.

ϕ

Gladys se gare sous le grand arbre qui, depuis trois jours, n'a évidemment rien trouvé d'autre à faire que de rester planté là.

Exactement comme la première fois, Pascal attend sur le perron, les bras croisés, une épaule appuyée contre le mur, le regard soupçonneux. N'ayant pas pu remarquer la présence de Max, qui est à peine en train de se redresser à l'arrière, Pascal est à l'évidence méfiant de me voir accompagné de personnes qu'il ne connaît pas.

Après être moi-même descendu de voiture, j'ouvre la porte arrière afin d'aider Max à se redresser pour descendre. En l'apercevant, le regard de Pascal s'illumine soudainement. Conservant malgré tout son air sévère, il lui lance :

– Tu en as mis du temps, petit garnement. Je t'avais dit de ne pas trop t'éloigner.

– Tu sais bien ce que c'est, rétorque Max sur le même ton, les jeunes d'aujourd'hui, on ne les tient plus…

J'aide Max à sortir de la voiture. En constatant que son ami n'est pas au mieux de sa forme, Pascal renchérit :

– Quand comprendras-tu que le métier de cascadeur n'est pas pour toi ?

– Pas avant le jour de ma dernière cascade…

Pascal s'approche et, d'une voix tremblante traduisant toute son émotion, il souffle :

– Après tout ce temps, ça fait sacrément plaisir de te revoir, Max.

Les deux amis se prennent alors dans les bras. Gladys, Yann et moi restons en retrait, le temps de les laisser apprécier ce fort instant de bonheur.

La scène qui se déroule sous mes yeux me donne soudainement une vague impression de déjà-vu. En partant d'ici trois jours plus tôt, je me souviens en effet avoir eu la vision de ces retrouvailles. Déconcerté par cette prémonition qui s'est réalisée, mon esprit reste figé quelques instants dans sa stupeur.

Max passe aux présentations de Yann et Gladys qui saluent Pascal l'un après l'autre.

– Je ne te présente pas mon frère, ajoute Max en me désignant, tu le connais déjà.

– Oui et je le félicite de t'avoir retrouvé si vite, me complimente Pascal en me serrant la main avec une légère révérence de la tête. Et vu l'état de ses arcades et de son nez, je constate que jouer au cascadeur est devenu le passe-temps favori des Berger ! Quelle famille, je vous jure !

Il revient à Max en s'adressant à lui avec son air grognon naturel :

– Je t'avoue que ton jeu de piste tordu ne m'a pas plu du tout. Quelle idée ! Un Berger dans de sales draps qui demande à un autre Berger de se jeter dans la gueule du loup pour le secourir, j'aurai tout vu ! Tes explications ont intérêt à être très convaincantes, mon ami… sinon, à défaut d'un mouton pour mon prochain méchoui, je ferai cuire le Berger !

– Ne t'inquiète pas, je vais tout te raconter, le rassure Max en souriant. Phil, merci de prendre avec nous la sacoche que j'ai amenée.

Je reviens à la voiture récupérer ce qu'il me demande. Dans mon dos, j'entends Max dire à Pascal :

– J'aurai besoin de ton matériel informatique et de projection pour présenter les résultats de mes travaux.

– Bien sûr.

– Je pense que ça va t'intéresser, rajoute mon frère pour le faire saliver.

– Tant que tu ne me montres pas un chat enfermé dans

une boîte noire et à qui l'on fait des misères... grommelle-t-il.

Sans prendre le soin de relever cette boutade de physicien, Max lui adresse un chaleureux sourire. Il semble ravi de retrouver l'humour cynique de son ami.

– Alors allons-y, veuillez me suivre, propose Pascal en se tournant pour se diriger vers l'entrée.

ϕ

Me voilà de nouveau dans le salon où m'avait accueilli Pascal quelques jours plus tôt. Yann et Gladys prennent place à côté de moi sur le canapé en cuir noir, en face de l'écran. Max s'assied avec précaution dans le fauteuil de droite, grimaçant sous l'effet de la douleur de sa blessure encore très récente. Malgré cela, il s'exclame d'un air joyeux :

– Depuis le temps que j'attends ce moment !

– Pour tout le stress que tu m'as fait endurer ces derniers jours et tout ce temps que j'ai passé sans avoir une seule nouvelle de toi, j'espère au moins que ça vaut le coup, lui lance Pascal sur un ton de reproche évident.

Max ouvre sa sacoche et en sort un disque de données qu'il tend à Pascal :

– Insère donc ça dans ta bécane, puis ouvre grand tes yeux et tes oreilles de lapin blanc, lui lance Max.

Son ami saisit le disque et va ensuite l'insérer dans l'ordinateur du bureau, situé en retrait derrière nous. Pendant que la présentation démarre, il ferme la porte du salon et actionne un interrupteur qui abaisse un rideau du côté intérieur de la grande fenêtre de la pièce. Après quelques secondes, la salle se trouve plongée dans une ambiance tamisée. Seules quelques lampes murales, uniformément réparties sur les murs, diffusent une lumière orangée de très faible intensité.

J'ai l'impression que Galdys, Yann et moi sommes des

ministres à côté de leur président qui va découvrir ce que son agent des renseignements lui ramène comme information top secret.

ϕ

Max sourit. Je le sens à la fois fier et ému de présenter sans doute pour la première fois le fruit de tous ses efforts de travail. Il nous explique :

– J'ai achevé le montage de cette présentation la semaine dernière : photos, vidéos et séquences dynamiques 3D, tout ce qu'il faut pour faire découvrir mes travaux en images, du protocole aux résultats. C'est un grand moment pour moi, vous savez, vous êtes les premiers à la visionner. Et sur le grand écran de Pascal, cela va être d'autant plus grandiose !

Derrière nous, Pascal est assis dans son fauteuil de bureau. Impassible, il attend les explications et les images sans dire un mot.

– Je vous passe en accéléré les détails techniques de l'installation que j'ai mis une bonne année à monter, commence par dire Max. Cela n'a d'intérêt que pour les membres de la profession. Pascal, ajoute-t-il en tournant la tête vers lui, tu pourras prendre le temps d'éplucher cela en détail une autre fois.

Nous voyons défiler, en images de synthèse, toute une batterie d'équipements sophistiqués, avec leurs caractéristiques et leurs réglages. Chacun des éléments s'anime ensuite pour venir s'assembler, un à un, autour d'une sorte de mini réacteur central, jusqu'à l'obtention de l'ensemble de l'installation. Pour finir cette reconstitution rapide du montage, une cage métallique se dessine autour, venant enfermer le tout dans un local hermétique. Même si tout ce matériel technique ne m'évoque absolument rien de concret, je reste impressionné par la précision des images et la qualité de l'animation.

Les commentaires de Max me tirent de ma contemplation :

– Pour faire simple, j'ai monté une petite enceinte couramment utilisée au Cern pour travailler sur des particules en conditions totalement contrôlées. Je me suis fabriqué un local spécifique qui puisse isoler l'installation de tout champ électrique ou onde parasite risquant de perturber les mesures. Il fallait m'assurer que seules les ondes émises par mon cerveau soient en mesure d'interagir avec les molécules d'eau injectées dans l'enceinte, mon objectif étant de les regrouper en une unique goutte d'eau, par la seule force de ma pensée.

– Créer une goutte d'eau à partir de l'humidité ambiante, en voilà un sacré challenge ! s'exclame Gladys.

Mesurant la portée des explications de Max, Pascal, qui ignorait semble-t-il encore tout de sa découverte, blêmit sur place. Tout en désignant mon frère du doigt, il s'adresse à nous en balbutiant :

– Je rêve ou cet animal a réussi à démontrer l'influence de la pensée sur la matière ?!

– Tu ne rêves pas, c'est effectivement cela dont il s'agit, lui confirme Max. On dirait bien que le gros lapin blanc a échangé sa place avec Alice… renchérit-il en se délectant de la stupéfaction de son ami.

L'animation 3D de la construction de l'installation fait alors apparaître un fauteuil carré derrière une baie vitrée qui donne sur l'enceinte. Max continue son exposé :

– Je me suis aménagé un espace de méditation pour être confortablement installé. Le tableau de bord, que vous voyez devant, permet de contrôler l'ensemble du dispositif et de visualiser le déroulement de l'expérience en temps réel. Ces monitorings sur le côté correspondent à l'enregistrement de mes ondes cérébrales : ici, vous pouvez voir le profil avant le début de l'expérience et là, celui qui est enregistré en pleine séance de méditation. Comme vous pouvez le constater, les deux profils sont totalement différents l'un de l'autre. La musique que vous entendez en fond est véritablement celle que j'écoutais pendant l'expérience ; elle m'a permis d'amplifier sensiblement mes ondes cérébrales. Phil, d'après ce que tu m'as raconté avoir entendu à Saint-Malo, cet air doit te dire quelque chose… ajoute-t-il avec un sourire complice.

À ma grande surprise, je reconnais en effet le thème du *Seigneur des Anneaux* ! C'est incroyable !

N'attendant pas ma réaction pour ne pas perdre le cours de la projection, Max poursuit :

– Et voyez le résultat…

Nous découvrons l'image d'un nuage de moustiques qui sont en fait une représentation de plusieurs milliers de molécules d'eau évoluant de manière désordonnée dans un espace clos. Puis, sous l'action de la pensée de Max, nous les voyons progressivement se rapprocher les unes des autres jusqu'à ce qu'elles fusionnent en une gouttelette d'eau ronde qui ondule doucement au centre de l'enceinte. Ce spectacle fascinant est de toute beauté, cela relève du grand art. L'art de la pensée qui sculpte la matière. La fabuleuse alchimie entre la force créatrice de l'esprit humain et les forces de la nature.

– J'ai répété l'expérience un nombre significatif de fois en obtenant le même résultat, ajoute Max. J'ai ensuite entrepris une seconde série d'expériences où j'ai reproduit artificiellement les ondes émises par mon cerveau. La machine était-elle capable de la même performance que le cerveau humain ? Eh bien non ! Vous pouvez voir sur ces images que les ondes artificielles ont bien une influence sur l'agitation des molécules d'eau sans pour autant parvenir à les fusionner en une gouttelette. Cela montre que la visualisation de la gouttelette est indispensable pour parvenir effectivement au résultat. L'information « gouttelette visualisée » n'est donc pas véhiculée par les ondes artificielles. Le cerveau émet par conséquent d'autres ondes indétectables par les capteurs disponibles à l'heure actuelle, auxquelles l'eau est en revanche sensible.

La présentation se termine et Max conclut :

– C'est le prochain challenge que je me suis fixé : mettre au point des capteurs d'une nouvelle génération qui puissent être sensibles à tout ce que l'on peut qualifier de « subtil ». Pour ce projet autrement plus compliqué, je travaille en collaboration avec des scientifiques indépendants russes et américains. Ils fonctionnent comme moi en totale autonomie, pour ne pas dire « clandestinité »... Nous courons en effet tous le même risque de se faire un jour repérer par les instances de contrôle gouvernementales. La preuve en est que j'ai moi-même failli me faire épingler par le service des renseignements français !

– Mais pourquoi les gouvernements chercheraient-ils à empêcher des scientifiques d'entreprendre des recherches sur la nature subtile de l'Univers ? s'insurge Gladys. C'est pourtant ce qui permettra à l'humanité de réellement évoluer, spirituellement comme technologiquement !

– Ce n'est pas que toute investigation scientifique sur le subtil soit à proprement parler « empêchée », bien au contraire. C'est plutôt que les services secrets militaires ne supportent pas l'idée que des chercheurs échappant à leur contrôle mènent leurs propres travaux sur cette thématique. Alors ceux-ci sont traqués, menacés et au final, s'ils veulent rester vivants, ils sont obligés d'obtempérer. L'agent venu me trouver hier soir avait pour seule mission de me convaincre de rejoindre leur groupe scientifique secret... quitte à m'éliminer sur le champ en cas de refus de ma part.

– Une communauté scientifique secrète, dis-tu ? s'étonne Gladys.

– Oui. D'après ce que j'ai compris, il semble exister une science secrète mondiale gérée par les pays les plus puissants de ce monde. Selon les dires de mon bourreau, qui a essayé de m'allécher avec un discours misérable, elle détiendrait des technologies que le commun des mortels ne pourrait même pas imaginer. Mais, pour d'occultes raisons a priori bien sombres, ces technologies sont retenues en haut lieu et bien gardées à l'abri du domaine public.

Sur cette conclusion bouleversante, nous restons tous pensifs et perplexes quelques instants. En s'appuyant des deux mains sur les genoux pour se lever de son fauteuil, Pascal finit par rompre le silence :

– Bien ! Oublions tout cela pour l'instant. Les derniers jours ont été suffisamment agités pour la famille Berger ! Si nous allions sur la terrasse prendre un peu l'air et nous changer les idées ?

Nous acceptons tous volontiers son aimable proposition et nous nous levons pour lui emboîter directement le pas. En laissant Gladys passer juste devant moi, mes narines captent l'odeur de son subtil parfum aux fraîches senteurs printanières. Ce stimulus ne manque pas de me redonner soudainement la joie de vivre.

ϕ

Nous prenons place sur une immense terrasse qui donne plein sud sur le massif alpin. Les parasols sont les bienvenus pour atténuer la puissante lumière réfléchie par la pierre blanche des murs.

Le jardin de la demeure de Pascal est splendide : plusieurs terrasses se succèdent en dessous de celle de la maison. Des escaliers en vieilles pierres, situés au centre et sur les côtés, permettent de passer de l'une à l'autre. Mon regard est attiré par l'eau scintillante d'un large bassin au fond bleu. Si cela ne tenait qu'à moi, je courrais m'y baigner avec toute l'excitation d'un enfant. Autour de ce point d'eau, des haies de buis méticuleusement taillées s'enchevêtrent avec une rigueur géométrique parfaite. Sur le côté gauche de la propriété, une promenade court sous une structure de poutrelles en bois et mène à une sorte de crypte creusée dans la roche. Bizarrement, j'ai le sentiment qu'une puissance apaisante émane de cet endroit qui abrite certainement une source. Je remarque à cet instant que l'attention de Yann est également portée sur la petite grotte : ses yeux la fixent et se plissent comme pour voir plus loin ou plus… « subtil ». Je ne serais pas étonné qu'un phénomène énergétique puissant soit associé à ce lieu.

Pascal nous tire de notre contemplation lorsqu'il nous demande ce que nous souhaitons prendre à l'apéritif. Il est presque midi : nous avons bien mérité un petit remontant ! Nous lui faisons part de nos choix et nous asseyons. Puis il s'absente chercher les boissons.

Un silence s'intercale. Mes yeux plongent dans le ciel bleu très pur qui m'a accompagné tout au long de mon périple. Jamais je n'aurais imaginé que cela se finisse dans un tel havre de paix et de splendeur.

Quand j'y repense, je n'ai jamais cessé de visualiser mes retrouvailles avec Max, comme si la vision que j'ai eue en partant de chez Pascal m'avait donné la foi. Hésitant, je fais part de ce sentiment à mon frère :

– Tu sais, Max, c'est bizarre… en partant d'ici il y a trois jours, j'ai eu la vision de vos retrouvailles, entre Pascal et toi.

– Et bien, merci d'avoir eu cette vision ! s'exclame mon frère en m'adressant une tape amicale dans le dos. Espérons qu'à l'avenir tu en aies d'autres d'aussi bon augure !

Fronçant les sourcils, il prend alors un air plus sérieux :

– Mais en considérant cela sous un autre angle, réfléchit-il à haute voix, on se rend compte que cette vision a certainement contribué inconsciemment à sa propre réalisation.

Comme l'explique Max, ce genre de phénomène est un bel exemple qui nous montre que le temps et l'espace ne sont pas si immuables que nous le pensons. Une vision, une prière, la foi en la réalisation d'un vœu, l'imagination, toutes ces émanations de l'esprit sont véritablement créatrices et ont une existence réelle. Elles peuvent s'amplifier au point de prendre forme dans le monde physique. Ce que l'être humain nomme, depuis la nuit des temps, un « miracle » n'est ni plus ni moins la matérialisation dans le plan physique d'une création mentale provenant des sphères vibratoires supérieures. Ce phénomène est simple à concevoir dès lors qu'on se rend compte qu'il n'y a pas de limite entre le plan physique et les autres plans.

Ce que Max qualifie de « simple à concevoir » m'aurait justement paru inconcevable trois jours plus tôt. Mais après ce que j'ai vécu, je suis en mesure de le comprendre et de le ressentir. Je n'hésite pas à partager ce que j'éprouve à cet instant :

– En ouvrant les yeux sur tout cela, j'ai vraiment l'impression d'être sorti d'un long sommeil.

Yann prend la parole à son tour :

– L'ouverture à la nature profonde de l'Univers va de pair avec la prise de conscience de notre potentiel intérieur. Ces processus sont indissociables, l'un engendre systématiquement l'autre. S'ouvrir à son potentiel intérieur est la meilleure chose que je puisse souhaiter à chaque être humain de ce monde, pour mieux vivre sa vie et entrevoir un avenir optimiste.

– Oui, enchaîne Max, et le meilleur moyen pour y parvenir est de se fier à son ressenti. Cela permet de retrouver le discernement nécessaire dans sa vie pour faire les meilleurs choix, tout en balayant la peur de faire les mauvais. À partir de là, un homme qui n'a plus peur est un homme qui peut pleinement exprimer son potentiel intérieur. Il ne s'impose plus aucun préjugé, aucune limite, aucune fausse certitude ; il devient capable de tout.

Pascal nous rejoint juste à ce moment, chargé d'un grand plateau de rafraîchissements et de gâteaux apéritifs. Il est peut-être un peu rustre, mais en tout cas, il n'a pas oublié les règles de convivialité qui s'appliquent à partir de midi lorsqu'on a des invités ! Une fois tout le monde servi, il lève son verre et proclame :

– Portons un toast à Maxime pour tout ce qu'il a enduré et pour sa formidable découverte ! Je suis heureux qu'il soit enfin revenu en ces murs !

Nous trinquons tous ensemble dans la bonne humeur. Gladys et moi nous regardons intensément ; elle hoche alors la tête en esquissant un petit sourire craquant qui m'enivre. Je ne peux évidemment pas m'empêcher de lui en renvoyer un tout aussi chaleureux que le sien.

37.

Après être restés quelques jours dans la somptueuse demeure de Pascal Dracor, les frères Berger, accompagnés de Gladys, partirent rendre visite à leurs parents, à Saint-Étienne. Les retrouvailles furent intenses et chargées en émotions : pouvoir serrer leur fils sain et sauf dans leurs bras fut pour eux le plus beau cadeau qu'ils pouvaient recevoir du ciel. Après tant d'années d'amertume et de distance, la famille était enfin réunie et ressoudée. Puis leur mère fut ravie d'apprendre que Philippe avait rencontré une charmante jeune femme en cours de route :

« J'espère cette fois que tu t'en occuperas bien, de celle-ci ! » l'avait-elle taquiné au moment du départ. « À trente-cinq ans, il serait tout de même temps que tu penses à autre chose qu'à tes moutons et tes moissonneuses-batteuses ! »

Contraint de vivre caché, au moins le temps d'obtenir une nouvelle identité par l'intermédiaire de Franck Dubon, Maxime repartit en taxi chez Pascal qui l'hébergerait sans doute pour un long moment. Philippe, quant à lui, accompagna Gladys à Montpellier, puis ils se rendirent tous deux à Lodève, chez Jérémy, pour restituer la Polo à sa femme, qui fut très émue et soulagée de la voir revenir en un seul morceau. Jérémy rendit à Philippe les clés de sa Lancia Delta :

« Tu peux la reprendre, elle est comme neuve ! » lui avait garanti son ami, fier des réparations qu'il venait d'achever juste à son arrivée. « À nouveau prête à assouvir son appétit féroce de bitume ! »

Suite à cela, Philippe invita Gladys chez lui, à Peyreleau pour passer le reste de ses vacances en sa compagnie… affectueuse.

XII
L'homme nouveau

38.

À la reprise de son travail, au moment où Philippe Berger entra dans le hangar de maintenance des engins agricoles, il eut comme un choc : il avait l'impression d'être en décalage complet avec tout ce qui l'entourait. C'était comme si tous ses repères avaient changé, s'étaient déplacés autour de lui, comme s'il percevait son environnement d'une manière différente. L'odeur d'huile de moteur, l'éclairage du bâtiment, le bourdonnement des néons, la poignée graisseuse de la porte des vestiaires, tout cela était pourtant resté à l'identique depuis son départ en congé. Il soupira en comprenant que c'était en fait lui qui avait changé. Cette sensation de décalage lui rappela celle qu'il eût en pressant pour la seconde fois la sonnette de Pascal Dracor.

Toute la matinée, son esprit fut ailleurs, ses pensées divaguant loin, bien loin de la clé à molette et des tournevis que ses mains faisaient tourner machinalement. Il avait l'impression d'avoir pris de la distance avec la matérialité à laquelle il n'était plus autant accroché qu'auparavant. Tous ses repères matériels, qui avaient balisé sa vie jusqu'ici, lui parurent soudainement futiles et dénués d'intérêt. Il aspirait à présent à autre chose de plus vibrant, de plus lumineux. Ce n'était pas sa récente affection pour Gladys qui lui faisait ressentir cela, il le savait. C'était quelque chose de plus spirituel, de plus profond… de plus « subtil », comme le définirait Gladys ou Yann. Ce ressenti entourait son cœur d'une chaleur douce et apaisante. La sensation de légèreté qui y était associée s'apparentait, de manière atténuée, à celle qu'il avait vécue lors du concert d'Anne-Lise Pinson, sous l'action enchanteresse du chant et de la musique.

Après sa pause de midi, il repensa à ce que l'abbé Orion lui avait expliqué : si nous sommes sur terre, ce n'est pas pour vivre continuellement la tête dans les nuages, ni s'enliser excessivement dans le matérialisme. Un juste équilibre entre les deux est nécessaire pour notre bien-être et notre épanouissement.

Il s'efforça donc de revenir les deux pieds sur terre afin de passer un après-midi davantage concentré sur son travail. Il reprit ainsi du cœur à l'ouvrage dans ses réparations et ses réglages moteur.

À la fin de sa journée de reprise, son esprit était calme, clair et lucide. En sortant du garage, il pensa subitement à son rocher. Étrangement, cette pensée ne tombait pas machinalement comme les autres pensées de la vie courante. Celle-ci lui parvenait plutôt sous la forme d'un appel, comme une sonnerie de téléphone portable le prévenant que quelqu'un cherchait à le joindre. Il décida alors de se rendre directement auprès de son rocher.

Après avoir roulé jusqu'au plateau surplombant les gorges du Tarn et marché un bon quart d'heure sur les sentiers de la forêt, il arriva sur le lieu. L'endroit lui sembla quelque peu différent, il sentait une présence invisible puissante qui rayonnait sur une bonne dizaine de mètres autour du rocher. Gladys lui avait appris l'existence d'un sixième sens capable de détecter de petites anomalies magnétiques ; cette prise de conscience avait sans doute permis de révéler sa propre sensibilité.

Il se souvint alors de ce que Yann lui avait enseigné. Instinctivement, il tendit la main en s'approchant lentement du rocher, de la même manière dont avaient procédé les membres du groupe qu'il avait croisé à l'abbaye de Saint-Michel-de-Cuxa, autour d'un vieil arbre au large tronc. Il comprenait à présent ce que ces personnes cherchaient à détecter. À plusieurs reprises, au fur et à mesure qu'il s'approchait du rocher, il ressentit dans la main des afflux sanguins accompagnés de picotements. Sa trop récente expérience dans le domaine des énergies subtiles ne lui permit pas d'identifier précisément la nature du ou des phénomènes perçus. Il était en revanche certain de leur présence. Était-ce un croisement de réseau tellurique ? Ou… un élémental, l'un de ces êtres de la nature peuplant le monde invisible, dont lui avait parlé Yann ?

Une douce vague de chaleur intérieure, qui lui était familière, lui souffla que la seconde hypothèse était la bonne. Il comprenait à présent ce que Yann lui avait avancé : ce ressenti intuitif provenait de son septième sens, qui était en mesure de relayer des informations en provenance des plans vibratoires supérieurs. Il retrouvait là la sensation de bien-être qu'il ressentait à chaque fois qu'il était venu se recueillir ici, mais avec plus de netteté et d'intensité.

Philippe s'assit sur le rocher, inspira et expira profondément, rendant ainsi son esprit davantage réceptif à l'invisible. Oui… il était certain que l'un de ces gardiens était posté là, précisément sur ce rocher, et que c'était avec lui que son esprit dialoguait inconsciemment depuis le premier jour où il fut attiré à venir s'y asseoir.

Il resta ainsi un long moment, en symbiose avec cette force invisible, à la fois onctueuse et vivifiante. Son corps et son âme embrassaient la merveilleuse puissance d'amour qui en émanait.

Philippe revit défiler beaucoup d'images des événements récents qui avaient profondément bouleversé sa vie en quelques jours. Sa relation enfin renouée avec son frère, sa rencontre avec Gladys et, surtout, tout ce qu'il avait pu découvrir et apprendre au cours de cette aventure, étaient autant d'éléments qui l'avaient ouvert à de nouveaux horizons, à une nouvelle façon de concevoir la vie. Cette prise de conscience globale avait eu l'effet d'une seconde naissance pour lui, qui allait donner un nouveau sens à sa vie et changer sa façon de comprendre l'humanité, de percevoir la nature et de se considérer lui-même.

Un nouvel homme était né.

ÉPILOGUE

Un peu plus tard, Franck Dubon et Maxime Berger s'organisèrent, comme prévu, un rendez-vous au cours duquel le policier fournit à Maxime sa nouvelle identité. L'inspecteur lui recommanda vivement de changer d'apparence, en se laissant pousser les cheveux et la barbe, afin de minimiser les risques de se faire reconnaître en public. Il lui signala que l'affaire était bien partie pour être enterrée et qu'il ferait tout pour faire passer Maxime Berger comme définitivement disparu.

ϕ

De son côté, Yann Cardin s'était entendu avec Maxime pour travailler sur la mise au point de capteurs sensibles aux vibrations subtiles. Yann ayant déjà lui-même initié cette recherche par d'autres approches, les deux hommes avaient tout pour s'entendre et progresser rapidement. Le but de la démarche était de fournir un moyen simple et irréfutable de prouver à la science l'existence de telles vibrations, sur lesquelles l'être humain était de surcroît capable d'agir par la pensée.

Pour mener à bien cette entreprise, Maxime avait renoué contact avec son collègue et ami, le Dr Quark. Une fois passée l'émotion de revoir Maxime vivant et d'apprendre ce que celui-ci avait découvert, le physicien du Cern avait accepté de l'aider en tant qu'intermédiaire pour fournir le matériel de pointe nécessaire à la réalisation du projet.

ϕ

Quant à Gladys Gauss, elle décida de s'investir, avec le soutien de Philippe, dans l'organisation de conférences scientifiques à vocation de promouvoir les médecines énergétiques. Elle s'engagea, plus particulièrement auprès de ses confrères neurologues, à préparer le terrain pour divulguer prochainement la découverte de Maxime, une fois les capteurs mis au point, rendant la démonstration incontestable.

ϕ

Avec l'aide de Maxime, Pascal Dracor décida de se lancer dans une vaste investigation, ayant pour but de découvrir et de comprendre les ambitions des gouvernements à financer secrètement une communauté scientifique mondiale. Le comportement agressif et suspect des services secrets à l'égard de Maxime avait été suffisamment grave pour justifier la volonté d'élucider ce mystère. Les nombreuses relations de Pascal au sein de la communauté scientifique seraient un atout majeur pour initier cette audacieuse enquête, qui les mènerait probablement sur les sentiers reculés des coulisses du monde.

REMERCIEMENTS

Comité de relecture
Merci à mon comité de relecture pour toutes ses corrections apportées, en particulier à ma femme Cécile qui a su être patiente et compréhensive tout au long des deux années nécessaires à la rédaction de l'ouvrage. Un remerciement particulier à Thierry, Manu et Yvan qui ont contribué de manière prépondérante à l'amélioration de la structure de ce roman et à son rendu final.

Genève
Je remercie Yves Racine, de la compagnie de taxi genevoise Taxiphone, pour son accueil et pour le temps qu'il m'a consacré.

Personnes… personnages…
Je remercie Pascal Brasselet, mon beau-frère, professeur de sciences physiques de Classes Prépa, pour avoir orienté mes recherches dans le vaste monde de la physique et m'avoir fait découvrir les travaux d'Yves Rocard.

Merci à Anne-Laure Josse, ma belle-sœur, chanteuse classique professionnelle, qui a accepté de me confier ce que peut ressentir une chanteuse en pleine expression de son art au cours d'une œuvre classique grandiose.

Je remercie l'abbé Orhan, de Dinan, pour avoir répondu à mes questions et m'avoir fait partager sa conception de la religion, de l'être humain et de la vie en général.

Merci à Christophe Deycidour et surtout à Jérémy Sanchez, deux passionnés de voitures sportives qui m'ont permis d'enrichir mes connaissances techniques sur le sujet.

Un grand merci à Yann Lipnick et Stéphane Cardinaux, les deux géobiologues qui ont réveillé en moi une faculté que j'avais oubliée depuis ma naissance, celle de voir par-delà la surface des choses et des êtres.

Le coup de pouce du destin
Merci à Samuel Delage, auteur de L'étage le plus haut, que le destin a mis sur ma route pour faire cheminer cet ouvrage jusqu'à l'édition.

Et enfin…
Je ne saurais jamais assez remercier ma mère Martine pour avoir, à l'aube de mes trente ans, su raviver les braises de ma conscience qui n'attendaient qu'un souffle maternel chaleureux pour s'embraser de nouveau. Je lui adresse un message que je destine également à l'ensemble de la Création et de son Créateur : « Amour et Gratitude ».

Découvrez sur Internet les plus beaux sites du périple de Phil :

- La demeure de Pascal Dracor au château des Avenières :
http://www.chateau-des-avenieres.com/fr/galerie.htm

- La cathédrale de Saint-Malo où se tient le concert d'Anne-Lise Pinson :
http://www.carphaz.com/album_monuments/pages/cathedrale.htm

- L'abbaye de Saint-Michel de Cuxa de l'abbé Orion :
http://histoireduroussillon.free.fr/Thematiques/Batiments/Histoire/AbbayeStMichelDeCuxa.php

- Les ruines de la chartreuse Notre-Dame d'Oujon de Maxime Berger :
http://www.swisscastles.ch/aviation/Vaud/aaville3/oujon.html

« Croire ou ne pas croire,
là n'est finalement pas la question ;
l'important est de ressentir
et de se poser de plus en plus de questions. »

L'abbé Orion

Sommaire

Les Nouveaux Auteurs

Cet ouvrage a été composé en Times
Photo couverture : Chrystèle Ferté

Imprimé par Mondadori en Italie

Dépot légal: Mai 2008